新质生产力背景下
新能源汽车产业竞争格局
及创新策略研究

New Energy Vehicle Industry

主　编◎柳艾岭

副主编◎杨　青　王彦嫱

上海交通大学出版社
SHANGHAI JIAO TONG UNIVERSITY PRESS

内容提要

　　发展新能源汽车是全球各国应对气候变化、推动绿色低碳发展的战略措施,也是我国从汽车大国迈向汽车强国的必经之路。本书立足我国新能源汽车产业现状,运用专利导航相关理论,深度挖掘专利大数据资源,并融合市场数据、政策文件等多维度信息,系统梳理全球新能源汽车产业的发展趋势、技术创新方向和未来发展方向,精准剖析我国主要城市的产业竞争格局。在此基础上,从培育和发展新能源汽车产业新质生产力的视角,提出特色的发展路径建议,为推动我国新能源汽车产业高质量发展提供有力支持。

　　本书深度整合产业信息与专利数据,系统勾勒出中国新能源汽车产业创新发展的全貌。本书可作为新能源汽车产业管理部门、研究机构、整车及零部件生产企业、知识产权管理人员的参考用书。

图书在版编目(CIP)数据

　　新质生产力背景下新能源汽车产业竞争格局及创新策略研究/柳艾岭主编;杨青,王彦嫱副主编. —上海:
上海交通大学出版社,2025.6. —ISBN 978 - 7 - 313
- 32777 - 2

　　Ⅰ.F426.471

　　中国国家版本馆 CIP 数据核字第 2025V1411S 号

新质生产力背景下新能源汽车产业竞争格局及创新策略研究
XINZHI SHENGCHANLI BEIJING XIA XINNENGYUAN QICHE CHANYE JINGZHENG
GEJU JI CHUANGXIN CELÜE YANJIU

主　　编:柳艾岭		副 主 编:杨　青　王彦嫱	
出版发行:上海交通大学出版社		地　　址:上海市番禺路 951 号	
邮政编码:200030		电　　话:021 - 64071208	
印　　制:上海景条印刷有限公司		经　　销:全国新华书店	
开　　本:710mm×1000mm　1/16		印　　张:13	
字　　数:199 千字			
版　　次:2025 年 6 月第 1 版		印　　次:2025 年 6 月第 1 次印刷	
书　　号:ISBN 978 - 7 - 313 - 32777 - 2			
定　　价:68.00 元			

编　委　会

基　　　金:本研究依托 2024 年度浙江省哲学社会科学规划"省市合作"课题"数字经济驱动下宁波新能源汽车产业供应链韧性影响机制研究"(24SSHZ050YB)

前 言

发展新质生产力这一重要论断,是在中国式现代化战略全局和世界百年未有之大变局的复杂时代背景下提出的。2023 年 9 月,习近平总书记在黑龙江考察时首次提出新质生产力的概念。2023 年 12 月,中央经济工作会议强调,要以科技创新推动产业创新,特别是以颠覆性技术和前沿技术催生新产业、新模式、新动能,发展新质生产力。新质生产力是创新起主导作用,摆脱传统经济增长方式、生产力发展路径,具有高科技、高效能、高质量特征,符合新发展理念的先进生产力质态。它由技术革命性突破、生产要素创新性配置、产业深度转型升级而催生,以劳动者、劳动资料、劳动对象及其优化组合的跃升为基本内涵,以全要素生产率大幅提升为核心标志,特点是创新,关键在质优,本质是先进生产力。

产业创新是发展新质生产力的重要载体。新质生产力是以颠覆性和关键性技术创新为主要驱动力,以高质量发展为目标,适应新技术、新经济、新价值和新业态的新型生产力。战略性新兴产业、未来产业是构建现代化产业体系的关键,是发展新质生产力的主阵地。

新能源汽车产业是新能源、新材料、新一代信息技术、人工智能技术、先进制造等诸多新技术的集大成者,电动化、智能化、低碳化发展趋势明显,是形成和发展新质生产力的重要抓手。早在 2010 年,我国就将新能源汽车产业纳入了战略性新兴产业,多措并举强化政策支持,从国家战略层面持续推动新能源汽车产业发展。

通过十余年的研发投入和产业布局,我国新能源汽车产业在全球范围已取得相对竞争优势和领先地位。我国新能源汽车产销量从不足 10 万辆到突破 1 000 万辆,连续 10 年问鼎世界第一;我国形成了自主可控、结构完整的新能源汽车产业体系,主流新能源车企零部件本地化率超过 90%;我国车企自主创新能力大幅跃升,全球竞争力不断增强;我国已建成全球最大规模的充电基础设施网络,全国充电设施已超千万台。

2013 年国家知识产权局启动了专利导航试点工程,首次提出专利导航的概念,以专利信息资源利用和专利分析为基础,在产业技术创新、产品创新、组织创新和商业模式创新中发挥专利信息的引领支撑作用。在总结凝练宏观专利导航项目实践经验的基础上,2015 年国家知识产权局制定了《产业规划类专利导航项目实施导则(暂行)》,对项目管理实施的基本流程和要点进行了规范。2020 年 11 月,《专利导航指南》系列国家标准(GB/T39551-2020)批准发布,该系列标准对于规范和引导专利导航服务,培育和拓展专利导航深度应用场景,推动和加强专利导航成果落地实施具有重要意义。

综上所述,本书立足于新能源汽车产业的国内外政策环境、产业现状与产业链竞争格局,以发展新质生产力为导向,遵照《专利导航指南》系列国家标准,以专利数据为核心深度融合产业信息,通过对新能源汽车产业创新发展态势、产业结构调整方向、产业发展重点及热点方向的分析,揭示产业创新方向和发展机遇,并从产业、技术、企业、人才、协同创新等多个维度明晰中国主要城市的产业竞争格局,在此基础上,从发展新质生产力的核心要素和重要着力点出发,提出了培育和发展新能源汽车产业新质生产力的路径建议,为构筑新能源汽车产业高质量发展生态体系提供参考。

目 录

第**1**章

专利导航决策机制及实施路径研究

本章对专利导航决策机制进行阐述,形成以新能源汽车产业创新发展为需求导向,以成果应用为目标的专利导航决策机制,并对专利导航助力产业创新发展的具体实施路径进行说明。

1.1 基于专利导航的产业创新决策机制

汽车工业是国民经济的重要支柱产业,在国民经济和社会发展中起着至关重要的作用。2010 年 10 月,《国务院关于加快培育和发展战略性新兴产业的决定》中把新能源汽车等七大产业列入战略性新兴产业。发展新能源汽车是我国从汽车大国迈向汽车强国的必由之路,是应对气候变化、推动绿色低碳发展的战略措施。在各国优惠政策的扶持和推动下,全球新能源汽车产业发展驶入快车道,新产品新技术层出不穷,技术创新带动产业持续升级,全球新能源汽车产业规模呈现快速增长趋势。乘联分会数据显示,2023 年全球汽车销量达到了 8 901 万辆,其中新能源汽车总计售出 1 429 万辆。

21 世纪初,中国在汽车产业转型的重要时期,创造性地将发展新能源汽车与提升产业竞争力、保障能源安全、改善空气质量和应对气候变化联合在一起。从市场规模来看,中国已经成为全球最大的电动汽车市场。从 2015 年开始,中国新能源汽车产销量连续 9 年位居全球第一,2023 年产销量占全球比重超过 60%,2024 年 11 月 14 日,中国新能源汽车年产量首次突破了

1000万辆大关①；已建成的公共充电桩数量超过美国、欧洲和日本的总和②；拥有领先的量产动力电池技术，是全球范围内电动出行商业模式创新最为活跃的地区之一。

2023年9月，习近平总书记在黑龙江考察调研期间首次提到"新质生产力的概念"。新质生产力要以产业为载体，战略性新兴产业、未来产业是培育和发展新质生产力的主阵地。新能源汽车产业是集成新能源、新材料、新一代信息技术、人工智能技术、先进制造等诸多新技术的载体，是多项新技术的交会点，体现电动化、智能化与绿色化的高度融合，是符合数字化和绿色化发展方向的新产业，是形成和发展新质生产力的重要抓手。

专利蕴含重要的技术信息、法律信息、经济信息，在全球市场竞争日趋激烈的情况下，专利作为一种新兴生产要素，在产业/企业竞争中发挥着越来越重要的战略性作用。专利已不仅仅是出于对技术创新、实施专利技术权利的保护，还更多地被视为垄断市场、排挤竞争对手、保持优势地位、谋取商业利益最大化的利器。专利导航运用专利制度的信息功能和专利分析技术系统引导产业发展，是产业决策的新方法。通过对专利数据的深入挖掘和分析，可以帮助企业明晰产业创新方向和重点，提高创新效率和水平，防范和规避知识产权风险，强化产业竞争力。《知识产权强国建设纲要（2021—2035年）》明确提出要积极发挥专利导航在区域发展、政府投资的重大经济科技项目中的作用，大力推动专利导航在传统优势产业、战略性新兴产业、未来产业发展中的应用。③ 2020年国务院办公厅将"以产业数据、专利数据为基础的新型产业专利导航决策机制"认定为第三批支持创新改革举措，要求国家知识产权局与发改委、科技部共同指导推广。④

---

① 新华社.中国新能源汽车首破年度1000万辆［EB/OL］.（2024－11－14）［2025－02－10］.https://www.gov.cn/yaowen/liebiao/202411/content_6986907.htm.
② 姚立伟.我国充电基础设施规模居全球之首 充电桩5分钟一公里［EB/OL］.（2024－06－19）［2025－02－13］.https://www.sohu.com/a/786977853_114822.
③ 中国政府网.中共中央 国务院印发《知识产权强国建设纲要（2021—2035年）》［EB/OL］.（2021－09－22）［2025－02－16］.https://www.gov.cn/gongbao/content/2021/content_5643253.htm.
④ 中国政府网.国务院办公厅关于推广第三批支持创新相关改革举措的通知（转下页）

本书在发展新质生产力的背景下，以新能源汽车产业为研究视角，运用产业创新与专利导航相关理论，充分利用专利大数据资源，融合市场数据、政策文件等多维度信息，重点研究了全球新能源汽车产业的发展格局、技术创新方向及中国主要城市的产业发展竞争格局，从企业整合培育、创新人才引进培养、技术创新引进提升、协同创新等方面提出培育和发展新能源汽车产业新质生产力的路径建议，从而为政府和市场资源投入提供指引性参考，为推动中国新能源汽车产业高质量发展建言献策。

1.2 专利导航助力产业创新发展的实施路径

1.2.1 技术分解

由于新能源汽车产业链长、关联度高、零部件种类繁多，在研究初期阶段，编写组为了制定符合研究所需的技术分解表，主要做了以下工作：①收集非专利文献资料，了解产业背景和技术发展现状。收集的非专利文献主要包括：产业的宏观报告、证券公司的行研报告、行业期刊发表的相关文章、相关的硕博论文、相关的产业政策。②咨询新能源汽车重点企业的意见和建议。③初步检索产业相关专利文献，对研究的专利文献量和范围做初步评估。

经过上述工作，基于新能源汽车产业上下游产业链和技术融合考虑，编写组确定了技术分解表，划分为4个一级分支、17个二级分支、39个三级分支、7个四级分支，如表1-1所示。

表1-1 新能源汽车产业技术分解表

一级技术分支	二级技术分支	三级技术分支	四级技术分支
材料	锂电池材料	正极材料	
		负极材料	
		隔膜	
		电解质	

（接上页）[EB/OL]. (2020 - 01 - 23)[2025 - 02 - 16]. https://www.gov.cn/gongbao/content/2020/content_5488910.htm.

（续表）

一级技术分支	二级技术分支	三级技术分支	四级技术分支
材料	驱动电机材料	硅钢	
		稀土永磁材料	
	燃料电池材料	膜电极（MEA）	质子交换膜
			催化剂
			气体扩散层
		双极板	
	储氢合金		
零部件	动力电池系统	镍氢电池	
		锂离子电池	
		超级电容	
		新兴储能电池	钠离子电池
			镁离子电池
			固态电池
			锂硫电池
		电池热管理系统	
		电池回收技术	
		电池结构件	
	燃料电池系统	燃料电池电堆	
		空压机	
		氢气循环泵	
		车载储氢瓶	
	驱动电机系统	轮毂电机	
	电控系统	电池管理系统（BMS）	
		电机控制系统	
		整车控制器	
	电动附件	高压插接件/连接器	
		DC - DC变换器	

(续表)

一级技术分支	二级技术分支	三级技术分支	四级技术分支
零部件	电动附件	电动空调系统	
		电动助力转向系统	
		电制动系统	
充电换电及加氢设施	充换电站		
	充电设备	充电机/充电桩	
		充电枪	
		充电机器人	
	换电设施	电池更换机器人	
		充换电一体化系统装备	
	充电技术	无线充电	
		高电压快充	
		充电控制/管理	
	加氢及储氢设施	加氢站	
		站用储氢罐(储氢瓶)	
		高压氢气加注设备	
智能网联技术	自动驾驶		
	车联网		
	智能座舱		

1.2.2 分析方法

1.2.2.1 专利导航

专利导航是指在宏观决策、产业规划、企业经营和创新活动中,以专利数据为核心深度融合各类数据资源,全景式分析区域发展定位、产业竞争格局、企业经营决策和技术创新方向,服务创新资源有效配置,提高决策精准度和科学性的新型专利信息应用模式。①

---

① 中国政府网.《专利导航指南》(GB/T39551-2020)系列国家标准发布[EB/OL].(转下页)

专利导航可分为区域规划类、产业规划类、企业经营类、研发活动类和人才管理类 5 种专利导航类型,本书采用产业规划类专利导航的研究方法,参考《专利导航指南》系列国家标准(GB/T39551 - 2020)及国家知识产权局发布的《产业规划类专利导航项目实施导则(暂行)》实施。

1.2.2.2　专利与非专利信息融合

非专利信息通常包括产业数据、政策环境、市场竞争、技术发展趋势等重要信息,信息来源渠道包括图书、期刊、行业研究报告、网络资料、调研报告等。专利信息结合非专利信息有助于拓展信息的广度和深度,更全面、精准地了解某一领域的发展现状,可以起到相互补充、互相验证的作用,进一步提升信息分析的价值。

1. 2. 3　数据检索和处理

1.2.3.1　数据库介绍

本书的检索选取了目前国内外权威的专利数据库资源以保证所采集数据全面、准确。以下是所选用数据库的基本情况介绍:

CNIPR 中外专利数据库服务平台:国内最早的专利检索平台之一,集专利检索、分析、预警、信息管理等功能于一体的综合性专利信息服务平台。提供覆盖全球 100 余个国家(地区)和组织,近 1 亿条的专利数据资源检索。

1.2.3.2　数据范围

数据时间范围:截至 2024 年 10 月 31 日。

数据国别范围:本书用于分析的专利数据以中国(CN)、美国(US)、日本(JP)、德国(DE)、英国(GB)、法国(FR)、俄罗斯(RU)、瑞士(CH)、韩国(KR)、欧洲专利局(EP)、世界知识产权组织(WO)等的专利文摘数据为主[①],辅以其他非专利文献资料。中国专利数据包括发明专利和实用新型专利。

(接上页)(2020 - 11 - 23)[2025 - 01 - 18]. https://www. gov. cn/xinwen/2020-11/23/content_5563494. htm.

① 括号内为对应专利国别代码,专利国别代码由国际标准化组织(ISO)制定,用于表示不同国家(地区)和地区性国际组织名称的国际标准代码。

1.2.3.3 数据检索

从专利数据检索情况来看,由于新能源汽车产业涉及的零部件和技术种类繁多,无法直接从总体上获得检索的技术边界,因此,依据制定的技术分解表,采用分总式的检索策略对新能源汽车产业进行检索,以最末级的技术节点包含的技术内容为检索单位结合新能源汽车分别进行检索,各技术节点分别以关键词为主检索要素,辅以国际专利分类(IPC),经过反复检索测试后,构建合理的检索策略,然后将检索结果汇总,获得初步的检索结果;对初检的相关数据进行初步筛选后进行数据评估,根据评估的结果,调整检索策略,有针对性地从重要申请人、主要发明人、同义词扩展等方面入手,进行补充检索,并进行数据评估,最终获得检索结果作为有效数据。

1.2.3.4 数据量

由于发明专利申请存在"最早优先权日起 18 个月后公布"的情况,专利申请有 18 个月的公开滞后期,因此,本书分析结果中 2023—2024 年的数据不完整,仅供参考。详细理由如下:对于全球专利申请,在最早优先权日起 18 个月后公布。对于中国专利申请,可以分为国内申请、通过巴黎公约的申请和 PCT 申请(指依据《专利合作条约》提出的申请),其中国内申请在优先权日起 18 个月后公布;通过巴黎公约的申请通常会在进入中国 6 个月内公布;通过 PCT 形式进入中国的申请通常自优先权日起 30 个月进入国家阶段,但大部分要求了优先权,即大部分自申请日起 18 个月左右进入中国,因此多数 PCT 申请在申请日起 18 个月公布。检索结果专利申请量如表 1-2 所示。

表 1-2 新能源汽车产业检索结果

一级技术分支	专利申请量	二级技术分支	专利申请量
材料	246 872	锂电池材料	175 703
		驱动电机材料	9 211
		燃料电池材料	52 966
		储氢合金	3 795

(续表)

一级技术分支	专利申请量	二级技术分支	专利申请量
零部件	601 722	动力电池系统	306 901
		燃料电池系统	79 287
		驱动电机系统	80 763
		电控系统	173 754
		电动附件	93 872
充电换电及加氢设施	201 970	充换电站	22 818
		充电设备	115 436
		换电设施	15 243
		充电技术	103 665
智能网联技术	328 022	自动驾驶	256 165
		车联网	58 584
		智能座舱	24 391

1.2.3.5 数据加工

数据加工包括数据处理/去噪、数据处理和数据标引。

数据处理/去噪:专利数据采取专利分析软件批量筛选结合人工筛选的方式去除与本书研究边界不相关的噪声,批量去噪主要是采用分类号和关键词结合的去噪方式,通过 IPC 分析识别噪声文献,提取噪声文献的 IPC 主分类(主要是 IPC 大类)和关键词,对涉及这些 IPC 主分类和关键词的专利文献进行去噪处理。

数据处理是对专利申请人、发明人等信息进行规范化处理。同一位申请人的名称因为译名、公司并购重组等原因会发生变化,有的申请人还包括多家子公司,需要对申请人的名称进行规范处理,定义标准化名称。

数据标引是依据技术分解表对相关数据进行批量标引,并导入 InteCovery 专利分析系统,完成标注、统计等操作。

1.2.3.6 查全查准验证

全面且准确的检索结果是专利分析的基础。查全率用来评估检索结果的全面性,即评价检索结果涵盖检索主题下所有专利文献的程度;查准率用来衡量检索结果的准确性,即评价检索结果是否与检索主题密切相关。

　　编写组对多个重要申请人和申请年代的专利进行检索、批量处理、人工阅读和标引来构建查全样本专利文献集合的方法,综合评估了中外文检索结果的查全率。由于中文检索结果和外文检索结果均采用批量处理结合人工阅读的方式进行了筛选,其查准率在 90% 以上。对于外文检索结果,项目组采取对 IPC、重点申请人、申请年份的专利构建查准样本专利文献集合的方法,对其进行了多次验证,并多次调整去噪策略,保持抽样率在 10% 以上,使外文检索结果查准率大大提高。

　　本书中对检索结果查准率的评估方法是通过在某领域抽取一定数量的专利,计算专利样本中相关专利所占比例,所得结果即为专利查准率;查全率的评估方法是选取领域相关度较高的企业,检索结果中该企业相关专利数量与该企业相关专利实际数量的比值。

第2章

新质生产力与新能源汽车产业创新研究

本章首先对新质生产力的理论来源、重要意义、基本内涵等进行了解析,然后分析了新质生产力与新能源汽车产业的关系,揭示了新能源汽车产业是培育新质生产力的重要载体。

2.1　新质生产力的概念解析

2023年9月7日,习近平总书记在新时代推动东北全面振兴座谈会上首次提出新质生产力:"积极培育新能源、新材料、先进制造、电子信息等战略性新兴产业,积极培育未来产业,加快形成新质生产力,增强发展新动能。"①2023年9月8日,在听取黑龙江省委和省政府工作汇报时,习近平总书记再次强调:"整合科技创新资源,引领发展战略性新兴产业和未来产业,加快形成新质生产力。"②2023年12月的中央经济工作会议上,习近平总书记强调"要以科技创新推动产业创新,特别是以颠覆性技术和前沿技术催生新产业、新模式、新动能,发展新质生产力"。③ 2024年1月,习近平总书记在主持中共中央政治局第十一次集体学习时,对新质生产力的理论内涵、发展要求进行了系统阐释,强调"新质生产力是创新起主导作用,摆脱传统经济增长方式、生产力发展路径,具有高科技、高效能、高质量特征,符合新发展

---

① 张占斌,陈晓红,黄群慧. 新质生产力[M]. 长沙:湖南人民出版社,2024:1.
② 黄奇帆. 新质生产力[M]. 杭州:浙江人民出版社,2024:3.
③ 徐建伟. 统筹推进科技创新和产业创新[EB/OL]. (2024-02-28)[2024-12-24]. https://baijiahao. baidu. com/s? id=17921101220838652728&wfr=spider&for=pc.

理念的先进生产力质态""新质生产力已经在实践中形成并展示出对高质量发展的强劲推动力、支撑力"。[①]

发展新质生产力是推动高质量发展、实现中国式现代化的必然要求。中国式现代化是全体人民共同富裕的现代化,是物质文明和精神文明相协调的现代化。发展新质生产力能够促进高质量发展,进而为中国式现代化提供坚实的物质基础。当前,世界正处于百年未有之大变局中,新一轮科技革命和产业变革也在加速发展,这些形势都迫切需要我们通过科技创新,发展一批关键核心技术,带动产业创新,培育发展新动能,进而形成新质生产力。实现中国式现代化是一项伟大而艰巨的事业,需要通过培育新质生产力,重塑发展新空间。

新质生产力的关键是科技创新。这里的科技创新不是普通的技术创新,而是更高质量的创新,具有智能化、数字化、绿色化、高效化等特征,特别是原创性、颠覆性、引领性技术创新。原创性、颠覆性、引领性技术创新是推动新质生产力的重要着力点。科学技术是第一生产力,人类文明的进步正是由一次次伟大的科技革命所推动的。目前,新一轮的科技革命和产业变革正在深刻发生,这成为孕育和形成新质生产力的主引擎。在此背景下的新质生产力呈现以下典型特征:一是技术领域新,人工智能、新能源技术、生物技术、脑科学、量子技术、智能制造等不断发展并取得突破,推动高端产业的蓬勃发展。二是技术学科交叉,大多数前瞻性、基础性的领域需要多学科交叉融合。三是技术含量高,摆脱了传统的生产力方式,技术门槛较高,创新难度较大,必须依靠科技创新特别是原创性、颠覆性科技创新,加快实现科技自立自强,培育发展新质生产力的新动能。

生产要素的优化组合是新质生产力的基本内涵。马克思主义政治经济学理论中,生产力的基本要素包括劳动者、劳动资料和劳动对象。新质生产力是传统生产力发展到一定阶段后,由于要素的提升而形成的更为先进的生产力。新质生产力意味着劳动者素质的提高、劳动资料的改进和劳动对

---

① 《求是》杂志.深刻认识和加快发展新质生产力[EB/OL].(2024 - 03 - 01)[2024 - 12 - 24]. https://news.cctv.com/2024/03/01/ARTIw3ZwvwcePOKMBqL4CFaU240301. shtml.

象的扩大。随着智能化时代的到来,知识、技术、数据、信息成为新型生产要素,人工智能、物联网、大数据等技术促使劳动要素进一步提升及组合,推动生产力不断跃迁,呈现更新、更先进的质态。

新质生产力是绿色的生产力,这一概念深刻体现了生态文明建设与高质量发展的内在统一。绿色发展不仅是生态文明建设的必然要求,更是高质量发展的底色。新质生产力作为迈入高质量发展的生产力质态,其核心在于通过科技创新、制度创新和模式创新,摒弃传统高耗能、高污染的发展路径,构建资源节约型、环境友好型的发展方式。传统生产力依赖资源的大量消耗和环境的过度牺牲,而新质生产力则强调以绿色技术为驱动,推动产业结构和能源结构的优化升级,实现经济发展与生态保护的协同共进。

2.2 新质生产力与新能源汽车产业的关系

战略性新兴产业和未来产业是培育新质生产力的核心载体和主要阵地。① 新质生产力源于关键核心技术创新,落脚点在于新兴产业和未来产业的发展壮大。战略性新兴产业,是以重大前沿技术突破和重大发展需求为基础,对经济社会全局和长远发展具有重大引领带动作用的产业。② 未来产业是由前沿技术驱动,当前处于孕育萌发阶段或产业化初期,具有显著战略性、引领性、颠覆性和不确定性的前瞻性新兴产业。③ 无论是战略性新兴产业还是未来产业,都是以前沿技术或者颠覆性技术作为技术支撑,能够产生高附加值的产业。战略性新兴产业涉及的技术更加成熟,产业化程度更高。未来产业处于技术试错阶段,具有前瞻性和不确定性、产业化程度低的特点。

---

① 王宇. 以新促质:战略性新兴产业与未来产业的有效培育[EB/OL]. (2024 - 01 - 30) [2024 - 12 - 24]. http://paper. people. com. cn/rmlt/html/2024-01/30/content_26040 373. htm.
② 中国政府网. 国务院关于加快培育和发展战略性新兴产业的决定[EB/OL]. (2010 - 10 - 10) [2024 - 12 - 24]. https://www. gov. cn/gongbao/content/2010/content_ 1730695. htm.
③ 钟君. 超前布局建设未来产[EB/OL]. (2024 - 05 - 28) [2024 - 12 - 24]. http://www. qstheory. cn/qshyjx/2024-05/28/c_1130152668. htm.

　　战略性新兴产业是引领未来发展的新赛道。《国务院关于加快培育和发展战略性新兴产业的决定》中,把节能环保、新一代信息技术、生物、高端装备制造、新能源、新材料、新能源汽车等作为重点发展的战略性新兴产业。[①] 我国高度重视战略性新兴产业的培育,勇于开拓新领域,取得了一系列技术突破,打造了一批支柱性产业,形成新的经济增长极。新能源汽车是重要的战略性新兴产业之一,是我国从汽车大国迈向汽车强国的必由之路。

　　新能源汽车产业具有强大的战略引领力,是发展新质生产力的重要抓手。我国非常重视新能源汽车产业发展,出台了一系列政策措施支持新能源汽车产业的发展。2024 年,我国新能源汽车年产量首次突破 1 000 万辆,同时成为全球首个新能源汽车年度产量达 1 000 万辆的国家[②]。新能源汽车在自身高速发展的同时,也带动了包括新材料、人工智能等多产业的发展。可以说,新能源汽车产业在带动我国经济社会发展中具有重大引领作用。

　　新能源汽车产业以科技创新带动产业升级来构筑新质生产力。新质生产力的关键因素是科技创新。新能源汽车是制造业中实施智能和先进技术的代表,涉及的突破性和新型技术多,智能化程度高,绿色环保低碳技术应用多,体现在新材料、零部件、智能网联技术等多个方面。我国新能源汽车产业发展迅猛,关键就在于以科技创新实现了动力变革和智能技术运用,开辟了发展新赛道。电池、电驱、电控"三电"和智能驾驶、智能座舱、智能网联"三智"技术等关键技术不断突破,自主研发能力大幅提升,多元化技术路线不断涌现。目前,新能源汽车产业仍在成长期,未来仍需要以技术创新来不断推动产业向着更先进的科技方向发展。

　　新能源汽车产业是我国产业绿色发展的重要战略举措,符合新质生产力的绿色化特征。绿色化是新能源汽车产业的重要特征之一,新能源汽车产业能够实现能源清洁化、低碳化、高效化利用,有效减少道路交通领域能

---

① 中国政府网. 国务院关于加快培育和发展战略性新兴产业的决定[EB/OL]. (2010 - 10 - 10)[2024 - 12 - 24]. https://www. gov. cn/gongbao/content/2010/content_1730695. htm.

② 倪浩. 创世界纪录! 中国新能源汽车年产量首次突破 1 000 万辆[EB/OL]. (2024 -11 - 15)[2024 - 12 - 24]. https://baijiahao. baidu. com/s? id=1815742089044582749&wr=spider&for=pc.

源消耗和碳排放量。新能源汽车不会产生尾气污染物,如一氧化碳、氮氧化物和颗粒物等,因此,新能源汽车有助于减少空气污染。新能源汽车主要使用多种新型可再生能源作为动力来源,减少了对传统化石能源的依赖,能够遏制环境恶化。因此,新能源汽车被视作推动汽车产业绿色低碳转型发展的重要引擎,而汽车产业的低碳转型是落实"双碳"战略的重要支撑。

新能源汽车正在成为中国制造走出去的"新名片",是我国开放型经济中新质生产力的具体体现。新质生产力是符合新发展理念的生产力,开放发展是新发展理念的重要组成部分。发展新质生产力不能关起门来搞创新,需要利用国内国际两种资源、两个市场,凝聚世界范围内的先进生产要素。新能源汽车产业的许多企业通过海外并购、投资建厂、技术合作、设立研发中心等方式加速全球化布局,拓展海外市场。由此来看,新能源汽车产业体现了新质生产力的开放融合特征。

新能源汽车产业已经成为培育新质生产力的重要引擎,迈入了规模化、全球化的高质量发展新阶段。本书以新能源汽车产业为研究对象,依据新质生产力相关理论,从新能源汽车产业的新型生产要素关联的产业技术情况出发,运用专利导航分析方法,来探索产业创新方向和发展机遇,希望能为推动中国新能源汽车产业培育新质生产力提供参考依据。

第3章

新能源汽车产业现状研究

　　本章对新能源汽车产业链基本情况、全球新能源汽车产业发展现状和中国新能源汽车产业发展现状进行了详细介绍，以便读者了解新能源汽车产业整体发展状况，并为后续专利分析提供产业信息支撑。

　　关于产业发展现状主要从产业规模、区域竞争、龙头企业、主要政策等维度来分析，以便全面了解新能源汽车产业的政策环境、竞争状况、发展趋势等。

3.1 新能源汽车产业概况

3.1.1 新能源汽车的定义

　　根据《新能源汽车生产准入管理规则》中的定义，新能源汽车是指采用非常规的车用燃料作为动力来源（或使用常规的车用燃料、采用新型车载动力装置），综合车辆的动力控制和驱动方面的先进技术，形成的技术原理先进、具有新技术、新结构的汽车。新能源汽车作为一种对传统燃油汽车的有力替代，近年来在全球范围内赢得了广泛关注并实现了迅猛扩张。在技术进步与政策支持的双轮驱动下，新能源汽车在市场占有率、技术革新以及产业链条构建层面均达成了显著成就。新能源汽车包括纯电动汽车、插电式混合动力汽车及燃料电池汽车。不同动力来源的新能源汽车各有特点。纯电动汽车以动力电池作为唯一车载电源，依靠电动机提供驱动转矩，具有无排放污染、噪声低、能源转化效率高且多样化、使用和维护相对简单等优点，不过目前受电池技术限制,存在续航里程焦虑问题,比较适合在市区内的短距离出行场景。插电式混合动力汽车可以直接由外接电源充电,电池容量相对较大,能靠纯电力驱动行驶一定距离,对内燃机依赖较少。其兼具纯电动汽车零排放、低油耗的优势及传统燃油汽车没有续航里程担忧的特点,像比亚迪的 DM-i 系列就是典型代表车型。插电式混合动力汽车可以实现纯电驱动、混合动力驱动、发动机直驱等多种驱动方式,日常使用中若充电条件较好,在短途可纯电行驶,长途则可切换为混动模式继续行驶。氢燃料电池汽车通过氢气与氧气的化学反应产生驱动电力,进而驱动车辆,排放物是水,无污染且能量储备大、燃烧效率高,但现阶段受氢气制取、存储和运输成本高昂,以及加氢站等基础设施不完善等多种因素限制,在我国主要集中应用于商用车领域。这些不同类型的新能源汽车,共同构成了新能源汽车产业的产品体系,为应对能源危机、改善环境及满足多样化的出行需求提供了有效的解决途径。

新能源汽车市场的蓬勃兴起,源于多方面力量的共同驱动。政府出台购车补贴、税收优惠等政策,加速了新能源汽车普及;消费者环保意识提升,推动了新能源汽车市场需求增长。技术革新,尤其是电池技术的进步,奠定了新能源汽车性能优化的基础。电机控制、轻量化材料、智能驾驶技术的创新,极大提升了整体效能与用户体验。产业链上下游企业的紧密合作,形成高效协同的产业闭环,为中国等市场的新能源汽车飞速发展提供了坚实支撑。

尽管新能源汽车领域已取得了明显成就,但其发展道路上仍横亘着众多挑战。诸如废旧电池的处理与环保议题、充电站网络的缺乏,以及用户对续航能力的担忧,均是亟待破解的关键难题。另外,全球经济环境的波动性及供应链的脆弱性,也给新能源汽车产业带来了不可忽视的潜在威胁。

3.1.2 新能源汽车产业链结构分析

新能源汽车的产业链条广泛延伸,涵盖了从原材料供应到零部件的设计与制造,再至整车的组装、市场销售以及后续的维护服务等多个繁复而紧密相连的环节,构成了一个结构复杂且层次分明的产业体系。其特点包括产业链较长、涉及关键技术广泛、零部件种类繁多、多学科的交叉融合等。

新能源汽车产业链的具体分布情况如图 3-1 所示。

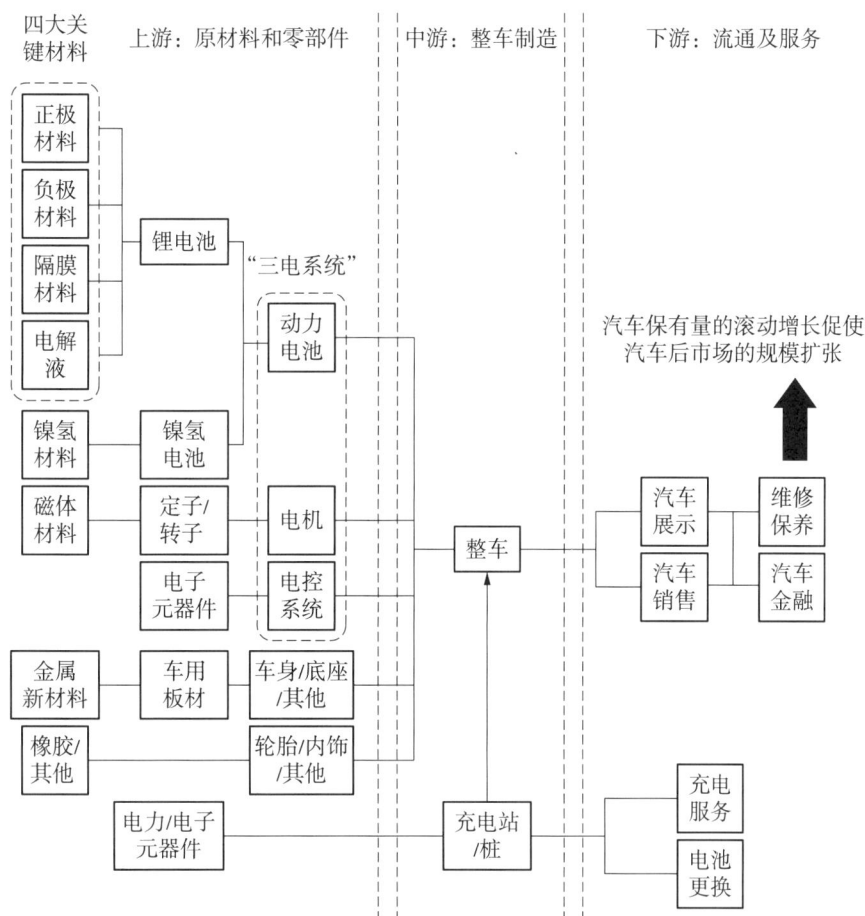

图 3-1　新能源汽车产业链分布情况

1. 上游:原材料和零部件

上游环节是整个产业链的基础,涵盖原材料供应与核心零部件的生产。其中,电池、电驱、电控系统及芯片构成了新能源汽车区别于传统燃油车的关键零部件,是新能源汽车动力系统的核心。

原材料方面,主要涉及锂、钴、镍、石墨等动力电池原材料,以及用于车身制造的轻量化材料(如铝合金、碳纤维等)。锂离子电池作为主流动力电池,其正极材料、负极材料、电解液和隔膜材料的供应对整个上游产业链至关重要。

零部件方面,电池系统、电机、电控系统以及其他智能化电子部件成为新能源汽车的主要组成部分。这些零部件不仅替代了传统燃油车的发动机和传动系统,还直接决定了新能源汽车的续航里程、动力性能和智能化程度。据统计,这些核心部件在新能源汽车的 BOM(物料清单)中占比约70%,其中动力电池占据了成本的大头,约占 40%,是新能源汽车研发和制造的重点领域。

此外,芯片的供需关系对整个产业链的稳定性至关重要。智能电控系统、自动驾驶系统及车载信息娱乐系统的发展,进一步提升了对高性能车规级芯片的需求。全球"芯片荒"的影响也充分暴露了上游供应链的脆弱性。

2. 中游:整车制造

中游是新能源汽车产业链的核心环节,主要涉及整车制造企业及相关配套生态企业的协同合作。整车制造环节中,国内外市场逐渐形成了"两大阵营":传统车企和造车新势力。

传统车企:全球范围内,传统燃油汽车制造商正加速迈向新能源汽车领域,积极拓展其产品线。在中国,诸如比亚迪、吉利、长城及长安汽车等车企,凭借其在技术研发与供应链管理上的深厚底蕴,逐步在市场上占据了领先地位。而国际车企,如大众、宝马、奔驰、奥迪、丰田等也在新能源汽车领域投入大量资源,加快电动化转型进程。

造车新势力:以特斯拉为代表的新兴造车势力,通过创新商业模式与尖端技术研发,在短时间内获得市场认可。国内如蔚来、小鹏、理想、小米等新势力也依托智能化和差异化竞争策略,在中高端市场形成了独特竞争力。

值得一提的是,新能源汽车整车制造过程中,智能化和电动化是其核心特点,包括整车架构、电池热管理系统、车辆 OTA(在线升级)功能及自动驾驶等新兴技术,均是中游环节的竞争重点。

3. 下游:流通及服务

新能源汽车的下游包括汽车展示、汽车保险、金融及租赁等。下游环节涵盖了新能源汽车的市场推广、流通网络建设及后市场服务,是打通产业链全流程、实现市场价值的重要环节。

3.2 全球新能源汽车产业发展现状

3.2.1 全球新能源汽车产业总体规模分析

在全球新能源汽车产业高速发展的大背景下,新能源汽车销量呈现了爆发式增长。根据 EVTank 数据,2023 年全球新能源汽车总体销量达到 1 465.3 万辆,同比增长 35.4%。2024 年在技术创新、成本下降、政策支持、市场竞争及新兴市场崛起等多重因素的共同作用下,全球新能源汽车市场实现了显著增长。EVTank 数据显示,2024 年全球新能源汽车销量达到 1 823.6 万辆,同比增长 24.4%。全球新能源汽车市场增长主要得益于中国市场的强劲表现,2024 年中国新能源汽车销量达到 1 286.6 万辆,同比增长 35.5%,占全球销量的比重由 2023 年的 64.8% 提升至 70.5%,中国以旧换新政策效果远超预期,叠加各类车型不断升级出新及车价降低,带动全年 EV(新能源汽车)渗透率①突破 40%。欧洲和美国 2024 年全年新能源汽车销量分别为 289.0 万辆和 157.3 万辆,同比增速分别为 −2.0% 和 7.2%。欧洲和美国增速不及预期,与高通胀、能源成本上升、经济下行、龙头企业新车型推出缓慢等有关。② 据高工产业研究院(GGII)预测,2025 年全球新能源汽车销量有望突破 2 100 万辆,全球汽车电动化渗透率将达到 23.2%。③

3.2.2 全球新能源汽车产业竞争格局

3.2.2.1 区域竞争态势

中国、欧洲和美国是全球新能源汽车的主要市场,占据超九成的市

---

① 新能源汽车渗透率是指在一定时期内,新能源汽车销量占整个汽车市场销量的比重。
② 佚名.2024 年全球新能源汽车销量达 1 823.6 万辆 中国占比超过 70%[EB/OL].(2025 − 01 − 15)[2025 − 01 − 18].https://baijiahao.baidu.com/s? id=1821295724169 209532&wfr=spider&for=pc.
③ 佚名.2024 全球电动汽车发展盘点:巨头沉浮、政策博弈与市场新局[EB/OL].(2025 − 01 − 08)[2025 − 01 − 17].https://chejiahao.autohome.com.cn/info/18721141/.

场份额。中汽协数据显示,2022 年中国新能源乘用车的世界份额超过 63%,2023 年的世界份额提升至 64.2%,2024 年 1—11 月继续保持 69.6% 的份额,如图 3-2 所示。从增量贡献度来看,2024 年中国新能源乘用车销量对世界的增量贡献度为 93%,英国、巴西、美国都是 2%,俄罗斯为 1%[①]。

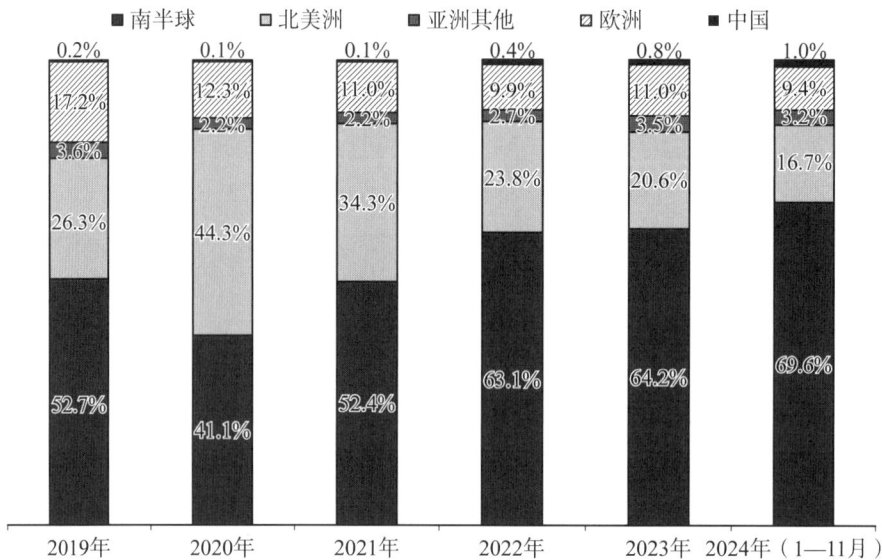

数据来源：中国汽车工业协会

图 3-2 世界新能源乘用车市场份额分布情况(2019—2024 年)

3.2.2.2 企业竞争格局

根据 Clean Technica 数据,在 2023 年全球电动车型 TOP20 榜单中,美国特斯拉有 2 款车型上榜,Model Y 蝉联全球最畅销电动车型,同比增长 57%;德国大众有 2 款车型上榜;TOP20 榜单中有 16 款车来自中国,占比八成,其中比亚迪占据 8 席,包括宋、秦、元 Plus(海外命名 Atto 3)等车型,理想旗下的三款 SUV 车型 L7、L8、L9 表现出色,广汽埃安旗下两款车型

---

① 懂车帝. 数读|乘联会:2024 年前 11 个月中国占世界新能源车份额 70%[EB/OL]. (2025-01-05)[2025-01-17]. https://www.dongchedi.com/article/7456263910388269605.

Aion Y、Aion S 上榜,上汽通用五菱占据 2 席。① 如表 3-1 所示。

表 3-1　2023 年全球电动车型 TOP20

排名	变动	车型	销量(辆)
1	—	特斯拉 Model Y	1 211 601
2	—	比亚迪宋(BEV+PHEV)	636 533
3	—	特斯拉 Model 3	529 287
4	上升 1 位	比亚迪秦 Plus(BEV+PHEV)	456 306
5	上升 3 位	比亚迪元 Plus/Atto 3	418 994
6	上升 1 位	比亚迪海豚	354 591
7	新上榜	比亚迪海鸥	254 179
8	下降 4 位	五菱宏光 MINIEV	237 863
9	上升 2 位	广汽埃安 Aion Y	235 861
10	下降 4 位	比亚迪汉(BEV+PHEV)	228 007
11	上升 1 位	广汽埃安 Aion S	220 915
12	下降 3 位	大众 ID.4	192 686
13	新上榜	五菱缤果	169 157
14	下降 4 位	比亚迪唐(BEV+PHEV)	141 581
15	新上榜	大众 ID.3	139 268
16	新上榜	长安 Lumin	139 193
17	新上榜	理想 L7	134 089
18	新上榜	腾势 D9(BEV+PHEV)	118 671
19	新上榜	理想 L8	117 990
20	新上榜	理想 L9	114 377

数据来源:Clean Technica

① 新潮商评论.2023 全球电动车型销量 20 强:特斯拉 2 席,理想 3 席,比亚迪成大赢家 [EB/OL].(2024-03-17)[2025-01-17].https://baijiahao.baidu.com/s?id=1793 767318028699333&wfr=spider&for=pc.

3.2.3　国外产业发展战略与政策

在21世纪中叶前后实现碳中和的全球目标之下,汽车产业作为其中的焦点领域之一,面临着更为严峻的挑战。中国、美国、欧洲、日本等全球主要国家和地区在前期持续推动新能源汽车产业发展的基础上,相继提出更具雄心的低碳转型目标和发展战略,并相应出台了更为有力的政策措施来推动新能源汽车产业实现零碳发展。[①]

3.2.3.1　美国

美国作为世界第二大碳排放国和汽车生产与消费大国,连续出台了一系列政策措施推动新能源汽车的普及和发展。自2007年起,美国出台了多项税收优惠政策,鼓励新能源汽车的消费和使用。同时,美国还采取温室气体排放标准和环保积分交易机制等措施来促进车企对新能源汽车的研发投入。2021年2月,美国政府宣布重返《巴黎协定》谈判,促使美国重新定位新能源汽车产业在碳减排和全球市场中的地位,并在气候目标下进行新的部署。2021年8月5日,时任美国总统拜登签署了"加强美国在清洁汽车领域的领导地位"行政命令,设定了美国到2030年零碳排放汽车销量比例达50%的重大目标,并联合通用、福特和斯特兰蒂斯等美国主要车企发布联合声明,希望在2030年美国电动汽车的渗透率达到40—50%,确保美国汽车行业在全球的领先地位。行政命令特别明确了零排放汽车的内涵,除传统纯电动汽车(BEV)、插电式混合动力汽车(PHEV)外,首次强调了氢燃料汽车(FCEV)。2021年美国发布的《基础设施计划》中也提出投资1 740亿美元用于刺激电动车产业发展。[②]

3.2.3.2　欧洲

得益于欧盟严格的CO_2排放标准及各国政府的补贴和税收优惠政策,

[①] 白旻,张旻昱,王晓超.碳中和背景下全球新能源汽车产业发展政策与趋势[J].专家视点,2021(12):13-17.
[②] 华尔街见闻.美国最激进新能源车政策,2030年零排放汽车将占"半壁江山"[EB/OL].(2021-08-06)[2025-01-17].https://baijiahao.baidu.com/s?id=1707303627043606175&wfr=spider&for=pc.

欧洲新能源汽车市场的表现引人注目。2016—2019 年,欧洲汽车总销量从
1951 万辆缓慢增长至 2019 万辆;2023 年,欧洲新能源汽车销量同增 22%,
至 330 万辆。[①]

欧盟新能源汽车产业的快速发展与政府出台的一系列政策措施密不可
分,其中,两大政策文件是欧盟新能源战略的基础。其一是欧盟委员会在
2019 年 12 月提出的"欧洲绿色协议",是针对气候变化、经济增长和可持续
发展制定的纲领性政策文件,该协议预计,到 2050 年,欧洲将成为全球首个
碳中和地区。其二是 2021 年 6 月欧盟通过的《欧洲气候法案》,以法律形式
确立欧盟 2030 年减排目标和 2050 年碳中和目标,并进一步勾勒出了欧盟在
气候问题上的行动路线图和政策框架。

在前述一系列法律政策的基础上,2021 年 7 月中旬,欧盟公布"Fit for
55"新政,这是基于欧盟已有的政策和法律制订的一揽子环保实施方案,包括
修订 8 部现有法律并提出 5 个新倡议,涉及气候、能源和燃料、交通运输、建筑、
土地利用和林业等领域。该方案提出加速欧洲碳中和进程,明确到 2030 年欧
盟地区至少有 40%的电能来自可再生能源发电。同时,欧洲汽车零排放时间
表有望大幅度提前,计划要求新车和货车的排放量从 2030 年开始比 2021 年的
水平下降 65%,在 2035 年实现净零排放。这意味着到 2035 年,燃油车将全面
退出欧盟市场,新增车辆将只有完全零碳排放的纯电动汽车和氢燃料汽车。

3.2.3.3 日本

日本新能源汽车相关技术的全球领先地位与政府实施的一系列法规和
政策密切相关。日本内阁于 2008 年 7 月发布《创建低碳社会的行动计划》,
明确"下一代汽车"包括普通混合动力汽车(HEV)、纯电动汽车、插电式混合
动力汽车、氢燃料电池汽车、清洁柴油汽车(CDV)、天然气汽车(NGV)等车
型,并提出力争到 2020 年,下一代汽车在新车销量中的占比达 50%。2010
年发布的《下一代汽车战略(2010)》是对该文件的进一步细化和落实,文件
围绕实现下一代汽车市场目标,从电池、资源、基础设施和国际标准等方面

---

① 财通证券.2024 年欧洲汽车市场分析报告:欧洲市场空间广阔,有望成为全新增长点
[EB/OL]. (2024 - 11 - 18)[2025 - 01 - 17]. https://www.vzkoo.com/read/20241118
0505911358e8f87e8755e489.html.

制定了发展战略、目标及行动计划。2014 年 11 月,日本经产省发布《汽车产业战略(2014)》,提出要"加速下一代汽车的普及,努力实现《下一代汽车战略(2010)》提出的普及目标"。2018 年 3 月,日本政府曾组织过相关委员会与汽车相关部门的多次会议,共同提出了面向 2050 年的 xEV 战略,该战略进一步压缩了"下一代汽车"的内涵,提出了 xEV 概念,包括普通混合动力汽车、纯电动汽车、插电式混合动力汽车、氢燃料电池汽车等 4 类电动汽车,排除了柴油车等车型,强化了对"电动化"的支持;日本政府还提出到 2050 年,日本车在全球市场争取实现温室气体减排 80%,其中乘用车减排 90% 左右,xEV 减排 100%(以 2010 年为基期),力争实现 "Well-to-Wheel Zero Emission"(从燃料开采到车辆驾驶的零排放)。而随着日本加入减缓全球二氧化碳排放的国家行列,这份长远战略也有了一些新变化。日本在 2020 年底宣布计划到 2035 年停止销售燃油车,并实现新车销售 100% 电动化,其中新车即 xEV 战略中所指的四类电动汽车。

日本政府采取的新能源汽车市场普及政策主要包括以下方面:一是日本通过推行绿色税制,在汽车购置环节计税依据中引入汽车环保性能要求,降低节能环保车各环节税负;二是支持充电基础设施建设以提高使用便利性;三是对于私人和公共领域购买新能源汽车给予财政补贴。

3.2.3.4 韩国

韩国新能源汽车产业政策体系逐渐完善,尤其购置补贴力度较大。[①]

在战略规划方面,2015 年韩国发布《未来环境友好车型规划》,明确了新能源汽车普及目标和配套措施,提出到 2020 年新能源汽车销量占比达 20%,保有量超过 100 万辆的目标。2019 年,韩国产业通商资源部发布《氢能经济发展路线图》,提出到 2022 年和 2040 年,氢燃料电池汽车的保有量分别达到 8 万辆和 620 万辆,加氢站的建设数量分别达到 310 个和 1 200 个。

在研发创新方面,2019 年 3 月韩国产业通商资源部成立了动力电池基金,支持培育下一代动力电池发展。

在推广应用方面,韩国新能源汽车购置补贴虽已进入退坡阶段,但补贴

---

① 左世全,赵世佳,祝月艳. 国外新能源汽车产业政策动向及对我国的启示[J]. 经济纵横,2020(1):113 - 122.

力度依然较大。2018 年,纯电动汽车、插电式混合动力车、氢燃料电池汽车可分别获得最高 1 200 万、500 万和 2 250 万韩元的国家补贴,同时实行消费税、购置税、汽车税和教育附加税等税费减免政策。

在智能网联方面,韩国将智能网联汽车作为九大国家战略项目之一予以大力支持。韩国国土交通部曾计划在 2022 年前投入 35 万亿韩元研发自动驾驶汽车等车型,计划绘制全国主要城市高精度地图,并已修订相关道路交通法规,允许自动驾驶汽车在公路上进行测试。

3.3　中国新能源汽车产业发展现状

3.3.1　中国新能源汽车产业发展历程

中国新能源汽车产业的演进历程可回溯至 20 世纪 90 年代,历经长时间的积淀与转型,在政策的有力驱动下逐步壮大,现已成为国际新能源汽车领域的核心力量。以下是各关键阶段的概述:

1. 萌芽探索期(20 世纪 90 年代初期—2000 年)

我国新能源汽车领域系统研发起步于"九五"时期,相比欧美、日本等地至少晚 20 年。20 世纪 90 年代末,在全球能源紧张与环保意识觉醒的背景下,中国政府开始意识到新能源汽车的重要性,明确电动汽车作为关键研发领域。清华大学、上海交通大学等顶尖学府及研究机构迅速响应,投身于电动汽车技术的初步探索中。尽管技术基础相对薄弱,但这些开创性努力为新能源汽车产业的后续发展奠定了坚实基础。

2. 初步成长期(2001—2009 年)

进入 21 世纪,科技的迅猛发展与全球市场对新能源汽车需求的激增,推动了中国新能源汽车产业的快速发展。2001 年,新能源汽车研究项目被列入国家"十五"期间的"863"重大科技课题,成为国家重要发展方向,财政与政策支持力度不断加大。2009 年,政府推出了"十城千辆"计划,在北京、上海等十座城市大力推广新能源汽车,并提供购车补贴,显著激发了市场活力,促进了新能源汽车在国内的广泛普及。

3. 飞速增长期(2010—2020 年)

2010 年,中国新能源汽车产业迎来了飞速发展的黄金时期。2012 年,

《节能与新能源汽车产业发展规划(2012—2020年)》发布,明确了至2020年新能源汽车累计产销量达到500万辆的目标。为实现这一目标,政府进一步强化了政策支持,包括购车补贴、购置税减免及充电设施加速建设等。在此背景下,比亚迪、北汽新能源、蔚来汽车等企业积极投身新能源汽车研发,推出多款竞争力强的车型。随着市场需求与技术实力的双重提升,中国新能源汽车产业在全球市场中崭露头角,至2020年末,保有量已突破500万辆,成为全球最大市场,且产业链条成熟,企业竞争力显著增强。

4. 高质量发展阶段(2020年至今)

近年来,"双碳"目标的提出为新能源汽车产业带来了新机遇。政府引导产业向智能化、网联化转型,同时加快充电基础设施建设,显著提升新能源汽车的使用便利性。2021年,中国新能源汽车销量创新高,占全球市场份额的53%。2023年,中国汽车工业协会统计数据显示,新能源汽车销量超900万辆,出口量近500万辆,中国品牌乘用车市场占有率稳定在50%以上。2024年,中国新能源汽车产销量已均超1280万辆,出口达128.4万辆,整体呈现出高质量发展的强劲态势。

各阶段政策对产业发展的推动作用显著。早期的科研项目立项与计划为产业发展明确了方向,奠定了技术基础;购车补贴、购置税减免等政策直接降低了消费者的购车成本,刺激了市场需求;充电基础设施建设政策则解决了新能源汽车使用的后顾之忧,提升了使用便利性;而产业发展规划、引导智能化网联化发展等政策,更是从宏观层面推动产业结构升级,助力中国新能源汽车产业在全球竞争中脱颖而出,不断迈向新的高度。综合来看,在政府政策的精准导航下,中国新能源汽车产业完成了从初步探索到飞速发展的华丽蜕变。展望未来,技术层面的持续革新与市场环境的日益完善,将为中国新能源汽车产业注入源源不断的活力,确保其继续保持蓬勃发展的良好态势。

表3-2 中国新能源汽车产业相关政策汇总

发布时间	部门	政策	主要内容
2016年12月	财政部、科技部等四部门	《关于调整新能源汽车推广应用财政补贴政策的通知》	对新能源汽车补贴方式进行了调整细化,并适度降低了补贴力度

（续表）

发布时间	部门	政策	主要内容
2017 年 4 月	工信部、发改委、科技部	《汽车产业中长期发展规划》	我国确定了"力争经过十年持续努力,迈入世界汽车强国行列"的总目标,到 2025 年新能源汽车占汽车产销 20% 以上
2018 年 2 月	财政部、工信部等	《关于调整完善新能源汽车推广应用财政补贴政策的通知》	新能源汽车补贴政策从 2018 年 2 月 12 日起实施,2 月 12 日以前车辆按照 2017 年补贴标准实施;2018 年 2 月 12 日至 2018 年 6 月 11 日为过渡期,不同车型分别按照 2017 年标准补贴的 0.4～1 倍补贴。对新能源汽车补贴的技术门槛将提高。除私人乘用车、作业类专用车等以外的其他类型新能源汽车申请财政补贴的运营里程要求调整为 2 万公里
2019 年 1 月	发改委等十部门	《进一步优化供给推动消费平稳增长促进形成强大国内市场的实施方案(2019 年)》	持续优化新能源汽车补贴结构,坚持扶优扶强的导向,将更多补贴用于支持综合性能先进的新能源汽车销售,鼓励发展高技术水平新能源汽车
2020 年 11 月	国务院办公厅	《新能源汽车产业发展规划(2021—2035 年)》	到 2025 年,我国新能源汽车市场竞争力明显增强,动力电池、驱动电机、车用操作系统等关键技术取得重大突破,安全水平全面提升。纯电动乘用车新车平均电耗降至 12.0 千瓦时/百公里,新能源汽车新车销售量达到汽车新车销售总量的 20% 左右,高度自动驾驶汽车实现限定区域和特定场景商业化应用,充换电服务便利性显著提高
2022 年 11 月	工信部、国家市场监督管理总局	《关于做好锂离子电池产业链供应链协同稳定发展工作的通知》	指导锂电企业结合实际和产业趋势合理制定发展目标,在关键材料供应稳定、研发创新投入充足、配套资金适量充裕的前提下,因时因需适度扩大生产规模,优化产业区域布局,避免低水平同质化发展和恶性竞争,建立创新引领、技术优先、公平竞争、有序扩张的发展格局
2023 年 1 月	工信部等六部门	《关于推动能源电子产业发展的指导意见》	提高锂、镍、钴、铂等关键资源保障能力,加强替代材料的开发应用。推动基础材料生产智能升级,提升硅料硅片、储

(续表)

发布时间	部门	政策	主要内容
2023 年 1 月	工信部等六部门	《关于推动能源电子信息产业发展的指导意见》	能电池材料和高性能电池等生产、包装、储存、运输的机械化与自动化水平,提高产品一致性和稳定性
2023 年 8 月	工信部、财政部	《关于印发电子信息制造业 2023—2024 年稳增长行动方案的通知》	统筹资源加大锂电、钠电、储能等产业支持力度,加快关键材料设备、工艺薄弱环节突破,保障高质量锂电、储能产品供给
2023 年 12 月	发改委等部门	《关于加强新能源汽车与电网融合互动的实施意见》	提出 2 个发展目标。一是到 2025 年,我国车网互动技术标准体系初步建成,充电峰谷电价机制全面实施并持续优化,市场机制建设和试点示范取得重要进展;二是到 2030 年,我国车网互动技术标准体系基本建成,市场机制更加完善,车网互动实现规模化应用,智能有序充电全面推广,新能源汽车成为电化学储能体系的重要组成部分,力争为电力系统提供千万千瓦级的双向灵活性调节能力
2023 年 12 月	发改委	《产业结构调整指导目录(2024 年本)》	汽车产业中的七项内容被列入鼓励类目录,分别是汽车关键零部件,轻量化材料应用,新能源汽车关键零部件,车用充电设备,汽车电子控制系统,新能源汽车、智能汽车及关键零部件、高效车用内燃机研发试验能力建设,智能汽车关键零部件及技术
2024 年 3 月	国务院	《推动大规模设备更新和消费品以旧换新行动方案》	支持交通运输设备和老旧农业机械更新,实施消费品以旧换新行动,开展汽车以旧换新,强化汽车等大宗商品产品技术标准提升,强化新能源汽车等重点领域国内国际标准衔接,强化政策保障
2024 年 7 月	发改委、财政部	《关于加力支持大规模设备更新和消费品以旧换新的若干措施》	优化设备更新项目支持方式,提高新能源城市公交车及动力电池更新补贴标准。提高汽车报废更新补贴标准
2025 年 1 月	商务部等八部门	《关于做好 2025 年汽车以旧换新工作的通知》	扩大汽车报废更新支持范围,优化汽车报废更新补贴审核拨付监管流程,完善汽车置换更新补贴标准,落实资金支持政策和加强监督管理

3.3.2　中国新能源汽车产业市场规模分析

我国新能源汽车行业虽起步较晚,但经过多年快速发展,目前已经取得了长足的发展和进步。中汽协数据显示,2024年,新能源汽车渗透率达到40.9%,较2023年提高9.3个百分点。在减碳举措与智能化趋势的双重作用下,电动汽车市场有望进一步扩大其份额,特别是在下线城市,其渗透率还存在显著的增长潜力。从长远视角来看,得益于政策的持续扶持、产业链的不断优化及智能化步伐的加快,新能源汽车将继续保持快速增长,成为市场的重要驱动力,乘联会预测2025年新能源乘用车市场渗透率有望攀升至57%,如图3-3所示。

数据来源:中国汽车工业协会

图3-3　中国新能源汽车渗透率变化(2019—2024年)

目前新能源汽车在三线以上城市的渗透率已达到40%左右,一线城市大多已超过50%,因此在渗透率提升上相对而言在放缓,而在四线城市渗透率不足35%,五线城市更是低于30%,这些城市相比一、二线城市存在更大的提升空间。2022年以来,三线及以下城市的新能源乘用车消费已经驶入快车道,新能源渗透率增幅显著高于一、二线城市。未来下线城市渗透率提升将进一步驱动市场增长。

据中汽协数据,我国新能源车近年来高速发展,连续10年位居全球第一。2024年在政策利好、供给丰富、价格降低、基础设施持续改善等多重因素的共同作用下,新能源汽车产销持续增长,突破 1 000 万辆。2024 年新能源汽车产销分别完成 1 288. 8 万辆和 1 286. 6 万辆,同比增速依然保持 34. 4% 和 35. 5%。如图 3 - 4、图 3 - 5 所示。

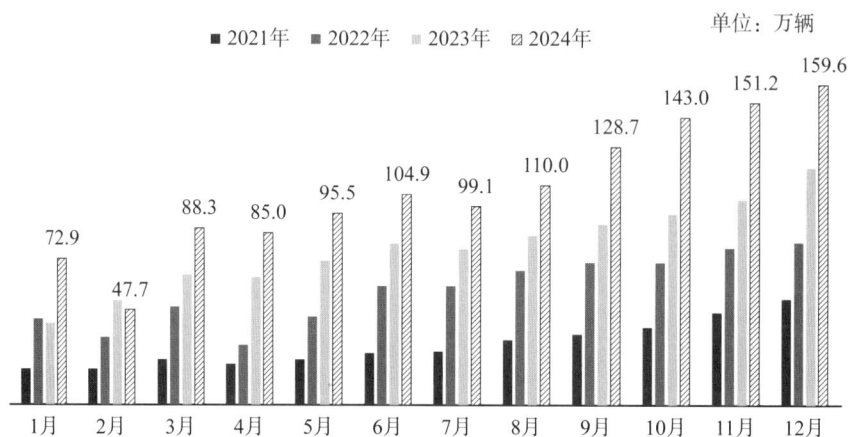

数据来源:中国汽车工业协会

图 3 - 4   2021—2024 年新能源汽车月度销量(万辆)

数据来源:中国汽车工业协会

图 3 - 5   2013—2024 年我国新能源汽车销量及增长率

通过详细分析新能源汽车市场,可以发现纯电动汽车、插电式混合动力汽车及氢燃料电池汽车的生产与销售继续迅猛增长,如表 3 - 3 所示。2024

年,新能源汽车的总产销量分别达到 1 288.8 万辆与 1 286.6 万辆。其中纯电动汽车销量占比 60%,较 2023 年有所下滑,减少了 10.4 个百分点;而插电式混合动力汽车销量则占比 40%,实现了 10.4% 的增长。中国城市规划设计研究院数据显示,全国公共充电桩数量由 2023 年的 520.9 万台跃升至 2024 年的 859.6 万台,同比增长超过 65%。尤为值得关注的是,私人充电桩增量显著,达到 245.8 万台,占总体增量的 72.6%。截至 2024 年底,我国电动汽车充电设施总数达到 281.8 万台,同比增长 49.1%,其中公共充电设施 357.9 万台,私人充电设施 923.9 万台。2024 年 1—12 月,我国电动汽车充电设施增量为 422.2 万台,月均增长 35.2 万台。这一显著增长直观反映了消费者对于充电便利性的迫切需求,以及新能源汽车市场的蓬勃发展态势。①

表 3-3　2024 年 12 月新能源汽车主要品种销量

动力类型	产量(万辆)	同比(%)	销量(万辆)	同比(%)	累计产量(万辆)	同比(%)	累计销量(万辆)	同比(%)
纯电动	94.2	16.1	97.3	17.9	77.5	15.7	71.9	15.5
插电式混合动力	58.8	63.4	62.2	70.8	512.5	78.1	514.1	83.3
氢燃料电池	0.030 2	−76.7	0.026 8	−82.3	0.5	−10.4	0.5	−12.6

数据来源:中国汽车工业协会

3.3.3　中国新能源汽车产业区域布局分析

随着我国汽车工业步入快速发展的新阶段,国内已经孕育出六大鲜明的汽车产业聚集地,它们分别坐落于长三角地区、珠三角地区、京津冀地区、中部三角区域(以下简称中三角)、成渝西部地带以及东北地区。② 深入观察这些产业集聚区域,不难发现,除了历史悠久的传统汽车制造商稳固其地位外,新兴的电动汽车项目亦纷纷在此布局,竞相绽放光彩。

---

① 佚名. 中规院:2024 中国主要城市充电基础设施监测报告[EB/OL]. (2024-12-31)[2025-01-17]. https://www.sohu.com/a/843662114_468661.

② 中商产业研究院. 中国汽车产业集群六大地区新能源汽车布局情况汇总一览[EB/OL]. (2019-01-26)[2025-01-17]. https://m.askci.com/news/chanye/20190126/1505411140907.shtml.

1. 东北地区汽车产业集群

东北地区,以其深厚的传统汽车工业底蕴,构建起了以长春为轴心的汽车产业集群,汇聚了诸如一汽集团、华晨宝马及哈飞集团等业界巨头。得益于一汽集团的龙头引领以及强大的机械制造基础和完善的配套体系,汽车产业影响力迅速辐射至整个东北地区。然而,尽管传统汽车产业在此区域展现出了蓬勃的生命力,但新能源汽车领域的发展步伐却显得相对迟缓。当前,除了沈阳的华晨宝马新能源汽车产业园外,仅有沈北地区的一汽普雷特集团与华工集团涉足新能源汽车核心零部件的生产基地,整体审视,该区域在新能源汽车整车制造项目方面仍显不足,尚有较大发展空间。

2. 中三角汽车产业集群

中三角新能源汽车产业集群以武汉为枢纽,汇聚东风集团、标致雪铁龙、神龙汽车等汽车巨头,传统汽车工业底蕴深厚。虽规模稍逊于长三角集群,但新能源汽车产业投资活跃,名列前茅。武汉作为集群核心,凭借坚实的汽车工业基础和多项招商优惠政策,成功吸引吉利汽车、上汽通用等企业入驻。同时,南昌、赣州、上饶等城市也异军突起,近年来成为汽车及其零部件投资的新焦点,共同推动了中三角新能源汽车产业的繁荣发展。

3. 西部汽车产业集群

新能源汽车西部产业集群以重庆为龙头,依托强大的重工业基础,汇聚长安汽车、力帆汽车等重量级车企。得益于当地优惠的新能源汽车产业政策,吉利、比亚迪、北汽集团、长安新能源及车和家等领军企业纷纷在此布局大型投资项目。西部集群新能源汽车产业迅速崛起,目前累计规划产能已超 200 万辆,总投资规模逾 700 亿元,展现出强劲的发展潜力。

4. 长三角汽车产业集群

长三角地区,以其独特的地理位置,横跨江苏、浙江、上海三地,构筑了一个专注于新能源汽车领域的强大产业集群。这里,超过百个年产值逾百亿的产业园区星罗棋布,汇聚了包括上汽、吉利、众泰及东风系各大车企在内的数千家规模以上企业,共同铸就了产业集群的雄厚实力。在长三角的30 座城市里,有超过 14 座城市已经或正在规划新能源汽车项目,项目总数超过了 20 个,预计的总产能将突破 300 万辆大关,而总投资额更是超过了千亿元人民币。整体来看,长三角地区凭借强大的国际与民间资本吸引力,成为新能源汽车资本与技术的汇聚地。加之其深厚的汽车工业底蕴、前瞻的新能源汽车产业政策和蓬勃的经济发展态势,共同构筑了该集群的核心竞争优势。

5. 京津冀汽车产业集群

京津冀地区,以其北京与天津两大城市为核心,构建了一个汽车产业集群,汇聚了北汽集团、长城汽车、北京现代及天津一汽等一系列大中型传统汽车制造商,形成了规模宏大的传统造车产业。尽管在新能源汽车领域,京津冀集群的整体规模可能尚不及珠三角与长三角集群的水平,但其中北汽新能源作为领军者,在北京的生产基地更是拥有了年产 2 万辆的产能规模,这一成就不仅展现了京津冀集群在新能源汽车领域的强劲发展潜力,也体现了该地区在这一新兴产业上的积极布局与进取态势。

6. 珠三角汽车产业集群

珠三角地区经济繁荣,汇聚了广汽集团、广汽丰田等传统巨头及比亚迪等新能源车企,成为多个知名汽车品牌总部及生产基地的聚集地。得益于开放的政策环境与灵活的创新机制,珠三角汽车产业集群在新能源汽车领域展现出强劲的发展潜力与广阔前景。然而,相较于长三角集群,珠三角在整体投资规模上略显不足,且新能源车企引入数量相对较少,导致在市场竞争中处于相对弱势地位。

从整体产业布局情况看,新能源汽车属于战略性新兴产业,发展速度快,技术点密集,对资本的要求高,代表了现代社会技术产业化的较高水平,对社会经济的运行和发展起导向性作用,因此,造车新势力车企主要布局在长三角和珠三角区域等基础条件较好的地区。

3.3.4　中国新能源汽车产业重点企业分析

3.3.4.1　主要新能源车企

截至 2025 年 1 月 4 日,各个车企数据统计,2024 年新能源汽车销量排名前三的车企分别是比亚迪、上汽集团、特斯拉中国,销量分别为 426 万辆、123.4 万辆、91.7 万辆,其中比亚迪市场占有率达到 31.7%[①],如表 3 - 4 所示。

---

① 佚名. 2024 年车企新能源车销量总盘点[EB/OL]. (2025 - 01 - 04)[2025 - 01 - 17]. https://mp.weixin.qq.com/s/7aqoiHfcUYBSlzHc1nzkpw.

表 3 - 4　2024 年新能源汽车企业销售量

序号	生产厂商	2024 年销量/万辆	2023 年销量/万辆
1	比亚迪	426	302.4
2	上汽集团	123.4	112
3	特斯拉中国	91.7	86.8
4	吉利	88.8	48.7
5	东风集团	86	30.4
6	上汽通用五菱	80	44.2
7	长安集团	73	45.3
8	奇瑞	56.3	13.2
9	理想	50	37.6
10	鸿蒙智行	44.5	—
11	赛力斯	42.1	15.2
12	广汽埃安	41.3	48
13	长城集团	32.1	26.2
14	零跑	29.4	14.4
15	深蓝	24.3	13.7
16	极氪	22.2	11.9
17	蔚来	22.2	16.0
18	大众中国	21.2	22.3
19	小鹏	19	14.2
20	启源	15	—

3.3.4.2　主要新能源电池企业

随着新能源汽车产业的快速发展,动力电池作为新能源汽车的核心零部件之一,其技术创新和生产规模成为全球竞争的焦点。中国作为全球新能源汽车的主要市场,培育了一批在国际舞台上具有强大竞争力的动力电池制造商。这些企业凭借技术实力和市场规模,在国际动力电池产业链中占据了重要地位。以下是中国主要新能源电池企业的详细介绍:

1. 宁德时代

公司简介:宁德时代新能源科技股份有限公司(CATL)成立于 2011 年,是全球领先的动力电池研发制造企业之一。公司凭借强大的研发能力和市场拓展能力,迅速成长为全球最大的动力电池供应商之一。

技术及产品优势:宁德时代于 2017 年率先推出三元锂电池,技术水平全球领先。产品涵盖三元锂电池和磷酸铁锂电池等主流技术路线,能够满足不同车型的需求。在动力电池能量密度、循环寿命、安全性等方面均具有显著优势,其先进的电池管理系统(BMS)进一步提升了电池性能和稳定性。

市场表现:宁德时代的动力电池主要供应国内外知名车企,是特斯拉最大的动力电池供应商,占其电池采购量的 20%。在国内市场,蔚来、小鹏、理想等新势力车企,以及上汽集团、一汽集团等传统车企,均是宁德时代的重要合作伙伴。

2. 比亚迪

公司简介:比亚迪股份有限公司成立于 1995 年,是中国最早从事电池生产的企业之一。公司以电池技术为基础,逐步向整车制造领域拓展,现已成为中国新能源汽车的龙头企业之一。

技术及产品优势:比亚迪主要专注于磷酸铁锂电池的研发和生产,其自主研发的刀片电池技术,在安全性与能量密度上展现出了卓越的性能,成为比亚迪技术实力的标志性成果之一。刀片电池的优势包括防止热失控、延长续航里程、降低成本等,受到了市场的广泛认可。

市场表现:比亚迪生产的动力电池约 90% 为自用,应用于其新能源车型,如比亚迪汉、比亚迪秦等热销车型。小部分动力电池供应给中国一汽、金康汽车等车企,在外供市场上逐步扩大了影响力。

3. 中创新航

公司简介:中创新航科技股份有限公司,原名中航锂电,成立于 2007 年,最初专注于商用车动力电池的研发与生产。2018 年起,公司将业务重点转向乘用车动力电池领域,成为行业内增长迅速的企业之一。

技术及产品优势:中创新航在磷酸铁锂电池领域积累深厚,同时推出了三元锂电池产品,能够满足更多车型的应用需求。公司重视产品安全性与可靠性,在循环寿命和充放电效率方面不断优化。

市场表现:中创新航的动力电池供应链涵盖广汽集团(占比 65%)、长安汽车、上汽通用五菱、零跑汽车、小鹏汽车等多家车企。公司在商用车电池领域的积累,使其产品具有高性价比的优势,在乘用车市场逐渐获得更多认可。

4. 国轩高科

公司简介:国轩高科股份有限公司成立于 1995 年,是一家专注于动力电池研发与制造的高科技企业。2015 年,国轩高科通过借壳东源电器成功上市,成为 A 股市场中最纯正的动力电池标的企业之一。

技术及产品优势:国轩高科以磷酸铁锂电池为主要产品,近年来在三元电池和快充技术上也有所突破。公司在提升电池能量密度、降低生产成本方面持续优化,逐渐成为国内动力电池领域的重要参与者之一。

市场表现:动力电池主要供应上汽集团(占比 29%),此外还为江淮汽车、奇瑞汽车、零跑汽车、长安汽车等车企提供产品支持。国轩高科的市场份额稳步增长,逐步迈向行业领先地位。

5. 蜂巢能源

公司简介:蜂巢能源科技股份有限公司成立于 2018 年,由长城汽车动力电池事业部独立发展而来,现已成为长城汽车的兄弟企业之一。

技术及产品优势:公司首推短刀片磷酸铁锂电池,主打高安全性和高能量密度,获得市场广泛关注。产品具备成本优势,适合中低端车型的应用需求,逐渐扩大市场份额。

市场表现:2021 年,蜂巢能源动力电池装机量同比增长 384%,发展势头迅猛。短刀片磷酸铁锂电池计划于 2022 年实现商业化应用,并首搭长城欧拉新车型,助力长城汽车进一步布局新能源汽车市场。2023 年实现全域短刀片磷酸铁锂电池全面落地。

6. 欣旺达

公司简介:欣旺达电子股份有限公司成立于 1997 年,2011 年在深交所创业板上市。公司早期专注于消费电子锂电池,近年来积极拓展新能源汽车动力电池领域。

技术及产品优势:欣旺达的产品涵盖锂电池的多个应用领域,包括手机、VR 设备、扫地机器人等消费电子,以及新能源汽车动力电池。公司通过持续研发提升电池性能,在动力电池市场具备一定竞争力。

市场表现：目前欣旺达的动力电池主要供应日产、上汽通用、吉利汽车、东风汽车、小鹏汽车等车企。

7. 亿纬锂能

公司简介：亿纬锂能股份有限公司成立于 2001 年，是中国领先的动力电池生产企业之一，产品涵盖磷酸铁锂电池和三元软包电池等多种类型。

技术及产品优势：公司致力于动力电池的技术创新，尤其在磷酸铁锂和三元软包电池领域积累了丰富经验。产品以高性价比和较强的市场适配性，得到多家车企的青睐。

市场表现：动力电池主要供应小鹏汽车，占比 46%。此外，还为东风汽车、南京金龙、吉利商用车等提供配套支持。

8. 孚能科技

公司简介：孚能科技（赣州）股份有限公司成立于 2009 年，是中国主流动力电池生产商中唯一一家坚持三元软包电池技术路线的企业。

技术及产品优势：三元软包电池具备轻量化、高能量密度等优势，特别适合中高端电动车的应用。孚能科技在技术路线的选择上形成了差异化竞争优势，为公司在激烈的市场竞争中赢得一席之地。

市场表现：动力电池主要供应戴姆勒，成为戴姆勒旗下新能源车型的重要合作伙伴。

3.3.5　中国新能源汽车产业发展趋势

新能源汽车是全球汽车产业变革的重要方向，也是我国汽车工业转型升级的核心领域。在产业快速发展的过程中，我国新能源汽车产业逐渐呈现出电动化、智能化、自动驾驶三大趋势。这三大趋势相辅相成，共同推动我国新能源汽车产业从技术创新、供应链优化到市场推广的全面进步，具体趋势特点如下：

1. 电动化

电动化是新能源汽车发展的核心驱动力，是实现绿色出行和"双碳"目标的关键路径。其具体特点如下：

（1）动力电池头部化：动力电池作为行业的核心组件，持续成为市场瞩目的焦点，各大车企纷纷采取股权投资的方式，与电池制造商建立紧密合作关系,以确保供应链的稳定与高效。一方面保障核心零部件供应的稳定性,另一方面在电池技术上也能和时代同行。

动力电池作为新能源汽车的核心零部件,是影响整车性能、续航里程和成本的关键因素之一。随着新能源汽车市场的快速扩张,动力电池行业出现明显的头部化趋势。头部电池企业,如宁德时代、比亚迪等,依靠强大的技术研发能力和规模化生产优势占据市场主导地位。为了应对供应链波动,车企普遍通过战略合作、股权投资等方式绑定动力电池厂商,以确保核心零部件供应的稳定性。例如,蔚来、小鹏等新势力车企已与多家电池企业建立深度合作关系,不仅保障了电池供应,还能在技术研发上与行业前沿同步推进。此外,车企与电池厂商的绑定合作有助于在电池设计与整车匹配上更紧密协作,从而提升整车性能和市场竞争力。

(2)电池材料技术革新:动力电池上游原材料(如锂、钴、镍等)的供应紧张,直接推动了电池材料技术的快速革新。当前,市场上涌现出多种技术路线,包括高镍三元电池、磷酸锰铁锂电池和固态电池等。

高镍三元电池:通过增加镍含量,降低钴的使用比例,实现更高的能量密度和更长的续航里程,是高端车型的优先选择。

磷酸锰铁锂电池:以其成本低、安全性高的特点,逐步在中低端车型中获得广泛应用。

固态电池:被视为下一代动力电池技术,因其高能量密度和安全性,正在成为行业研发的重点方向。

不同电池技术路线的共存表明,它们并非简单的替代关系,而是在不同应用场景中发挥各自的优势,满足市场多样化需求。

(3)电控核心组件自主化有待提高:电控系统是电动化的核心技术之一,包括电机、电驱系统和电控单元。近年来,第三方动力系统集成商快速崛起,推动电驱系统向集成化方向发展,这种趋势显著降低了制造成本,提高了生产效率。然而,在部分核心组件方面,我国自主化水平仍需进一步提升。如 IGBT(绝缘栅双极型晶体管)芯片,是电控系统的关键器件,其国产化程度较低,主要依赖进口。未来实现 IGBT 芯片的国产化替代,将是电控领域的重要发展方向之一。

(4)补能基础设施先行:补能基础设施的完善是电动化的关键,是新能源汽车普及的基础条件之一,涵盖充电桩、换电站等关键环节。目前,我国在公共充电网络建设上已取得显著进展,但充电桩运营商普遍面临营利困难的问题。未来,具备资金实力和资源整合能力的企业将凭借成本优势和规模效应,在竞争中胜出。此外,充电效率和充电便利性的提升是未来补能设施优化的重点,快充技术、无线充电技术的成熟将进一步推动电动化发展。

2. 智能化

智能化是新能源汽车的重要发展方向,通过技术赋能提升车辆的智能驾驶、交互体验和系统控制能力。以下是智能化趋势的具体特点:

(1) 电子电气架构集中化:传统分布式电子电气架构因控制单元(ECU)数量不断增加而使得复杂性和成本不断提升。为了解决这一问题,行业正在向以域为单位的集中化架构转型。

集中式电子电气(EE)架构将车内各功能域的控制集中在域控制器(DCU)中,从而大幅降低系统复杂度和成本,提高整车系统的效率和协同能力。当前,大多数整车厂正处于分布式架构向域集中式架构过渡的阶段,未来有望实现全车域集中控制的目标。

(2) 域控制器是集中架构的核心:域控制器是集中式 EE 架构的核心部件,通过强大的运算能力整合分散的 ECU 模块,将车辆的驾驶控制、车身控制和信息娱乐功能进行统一管理。

未来,域控制器的性能将直接决定车辆的智能化水平。多域控制器的融合(如将自动驾驶域和智能座舱域结合)是下一步发展的重点方向。

(3) SoC 芯片(系统级芯片)实现更大算力:汽车智能化的不断发展,对计算能力提出了更高的要求。SoC 因其集成 CPU(中央处理器)、AI(人工智能)芯片和深度学习加速单元(NPU)的设计,成为智能汽车领域的主流方案。

相较传统 MCU(微控制单元)芯片,SoC 芯片具备更高的运算能力和能效比,能够处理更复杂的智能化和自动驾驶算法需求。随着 SoC 芯片的广泛应用,智能化汽车的性能将进一步提升。

(4) 软件标准化推动智能化发展:智能化汽车需要实现软硬件的解耦,这要求系统软件(如操作系统和中间件)具备更高的标准化程度。当前,行业正处于软件标准化的初期阶段,但整车厂已将操作系统和中间件作为研发重点,以实现服务导向架构(SOA)的目标。标准化的软件开发环境将大幅提高新功能的研发效率,并加快智能化技术的落地速度。

3. 自动驾驶

自动驾驶是新能源汽车发展的终极目标,推动汽车从单纯的代步工具转变为智能移动终端。以下是自动驾驶的主要特点:

(1) 激光雷达装车高潮来临:为了实现更高的安全性和感知精度,激光雷达逐渐成为自动驾驶车辆传感器的重要组成部分。激光雷达的高分辨率和探测精度使其在自动驾驶感知系统中占据核心地位。随着生产工艺的成熟和成本的下降,激光雷达正从高端车型向中低端车型普及,实现规模化装车。同时,传感器的融合(激光雷达、毫米波雷达、摄像头等)和冗余设计将成为未来趋势,以确保自动驾驶系统在各种环境中的可靠性和安全性。

(2) AI 芯片是核心:自动驾驶的实现高度依赖于 AI 算法和算力支持,而 AI 芯片则是自动驾驶域控制器的核心组件。AI 芯片集成了深度学习、图像处理和路径规划等功能,为车辆提供实时的环境感知、决策和控制能力。在自动驾驶时代,汽车的核心竞争力将从传统的动力系统转移到数据处理和算法能力上,AI 芯片的量产与技术突破将成为推动自动驾驶发展的关键。

3.4 浙江省新能源汽车产业发展现状

3.4.1 浙江省新能源汽车产业发展概况

3.4.1.1 政策支持与规划布局

2022 年,在"双碳"战略背景下,浙江省新能源汽车产业发展政策持续加码,2022 年,浙江省出台新能源汽车产业相关政策已达 34 项。在新能源汽车技术路线多头并进之际,浙江省前瞻性规划布局新能源汽车产业发展方向,2021 年 4 月 8 日,浙江省发改委发布《浙江省新能源汽车产业发展"十四五"规划》,提出要坚持产业集群发展,围绕整车制造优化布局产业链和创新链,着力打造环杭州湾汽车产业集群,积极建设温台沿海汽车产业带,特色推进各地方汽车产业协同发展,逐步形成"一湾一带多基地"的专业化、协作化、联动化的新能源汽车空间发展格局。浙江省发改委、经信厅在 2022 年 10 月发布的《浙江省加快新能源汽车产业发展行动方案(征求意见稿)》中强调,要加快省级氢燃料电池汽车示范区(点)建设,打造一批氢能汽车特色基地;增强产业链供应链应急保障能力,完善省市县三级工作专班机制,建立重点企业"白名单",依托"产业一链通"系统,高效协调处置断链断供风险;鼓励各地出台新能源汽车领域专项人才政策,按规定享受住房补贴政策。除此之外,该方案中还提出鼓励各市对燃油车置换成新能源汽车给予补贴,并鼓励实施政府定价的公共停车场(点)停放新能源汽车当日首次 1 小时内(含充电时间)免费停车。2024 年,《浙江省进一步推动消费品以旧换新行动方案》的发布加大力度地推进了汽车以旧换新项目,提高了汽车报废更新的补贴标准,新能源车的补贴按购买的新车价格补贴,补贴的费用从 8 000— 12 000 元不等。

除了省级层面的产业政策外,浙江省内的 11 个地级市也积极出台了相应的产业发展政策,旨在促进本地区新能源汽车产业的蓬勃发展。通过统计浙江省的 11 个地级市自 2014 年以来发布的新能源汽车产业相关政策数量,我们发现杭州市、湖州市及台州市在这一领域发布的政策数量较为突出。在各级政策的强力推动下,杭州市已迅速崛起为浙江省新能源汽车产业的核心发展区域,不仅在新能源汽车制造方面取得了显著成就,还在产业链构建与市场应用推广上走在了全国前列。

3.4.1.2 产业链发展与企业聚集

近几年来,浙江省积极围绕新能源汽车产业链部署创新链,不断完善省级重点企业研究院、创新服务综合体等各类创新载体建设,持续增加企业研发方面的投入,从而开发出一批标志性成果。其中包括新技术、新产品和新商业模式,这些成果都有助于推动新能源产业的发展和进一步的创新升级。

政策与市场双引擎并驱,加速了浙江省新能源汽车产业链的全方位完善。当前,浙江省的新能源汽车产业已全面覆盖上游的电池、电机、电控及电池原材料供应,中游的整车制造,以及下游的充换电服务、电池回收等配套环节,形成了一个完整且充满活力的全产业链体系,成为新能源汽车产业链企业的集聚之地。浙江省发改委 2023 年发布的《2022 年浙江省新能源汽车产业发展报告》显示,全省现有八家新能源整车生产企业,规模以上零部件企业2 200余家,涌现出18家汽车零部件百强企业、29家上市企业、33家国家级"专精特精"企业,产品基本覆盖新能源汽车全产业链。尤为值得一提的是,该地区已成功培育出一批如吉利汽车、威马股份、零跑汽车及天际新能源汽车等领军企业。

根据中国储能网发布的数据,2024年前三季度,浙江省新能源汽车产业链用电量达到了444.4亿千瓦时,相比2023年同期增长了13.3%。① 在产业链的不同环节中,上游企业用电量占据主导,达到了393.4亿千瓦时,同比增幅为9.7%;中游企业用电量则实现了快速增长,达到了3.0亿千瓦时,同比增长64.3%;下游企业用电量同样表现出色,为48.0亿千瓦时,同比增长51.7%。这一数据不仅展示了浙江新能源汽车产业的强劲增长,也体现了其完善的产业链布局,如图3-6所示。

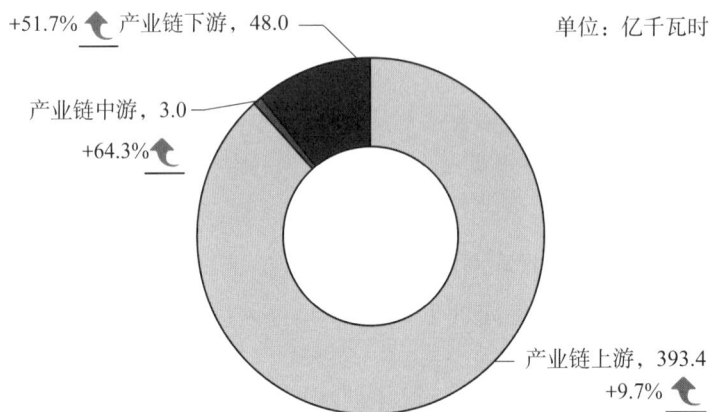

数据来源: 国网浙江省电力有限公司统计数据

图3-6 2024年前三季度浙江省新能源汽车产业链用电量分布

从地域分布来看,2024年前三季度,各地区形成了差异化的产业集聚优势,如宁波在电池制造等领域用电量占比最高,为20.4%,拥有杉杉股份、帕

---

① 中国电力网.前三季度浙江新能源汽车产业链用电量同比增长13.3%[EB/OL].(2024-11-08)[2025-01-17]. http://mm. chinapower. com. cn/dww/zhxw/20241108/266633. html.

瓦新能源等企业;嘉兴在电池制造领域的用电量占比达 18.8%;杭州不仅在电池制造领域的用电量占比达 13.0%,且在上游设备零部件生产方面具有优势,聚集了斯达半导体、士兰微电子等企业。中游整车制造企业主要集中在金华、宁波和湖州等地,金华有零跑汽车等整车企业,金华在该领域的用电量占比为 35.4%,宁波占比为 33.4%,湖州占比为 25.4%。在下游充换电运营及汽车后市场服务方面,杭州以服务运营企业为主,拥有国网浙江省电力有限公司、公牛集团等充电桩运营及制造企业,以及众多汽车维修、保险等后市场服务企业;宁波、温州的充电桩相关企业分布较广;全省各地汽车后市场服务企业分布广泛。整体上,浙江省新能源汽车产业形成了完整产业链,这些企业在各自领域不断创新发展,不同地区各具产业集聚优势,共同推动浙江省新能源汽车产业发展,如表 3-5 所示。

表 3-5　浙江省新能源产业链分布表

产业链环节	主要分布地区	代表企业
上游原材料及核心零部件	宁波:电池制造等领域用电量占比 20.4%	杉杉股份、帕瓦新能源、时代电动、三田汽车空调压缩机、卡涞复合材料科技等;上游设备零部件生产商如斯达半导体、士兰微电子、立昂微电子、正泰电器、德力西电气、施耐德、永贵电器等
	嘉兴:电池制造等领域用电量占比 18.8%	
	杭州:电池制造等领域用电量占比 13.0%,且有斯达半导体、士兰微电子等上游设备零部件生产商	
中游整车制造	金华:零跑汽车等整车企业所在地,2024 年前三季度新能源车整车制造用电量占比 35.4%	吉利汽车、零跑汽车、合众新能源、威马股份、天际新能源汽车等
	宁波:2024 年前三季度新能源车整车制造用电量占比 33.4%	
	湖州:2024 年前三季度新能源车整车制造用电量占比 25.4%	
下游充换电运营及汽车后市场服务	杭州:以下游服务运营企业为主	国网浙江省电力有限公司、公牛集团、万马集团、正泰安能、浙江大华等充电桩运营及制造企业,众多汽车维修、保险等后市场服务企业
	宁波、温州:充电桩相关企业分布较广	
	全省各地:汽车后市场服务企业分布较广,如维修、保险等服务	

截至 2024 年 9 月,浙江省充电桩总数已超过 172.1 万个,以 1.51 辆车对应 1 个桩的比例,优于全国平均值,彰显了充电基础建设的显著成就。其中,私人充电桩数量激增至 155.1 万个,年增长率高达 60.2%,而公共充电桩亦增至 17 万个,同比增长 39.9%,提前且超额完成浙江省"十四五"规划目标。近年来,充电设施正加速向县域及乡村布局,2024 年前三季度私人充电桩新增 44.9 万个,同比增长 29.5%,其中乡村占比达 41.8%。目前,浙江乡村已部署公共充电桩 4.44 万个,同比提升 76.1%,覆盖 700 多个乡镇,覆盖率达 79.9%,极大便利了乡村新能源车用户。

杭州、宁波等五个地市已实现公共充电桩乡镇全覆盖,温州洞头、嘉兴秀洲等地更实现"村村通"。杭州、台州等五个地市的乡村私人充电桩占比高达 75.4%,其中杭州市乡村每村平均拥有 52.3 个私人充电桩。这一趋势表明,越来越多的乡村正迈向充电自由。公共与私人充电设施的不断完善,为乡村居民提供了更加便捷的充电服务。

3.4.1.3 产业规模与增长趋势

新能源汽车产业一直是浙江省汽车产业的重要组成部分,近年来该产业呈现出快速增长的态势。据浙江省经信厅统计,2022 年全省新能源汽车新增 65 万辆,占全年新车上牌量的 33.5%;2023 年新能源汽车新增 73 万辆,占全年新车上牌量的 39%。2024 年,浙江新能源汽车产业集群营收突破万亿元,比上年增长 19.5%,增速位列全省 15 个特色产业集群第一。[①] 易车旗下"易车榜"发布的 2024 年上半年全国各省新能源汽车渗透率排行榜显示,浙江省新能源汽车渗透率达 50.3%,仅次于海南省的 56.8%,位居全国第二。[②] 其中,新能源汽车渗透率超过 50%,意味着在浙江省汽车市场,新能源车的销量已经超过燃油车。从图 3-7 可以看出,2020 年开始,浙江省新能源汽车产销量持续快速增长,呈现良好态势,销量高于浙江省新能源汽车产量,在中国新能源汽车领域占据重要地位。

---

① 浙江日报.浙江新能源汽车产业集群营收超万亿元[EB/OL].(2025 - 02 - 08)[2025 - 02 - 13].https://www.zj.gov.cn/art/2025/2/8/art_1229823372_60254849.html.

② 都市快报社.新能源汽车销量还看浙江:杭州成"榜一大哥",浙江稳居"第一军团"[EB/OL].(2024 - 08 - 02)[2025 - 02 - 13].https://www.yoojia.com/article/9128904166716719532.html.

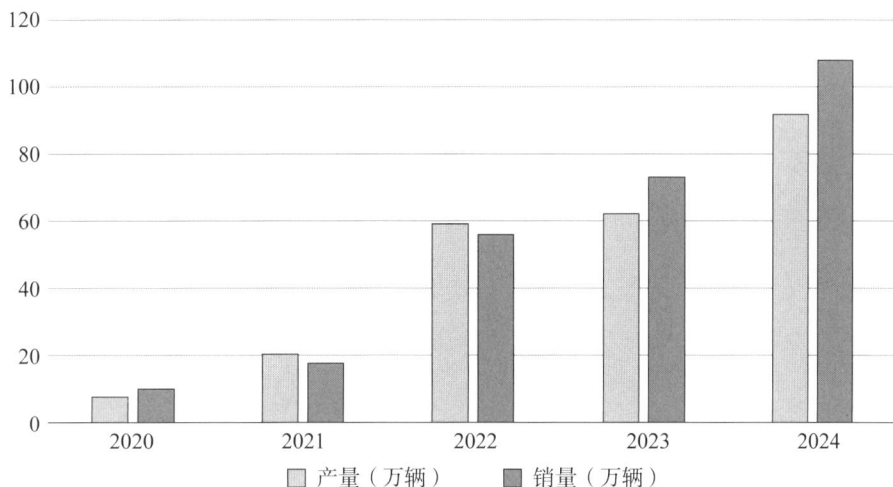

数据来源：中国汽车工业年鉴、浙江省经济和信息化厅等

图 3－7　2020—2024 年浙江省新能源汽车产销量

由图 3－8 可以看出，2015—2024 年浙江省新能源汽车产量总体平稳，虽然 2018 年开始，由于全球经济形势紧张，国内消费市场逐渐乏力，全省汽车产业发展增速放缓。但随后在政策补贴的推动下，新能源汽车产量从

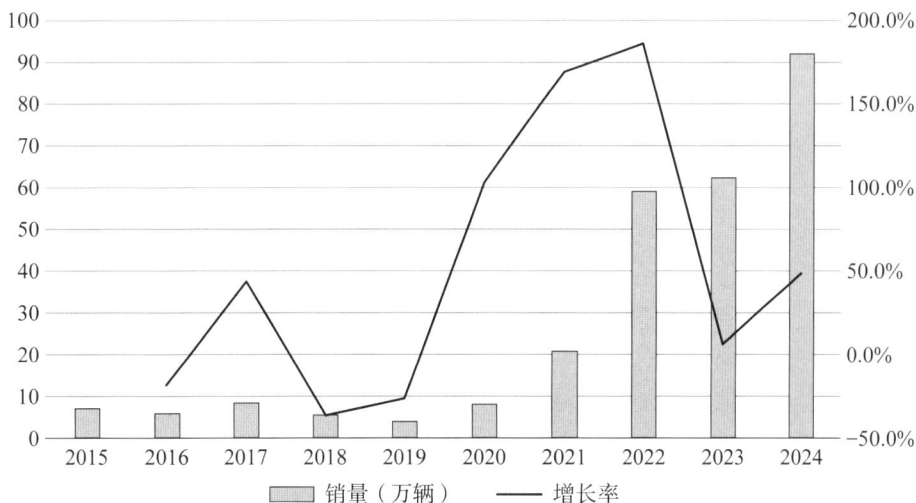

数据来源：中国汽车工业年鉴、浙江省经济和信息化厅等

图 3－8　2015—2024 年浙江省新能源汽车产量及增速

2019 年开始稳步提升,至 2024 年实现了高速增长。这一增长趋势与新能源汽车市场份额的稳步提升相契合,2015—2024 年间,新能源汽车销量在新车销量中的比重持续上升,2022 年占比约达 30%,反映出新能源汽车在浙江省汽车消费市场中的渗透率不断提高,市场前景广阔。

3.4.2 宁波市新能源汽车产业发展概况

宁波市作为浙江省重要的经济增长极,在新能源汽车产业发展方面也独具特色,在政策推动、产业集聚和产业规模增长等方面展现出强大的发展潜力。

3.4.2.1 政策推动与区域特色

宁波市积极贯彻国家和浙江省新能源汽车产业发展政策,先后出台了《宁波市汽车产业集群发展规划(2021—2025 年)》《关于加快打造新能源汽车之城的若干意见》《宁波市新能源汽车产业发展规划(2023—2030 年)》等一系列具有针对性和地方特色的支持政策。通过财政补贴、停车优惠等措施鼓励消费者购买新能源汽车,同时加大公共停车场和充电桩等基础设施建设力度,为新能源汽车的使用提供便利。例如,对购买新能源汽车的消费者给予一定金额的购车补贴,在公共停车场设置专门的新能源汽车停车位,并提供免费或优惠的停车服务。

在产业布局上,宁波市充分发挥制造业基础雄厚和港口物流便利的优势,着力打造以前湾新区为核心的新能源汽车产业集聚区。该区域吸引了吉利汽车、上汽大众等整车企业入驻,同时聚集了大量零部件企业,形成了完整的产业链。此外,宁波市高度重视新能源汽车与智能网联技术的融合发展,积极引导企业开展相关技术研发和应用试点。鼓励企业与高校、科研机构合作,共同攻克智能网联汽车关键技术难题,推动智能驾驶、车联网等技术在新能源汽车上的应用,提升新能源汽车的智能化水平和市场竞争力。目前汽车产业已经成为宁波第一大产业集群。

3.4.2.2 产业集聚与企业分布

宁波市新能源汽车产业集聚效应显著,已形成多个特色鲜明的产业园区和基地。前湾新区是宁波市新能源汽车产业的核心区域,汇聚了众多知名企业。吉利汽车在此设立了重要生产基地,凭借其强大的研发和生产能力,推出了多款畅销新能源车型;上汽大众宁波工厂也为当地新能源汽车产业发展注入了强大动力,2024 年大众汽车继续加大投资,新注资 20 亿元上马汽车新产线。除整车企业外,该区域还吸引了大量零部件企业,如均胜电子、华翔电子等。

在电池制造领域,宁波市拥有杉杉股份、容百科技等一大批行业领先企业。杉杉股份在电池材料研发和生产方面具有深厚的技术积累,其正极材料、负极材料等产品在市场上具有较高的占有率;容百科技专注于高镍正极材料的研发和生产,产品性能优异,广泛应用于高端新能源汽车电池中。此外,在新能源汽车电机、电控等领域,中车时代电气等企业也在宁波市布局生产基地,其生产的电机、电控产品技术先进,可靠性高,为新能源汽车的动力系统提供了有力支持,如表 3-6 所示。

表 3-6　宁波市新能源汽车产业企业分布表

产业领域	主要企业	企业特点及优势
整车制造	吉利汽车(宁波基地)、上汽大众(宁波工厂)	具备先进的生产工艺和技术,产品涵盖多种车型,市场影响力大
电池制造	杉杉股份、容百科技	在电池材料研发、生产方面技术领先,产品质量高,供应能力强
电机电控	中车时代电气(宁波生产基地)	拥有先进的电机电控技术,产品性能稳定,广泛应用于新能源汽车领域
零部件制造	拓普集团、均胜电子、万都、华翔电子	专注于汽车零部件研发生产,产品种类丰富,与众多整车企业合作紧密

3.4.2.3　产业规模与增长态势

近年来,宁波市新能源汽车产业展现出蓬勃发展的强劲态势,产业规模持续扩张,产量与销量均呈现快速上扬的增长曲线。相关数据显示,2024 年宁波市新能源汽车产量一举达到 39.8 万辆,同比大幅增长 109%,高于全国增速 74.6 个百分点,成为省内新能源汽车产业的重要支柱力量。在宁波汽车行业及相关领域中,销售过亿的企业有 360 多家,国家级单项冠军企业(产品)有 39 家,国家级专精特新"小巨人"企业有 103 家,上市企业有 54 家。

　　回溯过往,从产量数据的变化轨迹来看,2018—2024 年期间,宁波市新能源汽车产量呈现出逐年稳步攀升的良好态势。2018 年新能源汽车产量仅为 3 万辆,而到 2024 年,这一数字已迅猛增长至 40 万辆。这一显著增长趋势背后,是宁波市在新能源汽车产业领域持之以恒的资源投入与全方位的支持体系。在政策扶持层面,政府出台了一系列具有针对性的鼓励政策,涵盖购车补贴、上牌优惠等具体措施,为产业发展营造了宽松有利的政策环境,有效激发了企业的生产积极性与市场活力。在企业创新驱动方面,各大新能源汽车企业及相关产业链企业纷纷加大研发投入,积极探索技术创新路径,通过与高校、科研机构开展深度产学研合作,不断攻克技术难题,实现技术突破与升级。例如,均胜电子在新能源汽车智能驾驶领域深耕细作,持续创新研发,成功推出更为先进的自动驾驶系统,显著提升了车辆的智能化水平;杉杉股份则专注于电池材料研发领域,通过不懈努力取得新的重大突破,有效提高了电池的能量密度和安全性,为新能源汽车的性能提升提供了坚实的技术支撑。在基础设施建设领域,宁波市专注于优化充电设施网络布局,持续增强充电桩等关键设施的覆盖范围与便捷性,为新能源汽车的广泛应用奠定了坚实基础,提供了强有力的支持。

　　在销量方面,宁波市新能源汽车同样保持着强劲的增长势头。2018 年新能源汽车销量为 2 万辆,此后逐年以较高的增长率持续递增,至 2022 年销量成功达到 24 万辆。步入 2024 年,宁波新能源汽车产业发展势头依旧不减。在产业综合发展评估方面,2024 年 11 月 14 日发布的《2024 新能源汽车城市综合发展指数评估报告》,是全国首份城市级、综合性的新能源汽车发展指数评估报告。宁波的新能源汽车城市综合发展指数总得分为 74.8 分,在全国众多城市中位居第 8 位。从分项得分情况深入剖析,宁波在产业指数维度上表现出色,排名第 7 位,其拥有 16 家新能源汽车领域的国家级制造业单项冠军企业和 153 家专精特新“小巨人”企业,在全国 25 个参与评估的城市中脱颖而出,展现出雄厚的产业基础和强大的企业实力。在创新指数方面,宁波凭借 13 家国家级创新平台,排名第 6 位,彰显出在技术研发与创新领域的深厚底蕴和突出优势;尽管在消费指数上排名第 16 位,成为 5 个一级指标中的相对短板,但在基建指数上,宁波以车桩比达到 1∶1.1 的优异成绩,与合肥、长春并列第一,位居第 6 位,充分反映出其在基础设施建设方面的扎实成果。在潜力指数方面,宁波排名第 11 位,这得益于当地政府先后出台的一系列政策文件,为产业发展注入了强大动力,同时,新能源汽车上市企业筹融资额高达 827.5 亿元,在 25 座城市中位列第 4 位,为企业的持续发展和技术创新提供了充足的资金保障,有力地支撑了产业的未来发展潜力。①

在进出口贸易方面,2024 年宁波口岸出口汽车数量超过 23.9 万辆,其中新能源汽车出口量约为 6.7 万辆,在国际市场上崭露头角,展现出强劲的增长潜力和市场竞争力,为宁波市新能源汽车产业的国际化发展开辟了广阔前景。

从产业链发展态势来看,2024 年,宁波节能与新能源汽车产业链实现增加值 84.04 亿元,同比增长 28.2%,增速在宁波十大标志性产业链中独占鳌头。亿元以上的新能源汽车在建项目多达 106 个,总投资额接近 730 亿元,庞大的项目建设规模和高额的投资金额,为新能源汽车产业的持续发展奠定了坚实基础,预示着产业未来发展的广阔空间和无限潜力。

3.4.3　宁波前湾新区新能源汽车产业聚焦

3.4.3.1　产业发展成就

前湾新区在新能源汽车产业发展方面取得了显著成就。在整车制造领域,前湾新区成功引入了如吉利汽车等整车龙头企业,涵盖了多个知名的整车品牌;在产能方面,具备强大的新能源汽车生产能力,年产量已达相当规模,产值也逐年稳步攀升,充分彰显了其在新能源汽车制造上的雄厚实力与规模优势。

例如,吉利汽车在前湾新区的生产基地,凭借先进的生产工艺和高效的管理模式,不断推出市场认可度高、销量可观的新能源车型,为新区的产业规模增长贡献了重要力量。

不仅如此,前湾新区还着力构建了智能汽车全产业生态链,已初步建成涵盖从零部件研发生产、整车制造,到智能网联技术应用、后市场服务等多

---

① 数据来源于《2024 新能源汽车城市综合发展指数评估报告》,长城战略咨询于 2024 年 11 月 14 日发布。

个环节的完整产业链条,实现了各环节之间的紧密协同与互动发展,为新能源汽车产业的高质量发展奠定了坚实的产业生态基础。

3.4.3.2　产业创新与平台建设

前湾新区围绕新能源汽车产业积极开展精准招商与创新链布局。一方面,大力吸引国内外优质企业和项目入驻,不断丰富产业业态,完善产业链条;另一方面,注重创新驱动,围绕新能源汽车的关键技术和前沿领域,积极引导企业与高校、科研机构展开深度合作,构建以企业为主体、市场为导向、产学研相结合的创新体系。

以吉利汽车等为代表的龙头企业,每年投入大量资金用于研发,整合各方资源,聚焦于新能源汽车的电池技术创新、智能驾驶系统研发及车联网应用等关键领域,不断取得新的技术突破和创新成果。

同时,国家级机动车质检中心等一批高质量的产业平台在前湾新区落地并发挥重要作用,为新能源汽车的产品质量检测、标准制定、技术认证等提供了专业权威的支撑,保障了产业发展的规范性和高质量,助力前湾新区内的企业提升产品竞争力,推动整个产业向更高水平迈进。

3.4.3.3　未来发展展望

展望未来,前湾新区有着明确且宏伟的发展规划与目标。在深化产业集群建设方面,前湾新区将继续发挥现有产业优势,进一步吸引上下游配套企业集聚,不断拓展产业链的广度和深度,打造更具规模效应和协同效应的新能源汽车产业集群,提升自身在全球产业分工中的地位和竞争力。

在提升产业竞争力上,前湾新区持续加大对科技创新的投入,鼓励企业开展核心技术攻关,加速智能化、网联化、电动化等新技术在新能源汽车上的应用和融合,促进产品向更高档次、更智能的方向转型升级,从而精准满足市场多元化、个性化的需求,进一步扩大市场份额。

从拓展国内外市场的角度看,前湾新区有望借助自身的产业优势及宁波的港口物流便利等条件,积极拓展海外市场,提升新能源汽车产品的出口规模和国际影响力,同时深耕国内市场,加强品牌建设和市场推广,进一步提高市场占有率。

然而,在发展过程中也可能面临一些挑战,比如技术迭代带来的创新压力、日益激烈的市场竞争及可能存在的人才短缺等问题。但凭借着坚实的产业基础、良好的政策环境及不断进取的创新精神,前湾新区新能源汽车产业未来依然有着广阔的发展空间和巨大的发展潜力,有望成为引领全国乃至全球新能源汽车产业发展的新高地。

3.4.4 重点企业分析

浙江省新能源汽车产业呈现出蓬勃发展的态势,孕育出一批在行业内极具影响力的企业。其中,吉利汽车、零跑汽车、哪吒汽车等整车企业,以及均胜电子、拓普集团、宁波华翔、宁波方正、双环传动、银轮股份等零部件企业表现可圈可点,成为推动产业发展的中坚力量。

吉利汽车作为浙江省新能源汽车产业的佼佼者,在该领域的布局全面且深入。公司持续增加研发投入,全力攻克新能源汽车技术难关。在电池技术领域,其携手宁德时代等电池供应商,共同探索高性能电池的研发路径,致力于提升电池的能量密度与安全性;在电动驱动系统方面,自主研发的高效电机和电控系统成效显著,车辆动力性能与能效得以显著提升;在智能网联方面,积极与百度、腾讯等科技巨头合作,深度挖掘车联网、自动驾驶等前沿技术潜力,全力打造智能汽车生态体系。从具体市场表现情况来看,2023 年吉利新能源汽车销量增长迅猛,占总销量的三分之一,在国内车企中位居第三,彰显出强大的市场竞争力。在国际市场上,吉利汽车通过一系列收购举措,如 2010 年收购沃尔沃、2017 年购入马来西亚宝腾 49.9% 的股份等,成功吸收国际知名汽车品牌的先进技术与研发经验,实现了自身技术水平的飞跃。当下,吉利汽车集团旗下品牌众多,包括吉利、领克、极氪、几何、路特斯、英伦电动汽车、远程新能源商用车、曹操出行等,品牌矩阵丰富多样,可满足不同消费群体的多元化需求。2023 年 10 月,宝腾汽车销量达12 799 辆,环比增长 13.6%;2024 年,沃尔沃全球销量约 76.34 万辆,宝腾汽车销量达 15.2 万辆,吉利汽车集团销量高达 217.7 万辆,消费者对本土品牌的信任度持续攀升。吉利汽车凭借收购与合作的双轮驱动,持续提升其在新能源汽车领域的技术实力与品牌影响力,为浙江省新能源汽车产业的前行发挥着关键的引领作用。

零跑汽车作为浙江省新能源汽车产业的后起之秀,专注于智能电动汽车的全产业链发展。其秉持自主创新理念,在三电(电池、电机和电控)、车载计算芯片、智能网联、自动驾驶等核心技术板块收获颇丰,手握多项自主知识产权。自主研发的智能驾驶芯片等前沿技术,为其产品赋予独特竞争优势,使其在竞争激烈的新能源汽车市场崭露头角。在市场销量方面,零跑汽车2024年的销量达到29.3万辆,于造车新势力中位居第三,有力证明了其产品的市场接受度与企业的发展潜能。此外,零跑汽车积极与上下游企业开展合作,持续优化产业链布局,有力推动了浙江省新能源汽车产业的协同共进。

宁波方正在新能源汽车零部件领域的地位举足轻重,尤其在电池结构件和轻量化材料方面表现卓越。公司坚守技术研发与产品创新的发展路径,为新能源汽车量身定制高性能、轻量化的零部件解决方案。其生产的电池结构件具备高精度、高强度与高安全性等突出特质,能显著提升电池性能与安全性,精准契合新能源汽车对零部件的严苛标准。在市场拓展上,宁波方正与众多知名新能源汽车企业构建起稳定的合作关系,产品广泛覆盖多个主流新能源汽车品牌,为浙江省新能源汽车产业供应链的稳定运行提供了坚实保障。

双环传动作为专业的传动齿轮研发、生产与销售企业,在新能源汽车变速器齿轮领域沉淀了深厚的技术底蕴和丰富的生产实践经验。公司持续加大对新能源汽车相关产品的研发资源投入,推动产品更新换代,全力提升产品性能与质量。其生产的变速器齿轮具有高精度、低噪声、高可靠性等显著优势,能够切实提升新能源汽车变速器的传动效率与稳定性。双环传动与多家新能源汽车整车企业保持着紧密的合作关系,为浙江省新能源汽车产业的发展提供了强有力的技术支撑与零部件保障。

银轮股份在新能源汽车热管理系统领域占据重要一席,是国内热管理系统供应的领军企业之一。公司专注于热管理技术的研发与创新,为新能源汽车打造高效、节能的热管理解决方案。其产品覆盖汽车空调系统、电池热管理系统、发动机冷却系统等多个关键领域,能够有效提升新能源汽车的能源利用率与续航里程。银轮股份与众多国内外知名汽车企业建立了长期稳定的合作关系,产品远销多个国家和地区,为浙江省新能源汽车产业的国际化进程贡献了积极力量。

3.5　新能源汽车产业面临的挑战与应对策略

3.5.1　面临的挑战

1. 电池回收与环保问题

随着新能源汽车市场的迅猛扩张,退役动力电池的数量急剧攀升。然而,当前的电池回收体系面临诸多挑战,包括回收渠道的非正规性及回收技术的欠缺。这不仅导致大量废旧电池流向不规范的处理途径,还可能对环境造成严重危害。尤其是废旧电池中的重金属和电解液,若未经妥善处理,极有可能对土壤和水源造成不可逆的污染。此外,电池回收的经济效益不高,企业参与积极性受限,使得电池回收产业的发展较为缓慢,难以满足日益增长的电池回收需求,进而影响整个新能源汽车产业的可持续发展。

2. 充电基础设施不完善

尽管近年来充电基础设施建设取得了一定进展,但仍存在诸多不足。从公共充电桩来看,分布不均衡的情况较为突出,在一些偏远地区、老旧小区及高速公路部分路段,充电桩数量稀少,难以满足新能源汽车用户的长途出行和日常使用需求。并且充电桩的兼容性、稳定性也存在问题,不同运营商的充电桩可能存在接口标准不一致、充电速度不稳定等现象,给用户带来不便。此外,充电桩的建设和运营成本较高,盈利模式尚不清晰,导致部分运营商的建设积极性不高,从而制约了充电设施的进一步普及。

3. 续航里程焦虑

虽然电池技术在不断进步,但目前新能源汽车,尤其是纯电动汽车的续航里程在一些特定场景下仍无法完全满足消费者需求。例如在冬季低温环境或者夏季高温环境下,电池续航能力会出现明显衰减;在长途驾驶时,即便有充电桩,充电时长仍相比加油时长更长,这使得消费者在出行时存在"里程焦虑"心理,一定程度上影响了新能源汽车的市场推广,特别是对于那些有长距离出行需求的用户,续航里程问题成为他们选择新能源汽车的重要顾虑因素。

4. 全球经济不确定性

全球经济形势的波动会对新能源汽车产业产生多方面影响。在经济下行期间,消费者的购车意愿和消费能力可能下降,导致新能源汽车市场需求受到抑制。同时,国际贸易摩擦、汇率变动等因素也会影响新能源汽车的进出口贸易,增加企业的运营成本和市场风险。例如,部分国家之间的贸易争端可能导致新能源汽车零部件的进出口受限,影响产业链的正常供应,或者使车企面临更高的关税成本,削弱产品在国际市场上的价格竞争力。

5. 供应链风险

新能源汽车产业链涉及众多环节和原材料,面临着多种供应链风险。由于关键原材料如锂、钴等资源的供应存在地域集中性特征,少数国家或地区掌握着大部分的资源储量和开采权,因此一旦出现供应受限情况,例如资源国的政策调整、自然灾害等影响开采和出口,就会导致原材料价格大幅波动,影响电池生产企业的成本和产量。此外,芯片等核心零部件也存在供应紧张问题,全球"芯片荒"事件就曾使得众多车企面临减产甚至停产的困境,凸显了供应链脆弱性对新能源汽车产业稳定发展的威胁。

3.5.2 应对策略探讨

1. 政策制定方面

政府应进一步完善新能源汽车产业相关政策,加大对电池回收产业的扶持力度,通过财政补贴、税收优惠等政策鼓励企业加大对电池回收技术的研发投入,并规范回收渠道,建立健全电池回收的监管体系,以确保废旧电池能够得到安全、高效的回收处理,实现资源循环利用。同时,政府应持续出台充电基础设施建设的激励政策,例如对充电桩建设运营企业给予建设补贴、用电优惠等,引导社会资本参与充电桩建设,优化充电桩布局,提高充电桩的覆盖率和使用便利性。另外,在应对全球经济不确定性和供应链风险方面,政府可以通过加强国际合作,签订资源供应保障协议,拓展原材料供应渠道,建立关键零部件的储备机制等,来保障产业供应链的稳定。

2. 技术研发层面

企业要加大在电池技术研发上的投入,努力提高电池的能量密度,缩短充电时间,延长电池使用寿命,以及增强电池在不同环境下的性能稳定性,从根本上缓解消费者的续航里程焦虑。例如加快固态电池等新一代电池技术的研发和产业化应用进程。同时,积极探索电池回收的新技术、新工艺,提升电池回收的效率和经济性。在供应链方面,鼓励企业加强与原材料供应商的深度合作,通过技术合作、联合开发等方式,保障关键原材料的稳定供应,并且推动芯片等核心零部件的国产化替代研发,降低对进口的依赖,提升供应链的自主可控能力。

3. 企业合作角度

车企之间可以加强合作,共同建设共享充电网络,提高充电设施的利用率和覆盖范围,分摊建设成本和运营风险。例如车企联盟共同打造跨品牌、跨区域的充电服务平台。同时,整车企业与零部件供应商、科技企业等产业链上下游企业应深化合作关系,通过建立战略合作伙伴关系、联合研发项目等,实现资源共享、优势互补,共同应对技术难题和市场变化,提升整个产业链的协同效应和抗风险能力。比如整车厂与电池企业合作研发适配性更好的电池系统,与科技企业合作开发更先进的智能网联和自动驾驶技术等。

4. 市场拓展维度

一方面,企业要进一步挖掘国内市场潜力,针对不同线级城市和不同消费群体的需求特点,精准推出多样化的新能源汽车产品,例如在小城市和农村地区推广性价比高、实用性强的新能源车型,通过完善销售和服务网络,提升产品在下沉市场的认知度和接受度。另一方面,积极拓展国际市场,加强品牌建设和国际营销,利用"一带一路"等国际合作机遇,在海外建立生产基地、销售网络和售后服务中心,提升中国新能源汽车品牌在国际上的影响力和市场份额,降低对单一国内市场的依赖,增强应对全球经济波动的能力。

通过政府、企业等各方在政策、技术、合作、市场等方面的共同努力,有望逐步克服新能源汽车产业面临的诸多挑战,推动产业朝着更加健康、更加可持续的方向发展。

第**4**章

新能源汽车产业创新发展态势及方向

本章以新能源汽车产业全球发展态势和竞争环境为视角,以主要国家、领先企业、新进入者为切入点,从产业创新发展态势、产业结构调整方向、产业发展重点及热点方向三个方面出发,以了解新能源汽车产业发展趋势、技术创新方向和未来发展方向,研判潜在发展机遇。

4.1 产业创新发展态势

4.1.1 全球专利布局

从近二十年全球范围的专利申请来看,如图 4-1 和图 4-2 所示,新能源汽车产业已公开的相关专利申请总量已达到 151.3 万件,其中超过一半的专利(54.2%)在近五年申请(2019—2024 年)。从申请趋势来看,可划分为三个阶段:

1. 起步阶段(2009 年之前)

这一阶段,全球新能源汽车产业专利申请量平稳增长,年申请量保持在2 万件左右,全球新能源汽车市场处于培育阶段,市场占有率极低,纯电动汽车、混合动力汽车、插电式混合动力汽车、增程式电动汽车和燃料电池汽车等多种车型崭露头角,不同技术路线同步推进,丰田汽车公司、松下株式会社、三星集团、日产汽车、通用汽车、本田汽车等跨国公司在该阶段积极布局专利。中国的新能源汽车技术刚刚起步,处于初步探索阶段,中国的专利申请量占全球专利申请总量的比重从 2004 年的 18.3% 逐步提升至 2009 年的

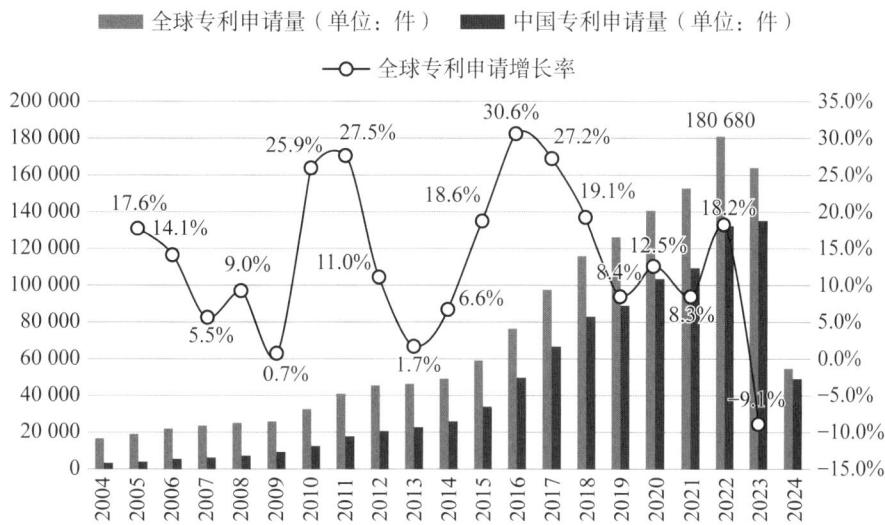

数据来源：www.cnipr.com
数据时间：2004年1月1日到2024年10月31日
注：部分未公开专利致期末统计数量下降

图 4-1　全球新能源汽车产业申请趋势

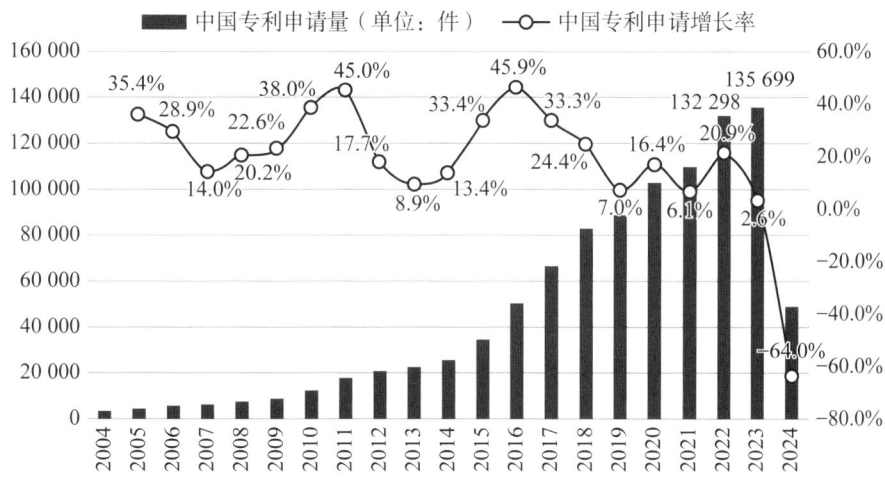

数据来源：www.cnipr.com
数据时间：2004年1月1日到2024年10月31日
注：部分未公开专利致期末统计数量下降

图 4-2　中国新能源汽车产业申请趋势

34.6%，重点申请人包括丰田汽车公司、比亚迪公司、松下株式会社、三星集团、通用汽车等。

2. 上升阶段(2010—2015 年)

这一阶段,全球新能源汽车产业专利申请量加速上升,2010 年和 2011 年的增长率均超过 20%,2015 年专利申请量已接近 6 万件,全球新能源汽车市场开始逐渐成长,市场占有率有所提升,丰田汽车公司、韩国现代集团、三星集团、LG 集团、松下株式会社、日产汽车、博世公司等公司持续加强专利布局。中国从国家战略层面开始重视并推动汽车产业向电动化转型,2010 年明确新能源汽车为战略性新兴产业,丰田汽车公司、韩国现代集团、比亚迪公司、通用汽车、国家电网、博世公司等在中国市场加快专利布局,中国的专利申请量占全球专利申请总量的比重不断提升,2014 年达到 52.1%。

3. 急速上升阶段(2016 年至今)

这一阶段,全球新能源汽车产业专利申请量迅速攀升,在 2022 年达到当前峰值(180 680 件),全球新能源汽车在市场上的渗透率急剧上升。[①] 丰田汽车公司、LG 集团、华为公司、韩国现代集团、宁德时代、比亚迪公司等是该阶段的领先申请人。2016 年之后,中国新能源汽车市场从政策驱动逐渐转向市场驱动,各地纷纷出台购车补贴政策及充电基础设施投资政策,推动新能源汽车产业快速发展,华为公司、比亚迪公司、宁德时代、丰田汽车公司、国家电网、一汽集团等企业技术创新活跃、专利申请量排名靠前。从 2018 年开始,中国的专利申请量占全球专利申请总量的比重已超过 70%,成为全球技术创新最活跃的区域。

从专利布局区域[②]来看,如图 4-3 所示,全球新能源汽车产业专利申请的重点区域包括中国、美国、日本、世界知识产权组织(WIPO)、韩国、欧洲专利局(EPO)、德国,以上区域的专利申请量占全球专利总申请量的 98.9%,全球创新资源高度集中。其中中国的专利申请量居首位,达到 98.5 万件,占全球专利总量的 65.1%;美国、日本和韩国的技术创新也较为活跃,专利申请量分别达到 12.7 万件、12.6 万件、7.6 万件,分别占全球专利总量的 8.4%、8.3%、5.0%。中国新能源汽车产销量从 2015 年开始已连续 9 年位居

---

① 根据研究机构 Clean Technica 数据,2022 年全球新能源乘用车渗透率(2020 年为 4%、2021 年为 9%)提升至 14%,2023 年全球新能源乘用车渗透率已提升至 22%。

② 区域包括国家(地区)及组织。

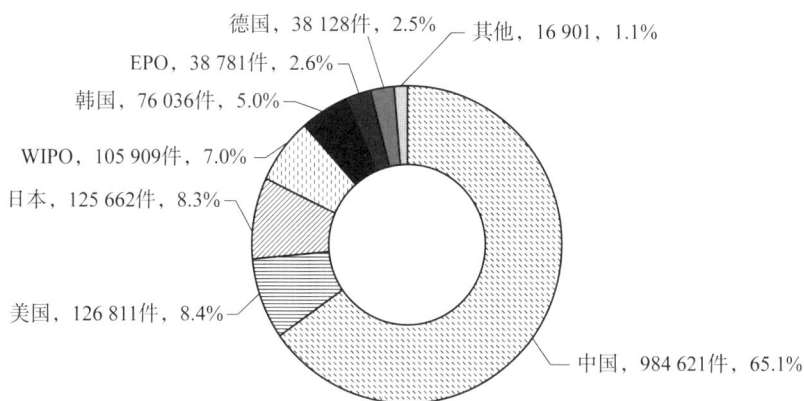

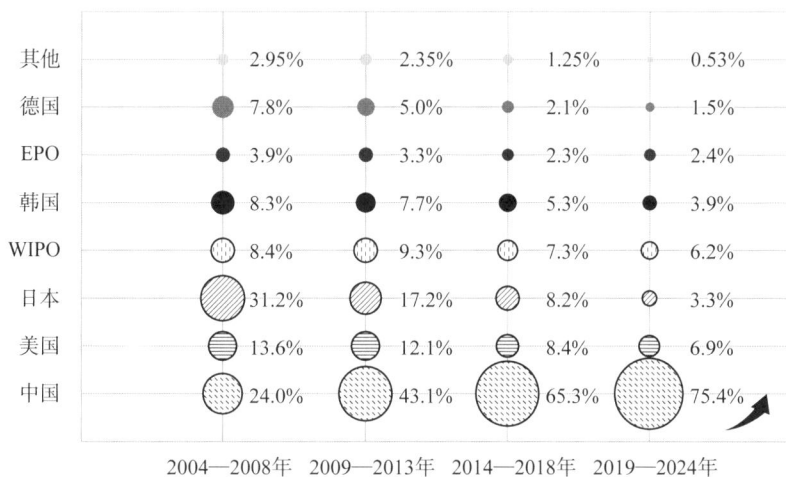

数据来源：www.cnipr.com
数据时间：2004年1月1日到2024年10月31日

图 4-3　新能源汽车产业整体布局方向

全球第一，全球新能源汽车产业的专利布局区域聚集态势与中国的全球领先地位相吻合。

　　从各区域专利布局随时间的变化趋势来看，2004—2008 年，日本是专利布局最多的区域，其专利申请量占全球专利申请总量的比重达到 31.2%，中国在这一时期的专利申请量仅次于日本，占全球专利申请总量的比重为 24.0%，美国和韩国的占比分别为 13.6% 和 8.3%；2009—2013 年，中国专利申请量超过日本，占全球专利申请总量的比重达到 43.1%，居全球首位，日本占全球专利申请总量的比重降至第二位（17.2%），美国和韩国的比重也略有下降,分别降至12.1%和7.7%,德国的比重也呈现下降趋势;2014—2018年,随着中国成为全球第一大新能源汽车产销国,跨国公司及中国本土企业、高校院所纷纷加速专利布局,中国专利申请量占全球专利申请总量的比重跃升至65.3%,日本、美国、韩国等国的专利申请量的比重均有不同程度的下降;2019—2024年,中国新能源车企销量再创新高,主导地位愈加巩固,专利申请量占全球专利申请总量的比重进一步提升至75.4%,而国外电动汽车发展出现放缓趋势,美国、日本、韩国、德国的专利申请量占比均出现进一步的下降,全球新能源汽车产业创新资源向中国聚集的趋势明显。

4.1.2 全球创新企业

从新能源汽车产业的全球专利申请人来看[①],如表4-1所示,排名前20位的申请人来自日本(7位)、中国(6位)、韩国(3位)、德国(2位)和美国(2位),TOP20申请人主要是汽车制造商及核心零部件供应商。此外,凭借长期积累的ICT(信息与通信)技术优势,华为公司将自身定位为智能网联汽车的增量部件供应商;作为充换电服务商,国家电网公司建设运营了中国最早的一批充换电设施。TOP20申请人的专利申请总量达36.4万件,占全球总量的24.1%,其中丰田汽车公司处于明显领先的优势地位,以63 921件专利居全球首位,LG集团、韩国现代集团、三星集团及比亚迪公司进入前五榜单。除比亚迪外,中国其他入围TOP20申请人榜单的企业包括华为公司、宁德时代、国家电网、一汽集团、浙江吉利集团,分别排名第7、9、14、19和20位。

表4-1 全球新能源汽车产业申请人排名TOP20

排名	申请人	国别	类型	全球专利申请量/件	近五年专利申请量/件	近五年占比/%
1	丰田汽车公司	日本	汽车制造商	63 921	20 494	32.1
2	LG集团	韩国	核心零部件供应商	34 371	20 163	58.7
3	韩国现代集团	韩国	汽车制造商	27 618	12 482	45.2
4	三星集团	韩国	核心零部件供应商	21 975	7 360	33.5

---

① 申请人已按同属集团进行合并。

（续表）

排名	申请人	国别	类型	全球专利申请量/件	近五年专利申请量/件	近五年占比/%
5	比亚迪公司	中国	汽车制造商	21 279	11 989	56.3
6	松下株式会社	日本	核心零部件供应商	18 957	5 625	29.7
7	华为公司	中国	增量部件供应商	18 538	16 086	86.8
8	本田汽车	日本	汽车制造商	17 638	7 900	44.8
9	宁德时代	中国	核心零部件供应商	16 709	14 095	84.4
10	博世公司	德国	核心零部件供应商	15 156	5 554	36.6
11	日产汽车	日本	汽车制造商	13 931	2 097	15.1
12	福特汽车	美国	汽车制造商	13 722	5 121	37.3
13	通用汽车	美国	汽车制造商	13 125	4 738	36.1
14	国家电网	中国	充换电服务商	11 650	7 727	66.3
15	大众集团	德国	汽车制造商	10 205	4 647	45.5
16	日立公司	日本	核心零部件供应商	9 596	1 993	20.8
17	三菱公司	日本	汽车制造商	9 195	1 933	21.0
18	株式会社电装	日本	核心零部件供应商	9 156	3 434	37.5
19	一汽集团	中国	汽车制造商	8 778	7 950	90.6
20	浙江吉利集团	中国	汽车制造商	8 647	6 883	79.6

数据来源:www.cnipr.com

数据时间:2004 年 1 月 1 日到 2024 年 10 月 31 日

从 TOP20 申请人近年来的专利申请趋势来看,中国申请人的技术创新力度持续加强,其中一汽集团、华为公司、宁德时代这三家公司的近五年专利占比超过八成,大部分专利申请都集中在近五年,专利增速较快;国外申请人中,LG 集团、大众集团、韩国现代集团、本田汽车等企业的近五年占比相对较高,均在 40% 以上,而松下株式会社、三菱公司、日立公司、日产汽车等日本企业的技术创新力度有所减弱,近五年专利占比在 30% 以下。

4.1.3　中国创新企业

从中国新能源汽车产业的专利申请人来看,如表 4－2 所示,排名前 20

表4-2　中国新能源汽车产业申请人排名 TOP20

排名	申请人	国别	类型	中国专利申请量/件	近五年专利申请量/件	近五年占比/%
1	比亚迪公司	中国	汽车制造商	18 068	10 362	57.4
2	丰田汽车公司	日本	汽车制造商	16 892	7 832	46.4
3	华为公司	中国	增量部件供应商	15 432	13 310	86.2
4	国家电网	中国	充换电服务商	11 536	7 671	66.5
5	宁德时代	中国	核心零部件供应商	11 458	9 154	79.9
6	韩国现代集团	韩国	汽车制造商	9 460	4 166	44.0
7	一汽集团	中国	汽车制造商	8 452	7 624	90.2
8	浙江吉利集团	中国	汽车制造商	8 118	6 460	79.6
9	LG 集团	韩国	核心零部件供应商	7 882	4 591	58.2
10	重庆长安	中国	汽车制造商	7 227	6 058	83.8
11	本田汽车	日本	汽车制造商	6 528	4 125	63.2
12	奇瑞集团	中国	汽车制造商	6 235	4 219	67.7
13	福特汽车	美国	汽车制造商	6 179	2 828	45.8
14	北汽新能源	中国	汽车制造商	6 178	2 807	45.4
15	通用汽车	美国	汽车制造商	6 138	2 368	38.6
16	蔚来汽车	中国	汽车制造商	5 505	3 702	67.2
17	松下株式会社	日本	核心零部件供应商	5 279	1 769	33.5
18	蜂巢能源科技股份有限公司	中国	核心零部件供应商	5 010	4 753	94.9
19	广汽集团	中国	汽车制造商	4 962	4 310	86.9
20	博世公司	德国	核心零部件供应商	4 813	2 136	44.4

数据来源:www. cnipr. com

数据时间:2004 年 1 月 1 日到 2024 年 10 月 31 日

位的申请人包括 13 家汽车制造商、5 家核心零部件供应商、1 家增量部件供应商及 1 家充换电服务商。TOP20 申请人的专利申请总量达 17.1 万件,占中国专利总量的 17.4%,其中布局全产业链的比亚迪公司以 18 068 件专利居全国首位,丰田汽车公司、华为公司紧随其后,国家电网、宁德时代进入前五榜单。一汽集团、浙江吉利集团、重庆长安、奇瑞集团等是排名靠前的中国汽车企业。除丰田汽车公司,韩国现代集团、LG集团、本田汽车、福特汽车等也非常重视中国市场,积极进行专利布局。

从TOP20申请人近年来的中国专利申请趋势来看,与全球趋势相类似,中国本土申请人近年来在中国的专利布局力度持续加强,专利储备加速,其中成立于2018年的独角兽企业蜂巢能源科技股份有限公司的专利申请主要集中在2018年之后,近五年专利占比最高,达到94.9%。一汽集团、广汽集团、华为公司的近五年占比也比较高,分别达到90.2%、86.9%和86.2%,技术创新比较活跃。国外企业在华布局活跃度不及本土企业,本田汽车、LG集团、丰田汽车公司、福特汽车的专利布局活跃度要高于国外其他企业,通用汽车、松下株式会社等企业的在华专利布局力度有所减弱,近五年专利占比在40%以下。

4.2　产业结构调整方向

产业链各环节专利申请数量的变化情况可以反映产业结构调整的方向,当某一环节的专利申请占比升高时,显示该方向是产业技术创新主体的关注热点,是产业结构调整的方向。

本节从主要国家产业结构布局、领先企业产业结构布局两个方面出发,通过分析其在四个产业链环节的布局侧重和变动趋势,以了解产业结构调整方向和新趋势。

4.2.1　主要国家产业结构调整方向

从主要国家的产业结构布局来看,中国目前在材料、零部件、充电换电及加氢设施,以及智能网联技术四个产业链环节的专利申请量均超过且明显高于其他国家/组织,所占全球专利总量的比重分别达到66.9%、63.6%、71.7%和55.6%,充电换电及加氢设施产业链环节的数量领先优势更为明显,这在一定程度上反映了中国充换电基础设施建设力度的不断加大、充换电设施快速发展的态势。此外,还可以看到,除中国以外,美国在充电换电及加氢设施、智能网联技术这两个产业链环节的专利申请量超过其他国家/

组织,保持领先地位,日本在材料和零部件产业链环节的专利申请量处于领先地位,且在充电换电及加氢设施产业链环节的专利申请量与美国相差不大。

从产业链各环节所占比重来看,如图4-4所示,中国在零部件环节的专利布局比重最高,达到43.7%,其次是智能网联技术,专利布局比重为20.8%,材料和充电换电及加氢设施环节的比重分别为18.9%和16.6%;美国在零部件和智能网联技术环节的专利布局比重最高,分别为37.4%和35.1%,材料和充电换电及加氢设施产业链环节的布局比重较低,分别为

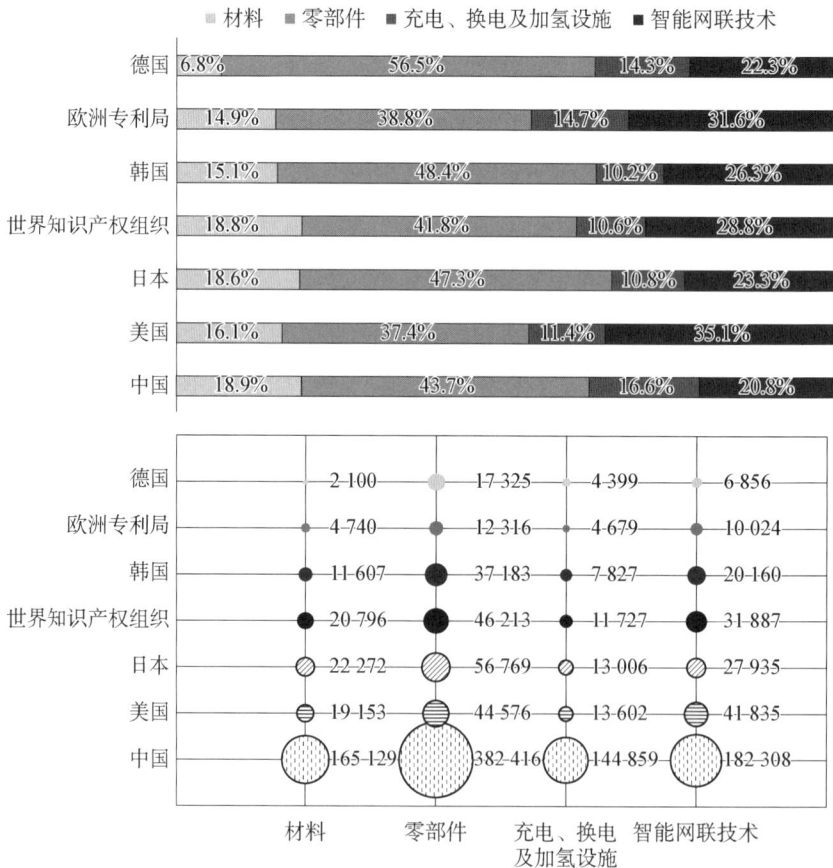

数据来源:www.cnipr.com
数据时间:2004年1月1日到2024年10月31日

图4-4 主要区域新能源汽车产业整体专利布局方向

16.1％和11.4％；日本的布局结构与中国类似，零部件环节的专利布局比重最高(47.3％)，智能网联技术的布局比重也超过20％，材料和充电换电及加氢设施产业环节的布局比重较低，分别为18.6％和10.8％；韩国与中国、日本的布局结构也存在相似，零部件环节的专利布局比重最高(48.4％)，智能网联技术环节的布局比重也超过20％，略高于日本和中国，材料和充电换电及加氢设施产业环节的布局比重较低，分别为15.1％和10.2％。

从两大组织产业链各环节的所占比重来看，在全球通过世界知识产权组织提交的PCT(《专利合作条约》专利申请)中，零部件环节的专利布局比重最高，达到41.8％，其次是智能网联技术环节，专利布局比重为28.8％，材料和充电换电及加氢设施环节的比重分别为18.8％和10.6％；在向欧洲专利局提交的专利申请中，零部件环节的专利布局比重最高(38.8％)，智能网联技术环节的专利布局比重为31.6％，材料和充电换电及加氢设施环节的比重相差不大。

从各主要区域的对比来看，美国智能网联技术环节的专利布局比重最高，高于其他国家或组织，反映了美国高度重视智能网联技术。因在材料、零部件环节拥有较多的领先企业，中国、日本在材料、零部件环节的布局比重较高。

从各区域分阶段(以5年为一个阶段，2019—2024年为最后一个阶段)的产业结构调整方向来看，如图4-5所示，中国在材料和零部件环节的专利布局比重呈现逐步下降趋势，如材料环节的专利布局比重从2004—2008年间的33.4％逐步下降至最近一个阶段的17.1％，零部件环节的布局比重从51.9％逐步下降至42.5％，但其仍是专利布局的最重点方向。而充电换电及加氢设施和智能网联技术环节的专利布局比重则有明显提升，如充电换电及加氢设施的专利布局比重从2004—2008年间的仅7.0％大幅提升至最近一个阶段的16.7％；随着中国新能源汽车向智能化、网联化的加快转型，智能网联技术环节的专利布局比重从7.7％显著提升至23.8％。

日本在零部件环节的专利布局比重保持在四成以上，总体呈现小幅下降趋势，从2004—2008年间的51.1％略有下降至最近一个阶段的44.6％。材料环节的专利布局比重有明显下降，从21.4％逐步下降至14.0％。而充电换电及加氢设施和智能网联技术环节的专利布局比重逐步提升，其中充

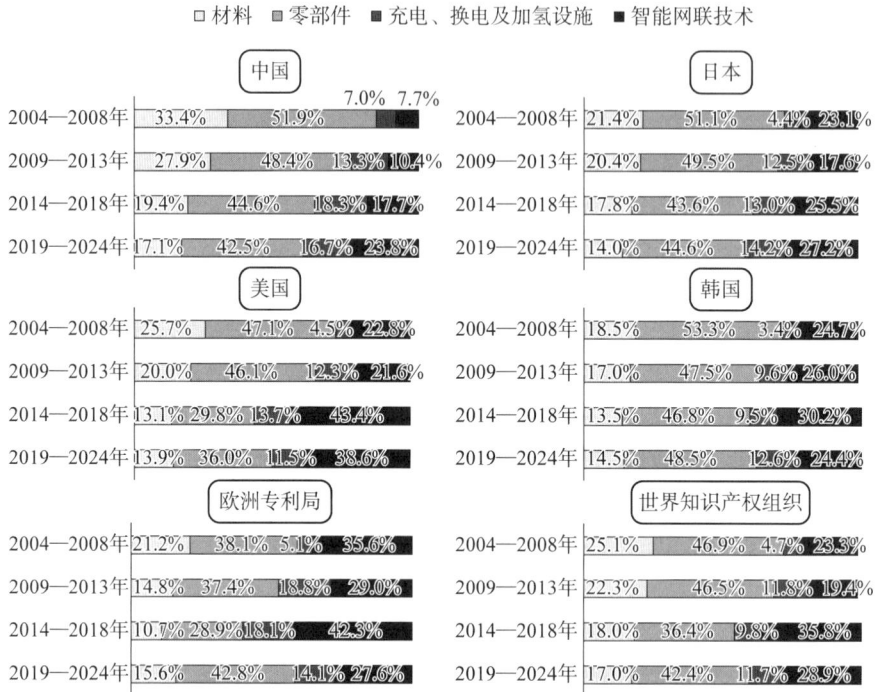

□ 材料　▨ 零部件　■ 充电、换电及加氢设施　■ 智能网联技术

中国

2004—2008年	33.4%	51.9%	7.0%	7.7%
2009—2013年	27.9%	48.4%	13.3%	10.4%
2014—2018年	19.4%	44.6%	18.3%	17.7%
2019—2024年	17.1%	42.5%	16.7%	23.8%

日本

2004—2008年	21.4%	51.1%	4.4%	23.1%
2009—2013年	20.4%	49.5%	12.5%	17.6%
2014—2018年	17.8%	43.6%	13.0%	25.5%
2019—2024年	14.0%	44.6%	14.2%	27.2%

美国

2004—2008年	25.7%	47.1%	4.5%	22.8%
2009—2013年	20.0%	46.1%	12.3%	21.6%
2014—2018年	13.1%	29.8%	13.7%	43.4%
2019—2024年	13.9%	36.0%	11.5%	38.6%

韩国

2004—2008年	18.5%	53.3%	3.4%	24.7%
2009—2013年	17.0%	47.5%	9.6%	26.0%
2014—2018年	13.5%	46.8%	9.5%	30.2%
2019—2024年	14.5%	48.5%	12.6%	24.4%

欧洲专利局

2004—2008年	21.2%	38.1%	5.1%	35.6%
2009—2013年	14.8%	37.4%	18.8%	29.0%
2014—2018年	10.7%	28.9%	18.1%	42.3%
2019—2024年	15.6%	42.8%	14.1%	27.6%

世界知识产权组织

2004—2008年	25.1%	46.9%	4.7%	23.3%
2009—2013年	22.3%	46.5%	11.8%	19.4%
2014—2018年	18.0%	36.4%	9.8%	35.8%
2019—2024年	17.0%	42.4%	11.7%	28.9%

数据来源：www.cnipr.com

数据时间：2004年1月1日到2024年10月31日

图 4‐5　新能源汽车产业结构调整方向

电换电及加氢设施环节的专利布局比重提升更为明显,从 4.4% 提升至 14.2%。

美国在材料和零部件环节的专利布局比重呈明显下降趋势,其中材料环节从 2004—2008 年间的 25.7% 下降至最近一个阶段的 13.9%,零部件环节从 47.1% 下降至 36.0%。美国在充电换电及加氢设施和智能网联技术环节的专利布局比重有明显提升,其中智能网联技术环节的专利布局比重有显著提升,从 2004—2008 年间的 22.8% 跃升至 2014—2018 年的 43.4%,尽管最近一个阶段略有下降,但仍超过其他国家/组织。

韩国在材料环节的布局比重呈逐步下降趋势,从 2004—2008 年间的 18.5% 下降至最近一个阶段的 14.5%,零部件环节的专利布局比重也总体呈现下降趋势,但降幅不大。充电换电及加氢设施环节的专利布局比重从

3.4%明显提升至 12.6%,智能网联技术环节的专利布局比重逐步提升至2014—2018 年的 30.2%,最近一个阶段有所下降。

在向欧洲专利局提交的专利申请中,材料环节的专利布局比重整体呈现下降趋势;零部件环节在经历两个阶段的下调后,在最近一个阶段明显提升至 42.8%;充电换电及加氢设施环节的比重呈现增长趋势,但最近一个阶段有所下降;智能网联技术环节的专利布局比重逐步提升至 42.3%,最近一个阶段有所下降。

在全球通过世界知识产权组织提交的 PCT 专利申请中,材料环节的专利布局比重从最初阶段的 25.1%逐步下降至 17.0%;零部件的布局比重也呈现下降趋势,在最后一个阶段又有所提升;充电换电及加氢设施的专利布局比重从 4.7%提升至 11.7%;智能网联技术环节的专利布局比重在2014—2018 年提升至最高(35.8%),最近一个阶段有所下降。

总体而言,零部件环节始终是专利布局重点,调整幅度较小;随着材料层级的创新迭代趋缓、电池结构层面的创新加速,主要区域在材料环节的专利布局比重呈现逐步下降趋势;随着全球新能源车渗透率的快速提升,新能源汽车充换电、加氢等配套基础设施建设加快,主要区域在充电换电及加氢设施环节的专利布局比重逐步提升;智能网联技术的关注度不断提高,促使主要区域在该领域的专利布局力度不断加强,以中国在该领域的调整方向最为明显。

4.2.2　领先企业产业结构调整方向

选择具有代表性的行业领先者开展研究,通过研究行业领先者在各阶段产业布局的变化,从而了解其产业发展动向。结合专利申请量排名、产业地位及企业所属国别选取丰田汽车公司、韩国现代集团、比亚迪公司、福特汽车、大众集团、浙江吉利集团、重庆长安、蔚来汽车和广汽集团这 9 家新能源汽车制造企业作为代表性行业领先者,开展以下分析。

如图 4-6 所示,丰田汽车公司目前在全球新能源汽车产业的专利申请量排名首位,专利申请数量近 6.4 万件,日本、中国和美国是其专利布局的最主要区域。丰田汽车在材料、零部件、充电换电及加氢设施、智能网联技术

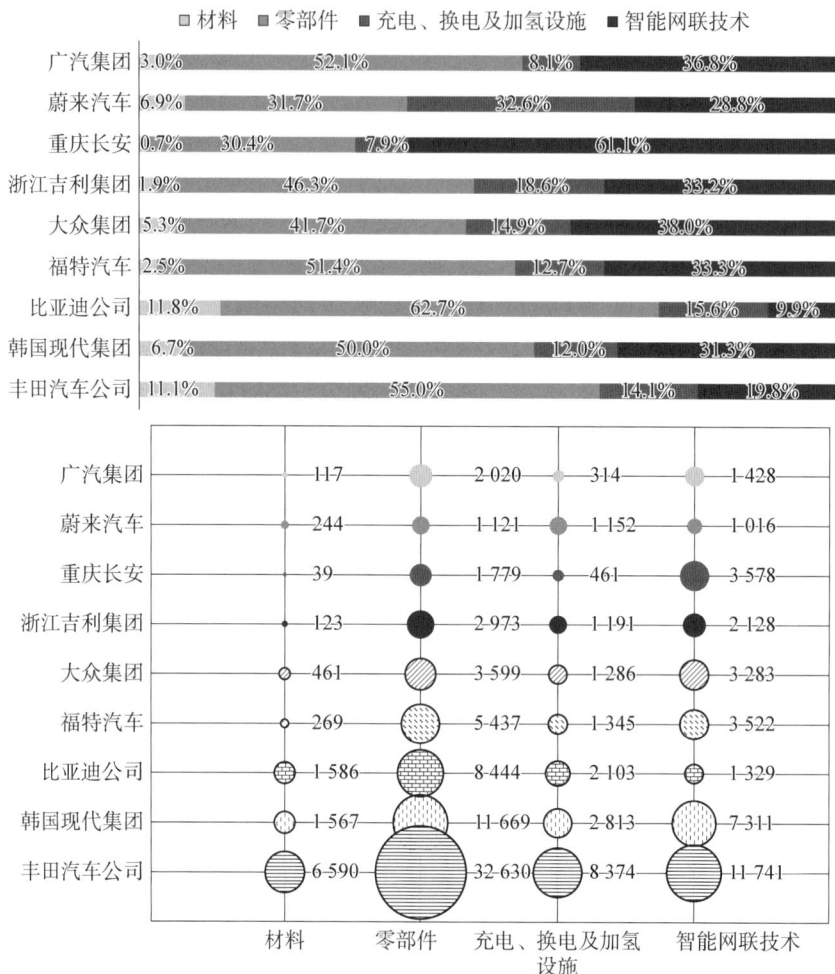

图中图例：■ 材料　■ 零部件　■ 充电、换电及加氢设施　■ 智能网联技术

柱状图数据：

企业	材料	零部件	充电、换电及加氢设施	智能网联技术
广汽集团	3.0%	52.1%	8.1%	36.8%
蔚来汽车	6.9%	31.7%	32.6%	28.8%
重庆长安	0.7%	30.4%	7.9%	61.1%
浙江吉利集团	1.9%	46.3%	18.6%	33.2%
大众集团	5.3%	41.7%	14.9%	38.0%
福特汽车	2.5%	51.4%	12.7%	33.3%
比亚迪公司	11.8%	62.7%	15.6%	9.9%
韩国现代集团	6.7%	50.0%	12.0%	31.3%
丰田汽车公司	11.1%	55.0%	14.1%	19.8%

气泡图数据：

企业	材料	零部件	充电、换电及加氢设施	智能网联技术
广汽集团	117	2 020	314	1 428
蔚来汽车	244	1 121	1 152	1 016
重庆长安	39	1 779	461	3 578
浙江吉利集团	123	2 973	1 191	2 128
大众集团	461	3 599	1 286	3 283
福特汽车	269	5 437	1 345	3 522
比亚迪公司	1 586	8 444	2 103	1 329
韩国现代集团	1 567	11 669	2 813	7 311
丰田汽车公司	6 590	32 630	8 374	11 741

数据来源：www.cnipr.com
数据时间：2004年1月1日到2024年10月31日

图4-6　代表性领先企业新能源汽车产业结构布局方向

产业链环节的专利布局量均超过其他领先企业,且处于遥遥领先的地位,反映了这家全球知名汽车制造商转向多元化新能源战略后,也在不断巩固其在新能源汽车产业的领先地位。

从产业链各环节的专利布局比重来看,比亚迪公司在零部件环节的专利布局比重最高,达到62.7%,这与其同时掌握新能源电动机、电控系统、电池三电核心技术①有关。丰田汽车公司、福特汽车公司、韩国现代集团及广汽集团的零部件专利布局比重也较高,均在 50% 左右,也显示了这些传统汽车制造企业在零部件相关技术上的优势地位。在智能网联技术上,重庆长安的布局比重最高,达到了 61.1%,其发布的长安 SDA 天枢架构、长安天枢大模型、长安智驾、长安天域 OS、长安天域智慧座舱、长安天衡智能底盘、长安天驭智能增程 7 项智能化技术,展示了其向科技公司转型的决心。② 大众集团、广汽集团、浙江吉利集团在该环节的专利布局比重也较高,均在 30% 以上。在充电换电及加氢设施环节,蔚来汽车布局比重最高,达到 32.6%,这与蔚来汽车持续建设充换电基础设施密切相关,截至 2024 年 10 月 28 日,其已在全国布局 2 601 座换电站、4 067 座充电站、23 911 根充电桩③;其他车企在该环节的布局比重在 10%～20% 之间;广汽集团布局比重最低,在 10% 以下。在材料环节,大部分车企业的布局力度不大,布局比重较低,比亚迪与丰田汽车公司布局比重相对较高。

从各阶段的产业布局变化趋势来看,如图 4-7 所示,大部分企业向智能网联技术、充电换电及加氢设施环节调整的意图比较明显。在智能网联技术上,丰田汽车的专利布局比重从 2004—2008 年间的 12.1% 逐步提升至最近一个阶段的 31.5%,福特汽车的专利布局比重也逐步提升到最近一个阶段的 34.5%;中国部分代表性企业的调整幅度更为明显,如重庆长安的专利布局比重快速提升至最近一个阶段的 67.7%,吉利、蔚来、广汽的专利布局比重也逐步提升至 30% 以上。在充电换电及加氢设施产业链环节,吉利汽车的调整幅度更为明显,专利布局比重从 2004—2008 年间的 6.3% 逐步提升至最近一个阶段的 20.5%。由于智能网联技术、充电换电及加氢设施两个环节的专利布局力度加强,大部分企业在零部件和材料环节的专利布局比重有所下降,如丰田汽车、福特汽车等企业;而比亚迪和大众汽车仍在加

---

① 科技调查君. 掌握核心技术密码　比亚迪为中国新能源汽车贡献"创新方案"[EB/OL]. (2022 - 09 - 12)[2025 - 01 - 20]. https://baijiahao. baidu. com/s? id=17437574745464673846&wfr=spider&for=pc.

② 重庆日报. 长安汽车发布 7 大智能化技术　启源 E07 上市[EB/OL]. (2024 - 10 - 22)[2024 - 12 - 07]. https://www. cqrb. cn/guoji/2024-10-22/2059942_pc. html.

③ 蔚来汽车官网. 2 600 座换电站,达成! [EB/OL]. (2024 - 11 - 22)[2024 - 12 - 07]. https://www. nio. cn/videos/20241122001.

大零部件环节的专利布局力度,这两家公司在零部件环节的布局比重略有提升。

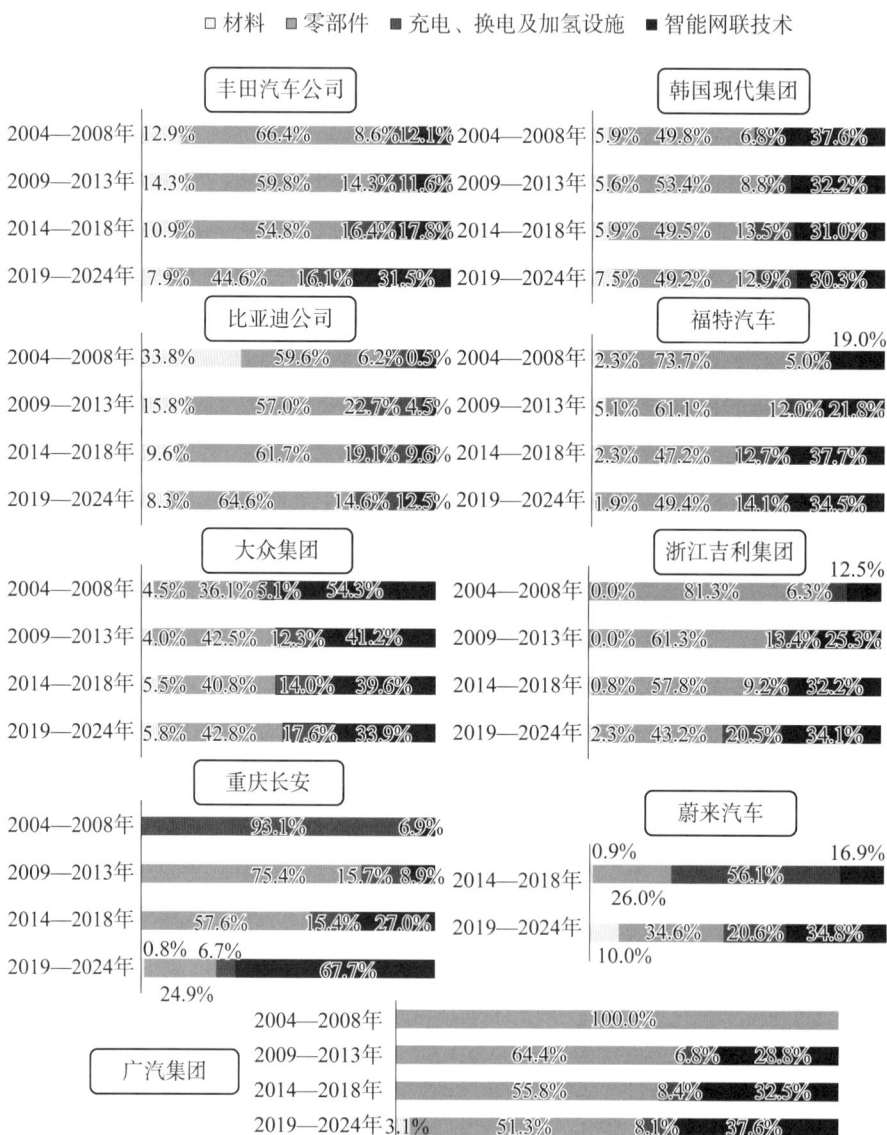

数据来源:www.cnipr.com
数据时间:2004年1月1日到2024年10月31日

图4-7 代表性领先企业新能源汽车产业结构调整方向

4.3　技术研发重点及热点方向

对比分析产业细分领域的专利申请量有助于识别技术创新的重点方向,并结合时间维度对产业细分领域的专利申请动态进行分析,可以从一定程度上反映不同细分领域技术创新的活跃度,有助于发现技术创新的热点方向。

本节从新能源汽车产业各技术分支(细分领域)的专利申请趋势重点及热点方向、核心技术演进热点方向、领先企业研发重点及热点方向、协同创新重点及热点方向、新进入者研发热点五个方面挖掘产业中技术研发的重点和热点发展方向。

4.3.1　专利申请趋势重点及热点方向

为了解新能源汽车产业各技术分支(细分领域)的受关注程度及发展趋势,对于重点方向以专利布局总量为评价指标,对于热点方向则以近五年的专利申请量、近五年的活跃度来综合评价。

从全球专利布局总量来看,如图 4-8 所示,材料领域的锂电池材料、燃料电池材料,零部件环节的动力电池系统、电控系统,充电换电及加氢设施环节的充电设备和充电技术,以及智能网联技术中的自动驾驶为新能源汽车产业技术创新的重点方向,其中动力电池系统、自动驾驶和锂电池材料这三个重点方向的专利申请量位居前三位,专利申请量分别为 306 901 件、256 165 件、175 703 件。

从近五年的专利布局情况来看,如图 4-9 所示,近五年专利布局的热点方向与总体布局的重点方向基本一致,即总体布局的重点方向也是热点布局方向。

从近五年的活跃度来看,材料领域的锂电池材料,零部件环节的动力电池系统、电动附件,充电换电及加氢设施环节的加氢及储氢设施、换电设施、充换电站和充电设备,以及智能网联技术环节的自动驾驶、车联网的近五年专利申请量占比较高,也可视为专利布局的热点方向,其中换电设施、加氢及储氢设施和充换电站的近五年专利申请量占比最高,分别达到 88.0%、

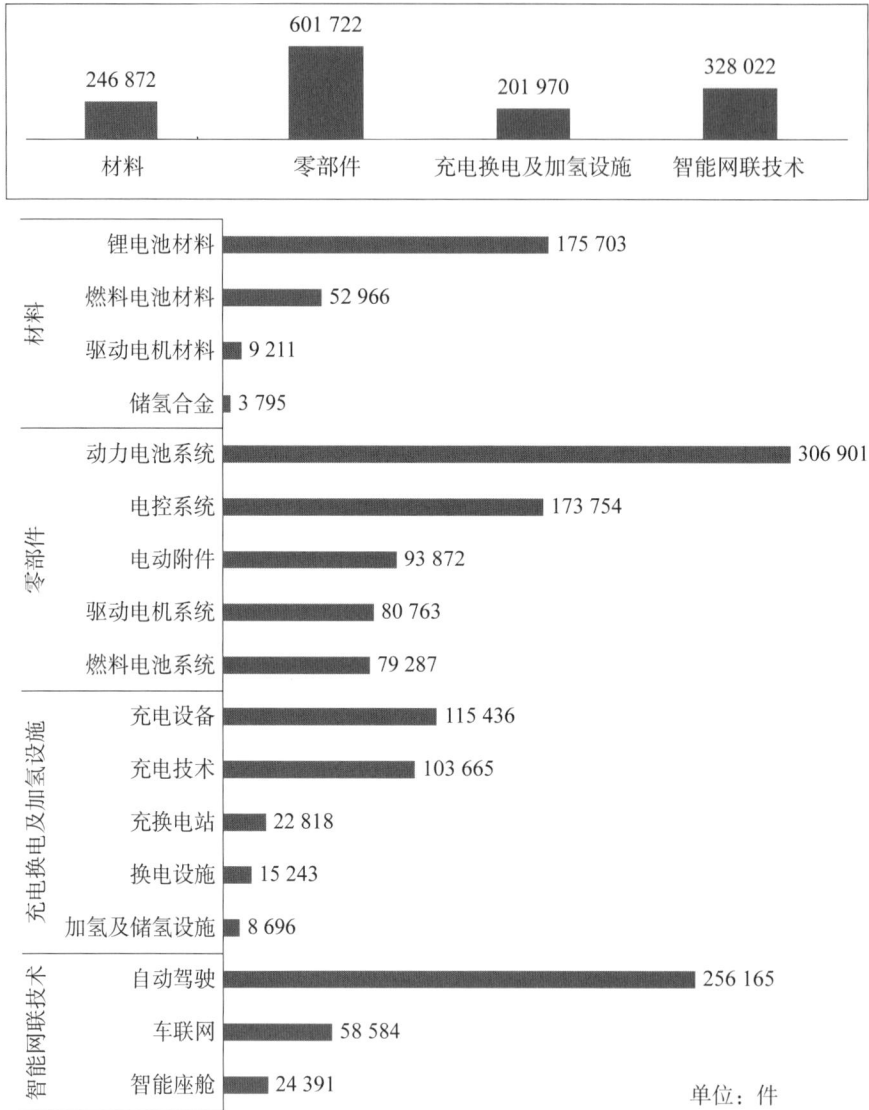

材料
锂电池材料 175 703
燃料电池材料 52 966
驱动电机材料 9 211
储氢合金 3 795

零部件
动力电池系统 306 901
电控系统 173 754
电动附件 93 872
驱动电机系统 80 763
燃料电池系统 79 287

充电换电及加氢设施
充电设备 115 436
充电技术 103 665
充换电站 22 818
换电设施 15 243
加氢及储氢设施 8 696

智能网联技术
自动驾驶 256 165
车联网 58 584
智能座舱 24 391

单位：件

数据来源：www.cnipr.com
数据时间：2004年1月1日到2024年10月31日

图4-8 新能源汽车产业专利申请趋势重点方向

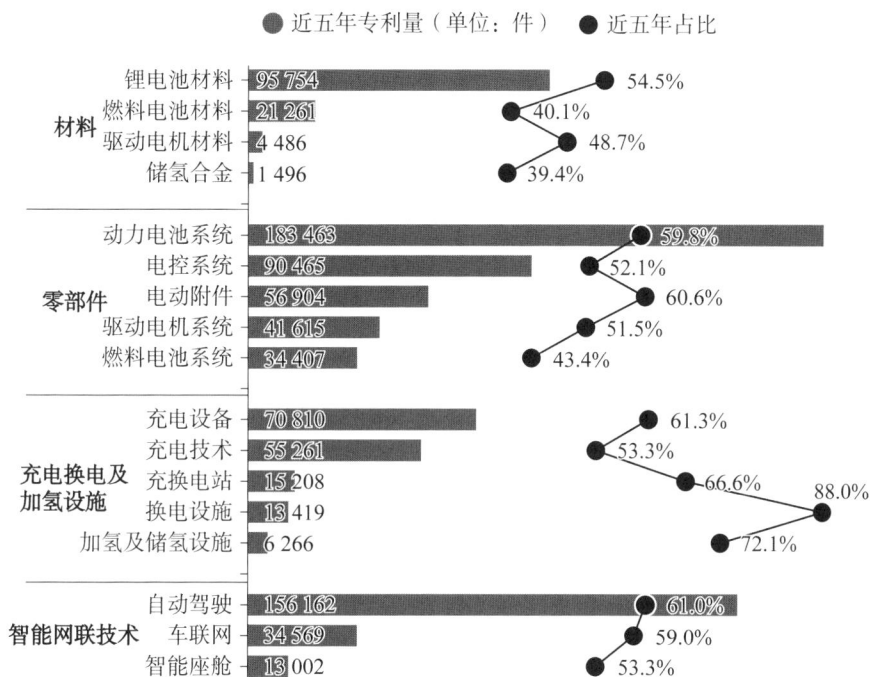

数据来源：www.cnipr.com

数据时间：2004年1月1日到2024年10月31日

图 4 - 9　新能源汽车产业专利申请趋势热点方向

72.1% 和 66.6%，可见随着全球新能源汽车渗透率的持续提升，充换电等基础设施建设不断加快，相关领域的技术创新和专利布局力度也持续加强，逐渐成为技术创新的热点方向。

进一步分析技术细分方向的布局情况，如表 4 - 3 所示。

表 4 - 3　新能源汽车产业专利申请重点和热点方向（技术细分方向）

产业	技术		专利总量/件	近五年专利量/件	近五年占比/%
材料	锂电池材料	正极材料	72 431	38 997	53.8
		负极材料	66 079	35 208	53.3
		隔膜	21 649	9 761	45.1
		电解质	56 236	29 433	52.3

（续表）

产业	技术		专利总量/件	近五年专利量/件	近五年占比/%
材料	驱动电机材料	硅钢	2 753	1 611	58.5
		稀土永磁材料	6 087	2 597	42.7
	燃料电池材料	膜电极	46 690	17 627	37.8
		双极板	8 192	4 675	57.1
零部件	动力电池系统	镍氢电池	3 968	1 143	28.8
		锂离子电池	114 807	69 263	60.3
		超级电容	13 195	4 002	30.3
		新兴储能电池	42 938	28 109	65.5
		电池热管理系统	71 145	46 536	65.4
		电池回收技术	17 648	13 046	73.9
		电池结构件	106 663	62 039	58.2
	燃料电池系统	燃料电池电堆	75 458	32 002	42.4
		空压机	4 061	3 148	77.5
		氢气循环泵	3 573	2 110	59.1
		车载储氢瓶	3 842	2 682	69.8
	驱动电机系统	轮毂电机	14 821	6 872	46.4
	电控系统	电池管理系统	82 045	50 451	61.5
		电机控制系统	64 796	28 174	43.5
		整车控制器	68 266	27 740	40.6
	电动附件	高压插接件/连接器	28 621	22 289	77.9
		DC－DC变换器	10 246	5 508	53.8
		电动空调系统	18 252	11 228	61.5
		电动助力转向系统	10 145	5 111	50.4
		电制动系统	28 241	13 649	48.3
充电换电及加氢设施	充电设备	充电机/充电桩	101 633	59 561	58.6
		充电枪	29 414	23 100	78.5
		充电机器人	3 180	2 542	79.9

（续表）

产业	技术		专利总量/件	近五年专利量/件	近五年占比/%
充电换电及加氢设施	换电设施	电池更换机器人	1 240	882	71.1
		充换电一体化系统装备	6 388	5 202	81.4
	充电技术	无线充电	24 028	11 761	48.9
		高电压快充	7 136	3 943	55.3
		充电控制管理	83 251	43 336	52.1
	加氢及储氢设施	加氢站	1 866	1 523	81.6
		站用储氢罐（储氢瓶）	5 536	3 864	69.8
		高压氢气加注设备	3 214	2 341	72.8

数据来源：www.cnipr.com

数据时间：2004 年 1 月 1 日到 2024 年 10 月 31 日

在与材料环节有关的技术方向，锂电池材料中的正负极材料、电解质，以及燃料电池材料中的膜电极是专利布局的重点方向，其中锂电池正极材料、负极材料和电解质的专利申请量位居前三位，分别为 72 431 件、66 079 件、56 236 件。从近五年的专利布局情况看，锂电池材料中的正负极材料、电解质，以及燃料电池材料中的膜电极布局热度较高，也是近五年专利布局最多的技术方向。此外，驱动电机材料中的硅钢、燃料电池材料中的双极板的近五年专利申请量占比最高，分别达到 58.5% 和 57.1%，也属于技术创新的热点方向。

在与零部件环节有关的技术方向，动力电池系统中的锂离子电池、电池结构件、电池热管理系统，燃料电池系统中的燃料电池电堆以及电控系统中的电池管理系统、电机控制系统、整车控制器是专利布局的重点方向，其中锂离子电池、电池结构件、电池管理系统的专利申请量位居前三位，分别为 114 807 件、106 663 件、82 045 件。从近五年的专利布局情况看，这些技术方向也是近五年专利布局的热点方向。此外，电动附件中的高压插接件/连接器，燃料电池系统中的空压机、车载储氢瓶，动力电池系统中的电池回收技术、新兴储能电池等方向的近五年专利申请量占比较高，同样属于技术创新的热点方向。

在与充电换电及加氢设施环节有关的技术方向，充电设备中的充电机/充电桩、充电枪以及充电技术中的充电控制管理、无线充电技术是专利布局的重点方向,其中充电机/充电桩、充电控制管理方向的专利申请量最多,分别为101 633件和83 251件。从近五年的专利布局情况看,这些技术方向也是近五年专利布局的热点方向。此外,加氢及储氢设施中的加氢站、高压氢气加注设备,换电设施中的充换电一体化系统装备、电池更换机器人,充电设备中的充电枪、充电机器人等多个技术方向的活跃度较高,近五年专利申请量占比都在70%以上,其中加氢站、充换电一体化系统装备、充电机器人的近五年专利申请量占比最高,分别达到81.6%、81.4%和79.9%。

进一步分析膜电极和新兴储能电池的技术细分方向,如表4-4所示,膜电极中的催化剂、质子交换膜是专利布局的重点方向,其中催化剂技术方向的专利申请量最多。新兴储能电池中的固态电池、钠离子电池也是专利布局的重点方向,专利申请量分别达到24 773件和12 485件。从近五年的专利布局情况看,催化剂、质子交换膜是膜电极领域的布局热点;固态电池、钠离子电池成为研发热点方向,这两个方向的近五年专利申请量占比分别达到61.9%和78.5%,代表着动力电池技术的未来发展方向。

表4-4　新能源汽车产业专利申请重点和热点方向(四级技术方向)

技术			专利总量/件	近五年专利量/件	近五年占比/%
燃料电池材料	膜电极	质子交换膜	14 342	6 029	42.0
		催化剂	30 720	10 900	35.5
		气体扩散层	5 644	2 345	41.5
动力电池系统	新兴储能电池	钠离子电池	12 485	9 803	78.5
		镁离子电池	1 427	756	53.0
		固态电池	24 773	15 328	61.9
		锂硫电池	5 739	3 252	56.7

数据来源:www. cnipr. com

数据时间:2004年1月1日到2024年10月31日

4.3.2　核心技术演进热点方向

通过梳理新能源汽车产业以重点专利(族)为代表的核心专利技术的演进方向,来分析关键技术的发展趋势。重点专利(族)的识别指标包括同族专利数量、专利引证频次、专利被引频次、重点申请人、合享价值度[①]等。以下选取技术创新活跃度较高的 4 个技术领域开展相关研究。

4.3.2.1　电池结构件

通过梳理电池结构件领域的重点专利,得出重点专利技术主要聚焦在如何提高电池的体积能量密度、提高电池的寿命、提高电池的结构强度、评估电池的剩余使用寿命等方向。

提高电池的体积能量密度。2021 年,宁德时代申请了一种电池(WO-2023044634A1),包括:多个电池单体,多个电池单体中的每个电池单体的第一表面设置有电极端子;箱体,箱体的第一部分形成具有开口的容置腔;多个电池单体容纳于容置腔内,其中,第一表面用于与覆盖开口的覆盖件固定连接以将多个电池单体固定连接至覆盖件。这种结构设计能够减少电池中结构件的使用,提高电池的体积能量密度。

提高电池的寿命。2021 年,宁德时代申请了一种电池(WO-2023123006A1),如图 4 - 10 所示。该电池包括:多个电池单体,电池单体的

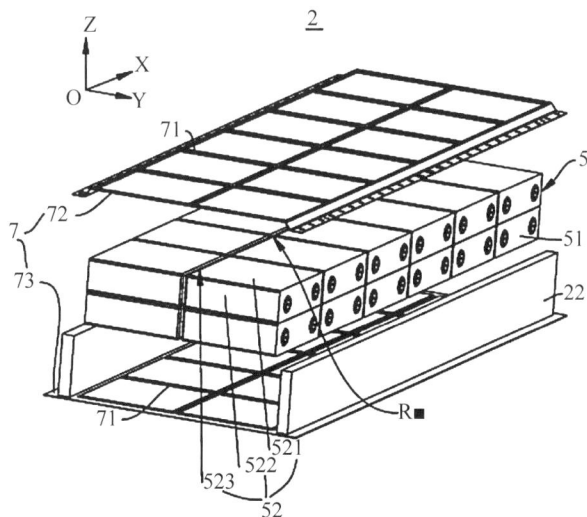

图 4 - 10　WO2023123006A1 附图

---

① 陈思思,何俊卿,郑祥,等.基于评估工具的专利价值评估发展现状研究[J].科技管理研究,2022,42(21):176 - 184.

外壁中面积最大的壁平行于水平面设置;束缚件,用于容纳并束缚多个电池单体,束缚件的平行于面积最大的壁的部分设置有加强部,加强部用于加强束缚件的强度以增强束缚件对多个电池单体的束缚力。通过上述结构能够增强对电池单体外壁中面积最大壁的束缚力,避免电池单体膨胀变形过大,从而降低因电池单体膨胀后挤压电池其他结构件引起的电池失效概率。

提高电池的结构强度。 2023 年,宁德时代申请了一种电池(WO-2024067310A1),如图 4‑11 所示。该电池包括:多个结构件,多个结构件沿第一方向排布,其中至少有一个结构件为电池排,电池排包含至少一个电池单体,电池单体具有第一表面,第一表面设有电连接部且第一表面朝向相邻结构件;支撑件,支撑件设于电池排与相邻结构件之间,能使设有电连接部的第一表面与相邻的结构件间隔开固定间隙,可以提高电池的结构强度,防止电连接部与结构件发生撞击,进而提高电连接部的稳定性和使用寿命。

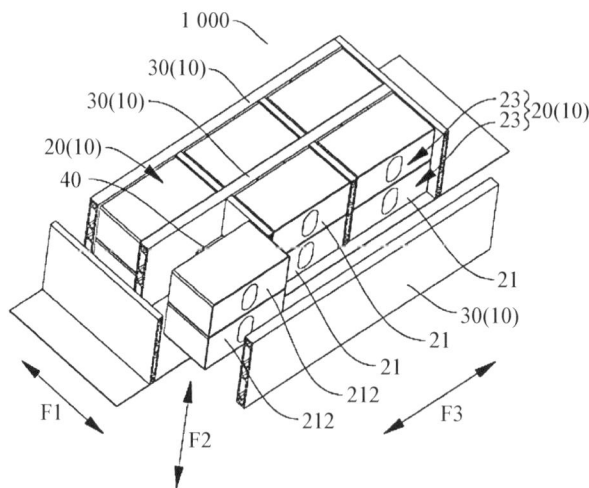

图 4‑11 WO2024067310A1 附图

评估电池的剩余使用寿命。 2024 年,宁德时代申请了一种电池箱体(CN117977033A),如图 4‑12 所示。电池箱体包括箱体本体、膨胀梁及检测组件,膨胀梁与箱体本体连接,并与箱体本体一起限定出容纳电池单体的容纳空间;检测组件包括至少一个检测探头,检测探头位于膨胀梁远离容纳空间的一侧并连接于箱体本体,检测组件用于检测膨胀梁的变形量。通过设置检测组件检测电池箱体内膨胀量的变形量,可以及时检测电池的膨胀变形程度,有利于准确地评估电池的剩余使用寿命,降低电池结构件的失效风险,提高电池运行的可靠性。

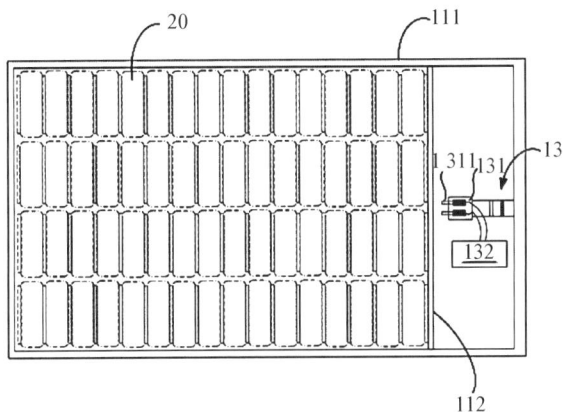

图 4 - 12　CN117977033A 附图

4.3.2.2　电池热管理系统

通过梳理电池热管理系统的重点专利,发现技术创新点主要集中于根据液冷需求进行热管理调节、热失控预警、提高散热能力等方向。

2020 年,比亚迪申请了一种电池热管理方法(CN113740742A)。该方法包括:获取布置在电池包内的所有温度传感器的实时温度数据;依次计算每个温度传感器的温度梯度,其中温度梯度指的是每个温度传感器与其所有热相邻温度传感器之间的温度差值,不同的温度区间对应不同的温度等级,不同的温度等级对应不同的风险等级,而且温度等级越高,风险等级越大;依次计算每个温度梯度的风险等级,其中风险等级包括正常风险等级和异常风险等级;基于所计算的风险等级进行热失控预警。

2020 年,比亚迪申请了一种电池热管理方法(CN113745671A)。该方法包括:获取电池包的实时热性能数据;通过聚类算法,将实时热性能数据聚类为正常类数据和异常类数据;计算正常类数据的正常类聚类中心和异常类数据的异常类聚类中心;计算正常类聚类中心与异常类聚类中心之间的距离;基于距离进行热失控预警。

2023 年,比亚迪和旗下比亚迪汽车工业有限公司共同申请了一种热管理系统(CN118281430A)。该系统包括冷媒回路、冷凝回路和换热器。冷媒回路中设置有依次连接的压缩机、内冷凝器、电池直冷板和第一阀体,第一阀体与压缩机的入口连接,换热器的冷媒侧分别与内冷凝器和电池直冷板连接,换热器的冷凝侧与冷凝回路连接;控制器获取车辆外部的环境温度,若环境温度小于等于温度阈值,则控制冷媒回路中的器件、冷凝回路中的器件和换热器工作。若获取电池直冷板和第一阀体之间的预设位置处的实际压力小于压力范围的下限值,则减小第一阀体的开度,避免压缩机超范围运行,有效降低压缩机损坏的概率。

2023 年,宁德时代申请了一种电池包的热管理方法(CN116864862A)。该方法包括:获取电池包的电芯历史充放电电流与热管理系统中冷却液的实际需求之间的热平衡关系;基于当前时刻检测的电芯目标电流和热平衡关系,确定当前时刻对应的冷却液的目标需求;按照目标需求控制热管理系统的冷液机组配置冷却液,以实现对电池包的热管理调节。这样,能够满足电池包在不同行车工况下的液冷需求,从而实现节能降耗,提升电池包续航里程。

2023 年,宁德时代申请了一种热管理系统及其热管理方法(CN116315290A)。该方法包括:获取冷却液循环回路中冷却液的质量流量,以及冷却液在换热区的输出侧和输入侧之间的第一温度差异;利用质量流量及第一温度差异,确定热管理系统向热管理设备提供的目标热量;获取目标热量与额定热量之间的热量差值,额定热量用于表示热管理系统需向热管理设备提供的标准热量;基于热量差值,调整换热区的输入侧的冷却液温度,以及冷却液循环回路中冷却液的质量流量。该方法能够更为稳定地向热管理设备提供热量。

2023 年,比亚迪申请了一种车辆热管理系统(CN118413972A)。该系统包括换热组件,其具有供冷媒流通的冷媒流路,可用于对车辆的电气组件进行散热,包括散热器和第一储液器,这两者通过冷媒流路连通;第二储液器,其用于存储液态介质;喷淋组件,其与第二储液器连通,并与散热器的位置相对应,以向散热器喷洒液态介质。该系统可以增强车辆热管理系统的散热能力,实现更大散热功率的强效换热,提高散热器的散热效率。

4.3.2.3　固态电池

目前,固态电池为行业内的热点方向,产业化进程加速,多条技术路线齐头并进,专利申请活跃度较高。固态电解质是固态电池的核心,包括氧化物固态电解质、卤化物固态电解质、硫化物固态电解质,三种电解质性能各有优劣。同时,固态电池中正负极材料向高性能方向发展。

聚合物固态电解质。 2024 年,上海极氪蓝色新能源技术有限公司、威睿电动汽车技术(宁波)有限公司、浙江吉利共同申请了一种聚合物电解质、电解质膜、电池及其制备方法(CN117801260A)。该方法通过 3 - 甲氧基氧杂环丁烷和 2 - 乙基 - 1,3 - 二氧戊环 - 4 - 甲醇先发生聚合反应得到聚合物 A,再与氟化封端剂发生酯化反应得到聚合物 B,对含有聚合物 B 的反应体系进行后处理得到聚合物电解质。该聚合物电解质在室温下具有较高的电导率、较低的黏性、较高的溶解度、较高的机械强度和较高的电化学窗口。

锂镍类复合氧化物正极。 2023 年,三星 SDI 株式会社申请了一种全固态电池(CN116805674A)。全固态电池的正电极包括正电极活性物质、固体电解质、导电剂和黏结剂。该正电极活性物质包括第一正电极活性物质和第二正电极活性物质,该第一正电极活性物质包括锂镍类复合氧化物且为次级颗粒的形式,在次级颗粒中聚集了多个初级颗粒且至少一部分初级颗粒径向布置,该第二正电极活性物质包括锂镍类复合氧化物且为单个颗粒的形式。该正电极的全固态电池具有高能量密度、高容量和高初始充电/放电效率。

磷系酯化合物负极。 2021 年,丰田汽车株式会社申请了一种锂固体电池(CN113394397A)。该电池具备正极、负极和固体电解质层,正极具有含有氧化物系正极活性物质的正极层,负极具有含有负极活性物质的负极层,固体电解质层配置在正极层和负极层之间且含有固体电解质,至少该负极层和该固体电解质层中的任一者含有硫化物系固体电解质。该负极层包含选自磷酸酯、膦酸酯、次膦酸酯、亚磷酸酯和磷酸酯酰胺中的至少一种磷系酯化合物。磷系酯化合物用于负极层的锂固体电池能够确保所期望的热稳定性而不引起电阻增加。

复合金属氧化物的保护层。 2023 年,丰田汽车株式会社申请了一种全固态电池用保护层的制造方法(US11764399B1)。全固态电池包括:包含阴极层的阴极、包含阳极层的阳极,以及设置在阴极层和阳极层之间的固体电解质层;阳极层包含选自锂金属和锂合金组合中的至少一种;并且其中包括由 Li‐M‐O(其中 M 是选自 Mg、Au、Al 和 Sn 中的至少一种金属元素)表示的复合金属氧化物的保护层设置在阳极层和固体电解质层之间。

4.3.2.4　自动驾驶

自动驾驶是新能源汽车领域的热点技术,许多车企纷纷开展自动驾驶技术研发。自动驾驶技术包括目标检测、环境预测、行为决策、智能控制等技术。

1. 目标检测

目标检测技术是能够对周围环境中各种目标信息准确感知,包括交通标志牌、交通信号灯、行人、车道线、道路、车辆、障碍物、施工区域、小物体等。多传感器融合技术可以将来自不同类型或不同位置的传感器信息进行整合,例如摄像头、雷达和超声波传感器等,以提高信息处理的精准度,是目前传感器技术的热点方向。

交通标志牌检测。2021 年,腾讯科技(深圳)有限公司申请了一种交通标志牌的信息匹配方法(CN113762039A),该方法会获取包括文本信息和交通标志牌的目标图像,然后通过信息匹配模型对目标图像进行处理以得到文本信息与交通标志牌之间的匹配结果。该信息匹配模型是通过端到端的训练方式,对整个神经网络的参数进行整体训练优化而得到的,其整体检测性能更好,实现了检测与匹配部分的联合优化。利用该信息匹配模型进行交通标志牌的信息匹配,能够保证匹配结果的准确性。

行人检测。2021 年,华为技术有限公司申请了一种检测行人的方法(WO2021063403A1),该方法包括:获取 Q 个脉冲重复周期内的运动目标的个数、多普勒频率和频域信号(S101);根据运动目标的频域信号和多普勒频率,得到运动目标的检测信号(S102);根据人体运动模型和运动目标的检测信号,估计得到运动目标的估计信号(S103);对运动目标的检测信号和估计信号进行非线性相位抵消处理,得到运动目标的信号检测值和检测门限(S104);根据运动目标的信号检测值和检测门限,确定运动目标是否为行人

（S105）。该方法不需要提取运动目标的微多普勒特征，解决了现有技术提取微多普勒特征难的问题，并且能够提高对行人检测的效率和准确性。

障碍物检测。 2020 年，腾讯科技（深圳）有限公司申请了一种用于自动驾驶的障碍物检测、标记方法（CN112419494B），通过对摄像机采集到的环境图像进行三维重建，构建得到环境图像对应的伪点云，并将伪点云与激光雷达采集的激光点云进行点云融合，生成数据量更大的目标点云，使图像数据也能够应用于点云检测，一方面可以扩大障碍物检测的范围，另一方面可以降低障碍物距离的检测误差。

车道线检测。 2020 年，华为技术有限公司申请了一种车道线信息的确定方法（WO2021047275A1），将从地图服务器获取的车道线信息与检测到的车道线信息进行融合，以此去除虚检，找回漏检，这有助于准确确定车道线信息，提高驾驶性能和安全性。2021 年，华为技术有限公司申请了一种确定道路坡度、车道线投影、显示的方法（WO2023000337A1），该方法包括：获取当前帧道路图像和与当前帧道路图像对应的激光点云数据（S10），其中，道路图像是由相机采集的，激光点云数据是由激光雷达采集的；基于当前帧道路图像中的第一车道线确定道路的视觉坡度（S20）；基于激光点云数据和道路的视觉坡度，确定道路的路面坡度（S30），由此使得在道路存在坡度、弯度的情况下更为准确地确定道路坡度。

2. 环境预测

环境预测包括行人行为预测、车辆行为预测、碰撞预测等。

行人行为预测。 2020 年，百度时代网络技术（北京）有限公司、百度（美国）有限责任公司共同申请了一种用于估计自主驾驶车辆（ADV）处被检测到的行人的移动速度的方法（WO2021226980A1），在由安装在自主驾驶车辆上的激光雷达装置产生的多个点云帧中检测行人，在多个点云帧中的至少两个帧的每个帧中，生成包围对应于行人的点，基于跨越多个点云帧中的至少两个帧的最小边界框来估计行人的移动速度。

车辆行为预测。 2019 年，华为技术有限公司申请了一种轨迹预测方法（CN113261035B），包括：获取目标车辆与位于传感器的检测范围内的除自车之外的至少一辆与第一车辆之间的相对运动信息，以及目标车辆的第一历史轨迹信息，第一车辆为目标车辆附近的车辆；基于相对运动信息获取表示目标车辆行车意图的目标信息;以目标信息和第一历史轨迹信息为输入,通过第一轨迹预测模型,得到目标车辆的第一预测轨迹。

碰撞预测。 2021年,通用汽车环球科技运作有限责任公司申请了一种错误车道驾驶检测和碰撞减轻方法(CN114620035A),该方法包括:从车辆中的多个传感器接收数据,传感器包括全球导航卫星系统接收器、加速度计、陀螺仪和磁力计;基于数据和在前N秒内车辆的位置历史来确定车辆的位置和车辆的运动方向,其中N是大于0的数;基于车辆的位置和地图数据库来确定车辆的允许驾驶方向,并且基于允许的驾驶方向和车辆的运动方向来检测车辆是否在错误方向上移动。

2022年,北京百度网讯科技有限公司申请了一种碰撞检测方法(JP2022160538A),基于目标对象的计划运行轨迹和目标对象的历史运行轨迹来识别目标对象的预测运行范围,以及响应于检测到的目标障碍物,基于目标障碍物的当前运行状态来指定目标障碍物的预测运行范围。

3. 行为决策

行为决策包括变道决策、超车决策、自动泊车、行驶决策选择、车路协同多车路径规划决策、决策模型等。

变道决策。 2019年,浙江吉利控股集团有限公司、浙江吉利汽车研究院有限公司共同申请了一种车辆自动变道方法(CN110239550A),该方法实时获取周围环境数据,基于LTE-V/5G-V2X通信技术,并结合信息融合和BP神经网络的决策算法,根据制定的变道策略筛选被变道车辆、规划变道路径并执行变道,同时在变道过程中对被变道车辆进行检测,若被变道车辆与本车存在碰撞风险,则发送预警信息给被变道车辆,并对被变道车辆实施车辆控制及执行协同变道。

超车决策。 2020年,现代自动车株式会社、起亚自动车株式会社共同申请了用于控制车辆的自动驾驶的装置(JP2021165118A),装置包括处理器,其配置为控制自动驾驶,即确定在本车的前方并且在本车的行驶车道上行驶的目标车辆是否停车,当目标车辆停车时,执行超车控制;存储装置,其配置为存储由处理器执行的用于控制自动驾驶的数据和算法。

自动泊车。 2021年,丰田自动车株式会社申请了一种自动随身听停车系统(EP4032785A1),该系统包括获取目标停车位入口的多个行驶坐标,基于行驶坐标的信息和来自车内外部传感器的检测结果,生成自主行驶车辆的轨迹,来实现自动泊车。

行驶决策选择。2022 年,华为技术有限公司申请了一种行驶决策选择方法(WO2022016351A1),该方法包括:获取车辆上配置的传感器采集到的感知信息;从至少一个范围区间中选择与感知信息匹配的第一范围区间,至少一个范围区间是基于传感器的输出信息将传感器的检测范围进行划分得到的,每个范围区间对应至少一个行驶决策;结合车辆的车速,从第一范围区间对应的至少一个行驶决策中选出车辆的行驶决策,并控制车辆使其根据行驶决策行驶。在为车辆选择行驶决策并规划行车路径时,该方法能够扩大可用的感知范围,提高车辆的行车安全性和稳定性。

车路协同多车路径规划决策。2021 年,浙江吉利控股集团有限公司、吉利汽车研究院(宁波)有限公司共同申请了一种车路协同多车路径规划和路权决策方法(WO2023087181A1),通过集合路基单元的感知模块采集的环境信息和车辆传感设备采集的环境信息和车辆信息,结合边缘计算进行目标识别并进而进行多车的限区域内实时路径规划,并将规划数据向车辆广播,还利用具备路径和指令执行和路权决策功能的智能网联车辆执行路权决策和路基单元规划的路径,从而提高车辆通行效率、多车交互合理性,并进一步改善区域路段的路权决策。

决策模型。2022 年,浙江吉利控股集团有限公司、吉利汽车研究院(宁波)有限公司共同申请了一种基于自动驾驶的感知决策模型升级方法(WO2023137864A1),该方法首先获取待测试道路场景信息,然后基于预设感知决策模型对待测试道路场景信息进行失效分析,获得车辆感知决策信息,之后根据车辆感知决策信息确定感知决策失效数据,并根据感知决策失效数据对预设感知决策模型进行模型升级。该方法基于自动驾驶系统数据的闭环设计,可以根据车辆感知决策信息对应的感知决策失效数据对预设感知决策模型进行模型升级,从而提升了量产车型功能和算法的可靠性。

4. 智能控制

智能控制技术包括车辆速度控制、转向控制、避障控制、变道控制、制动控制等。

车辆速度控制。2020 年,华为技术有限公司申请了一种车辆速度控制的方法（WO2021051959A1），该方法包括：获取在第一区域规划的智能汽车行驶的第一速度，获取在该第一区域规划的汽车行驶的第二速度，第二速度是根据碰撞势能获得的，第一速度和第二速度分别包括方向和大小，根据第一速度、第二速度和汽车与周围障碍物的碰撞风险来确定汽车的最优速度，以此使汽车有效躲避障碍物，提升汽车行驶的安全性。

转向控制。2022 年，华为技术有限公司申请了一种车辆转向控制方法（WO2022266824A1），根据路面附着系数与车辆的实时载荷转移确定轮胎力范围，根据轮胎力范围确定自主转向与差动转向的转向协调率，转向协调率指示自主转向与差动转向的权重，根据该转向协调率及横摆角速度误差等确定目标车轮转角与目标横摆力矩，将目标车轮转角提供给自主转向系统，将目标横摆力矩提供给差动转向系统。该方法为基于轨迹跟踪的自主转向与差动转向的转向协调控制方法，能够提高轨迹跟踪精度。

避障控制。2022 年，中国第一汽车股份有限公司申请了一种避障方法（WO2023071959A1），该方法包括：获取目标车辆预设区域范围内的目标障碍物信息；确定与目标障碍物信息相对应的目标膨胀检测框；根据所述目标膨胀检测框、所述目标车辆的当前位置信息，以及所述目标车辆所属行驶道路的车道边界线信息，确定与所述目标车辆相对应的至少一条待使用的避障行驶路径；根据所述待使用的避障行驶路径中的离散点与目标膨胀检测框之间的相对位置信息，确定目标避障行驶路径。该方法解决了传统车辆在自动驾驶时无法自动避开路障，造成交通事故频发的问题，确定了避障行驶路径，减少了交通事故的发生。

重点专利的技术演进展示了新能源汽车自动驾驶领域的快速发展，未来随着技术进步，自动驾驶将更加智能和安全。

4.3.3　领先企业研发重点及热点方向

头部企业是产业链的主导者、规则制订者和产业生态构建者[1]，是产业创新的重要源头，其专利布局的方向往往代表技术发展的风向标。

---

① 尚鸣，董理腾. 打造一批主导全球产业链的世界一流企业[J]. 经济导刊,2023,(05)：
　76－81.

本小节选择具有代表性的行业领先者开展研究,通过研究行业领先者的专利布局方向,从而了解技术发展的重点和热点方向。新能源汽车产业规模大、产业链长、企业众多,为体现不同产业链参与企业的技术创新差异性,本小节分别选择代表性汽车制造企业、零部件及技术供应商作为领先企业开展分析。

4.3.3.1　汽车制造企业

选取丰田汽车公司、韩国现代集团、比亚迪公司、福特汽车、大众集团、浙江吉利集团、重庆长安、蔚来汽车和广汽集团作为代表性新能源汽车制造企业,开展专利布局方向分析,如图 4-13 所示。

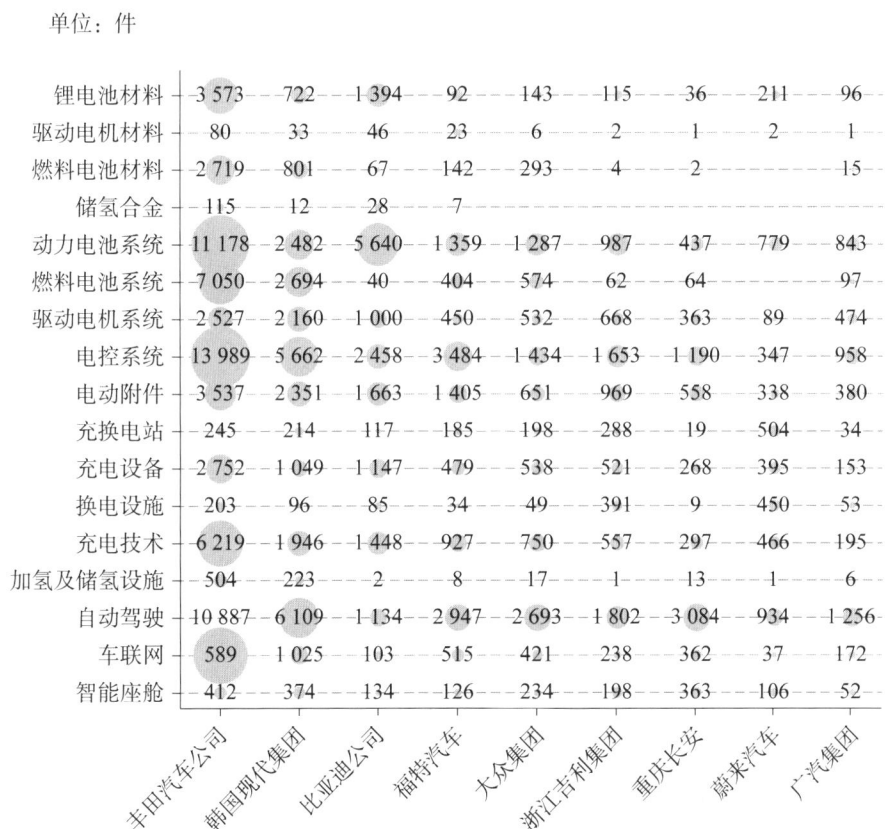

单位:件

	丰田汽车公司	韩国现代集团	比亚迪公司	福特汽车	大众集团	浙江吉利集团	重庆长安	蔚来汽车	广汽集团
锂电池材料	3 573	722	1 394	92	143	115	36	211	96
驱动电机材料	80	33	46	23	6	2	1	2	1
燃料电池材料	2 719	801	67	142	293	4			15
储氢合金	115	12	28	7					
动力电池系统	11 178	2 482	5 640	1 359	1 287	987	437	779	843
燃料电池系统	7 050	2 694	40	404	574	62	64		97
驱动电机系统	2 527	2 160	1 000	450	532	668	363	89	474
电控系统	13 989	5 662	2 458	3 484	1 434	1 653	1 190	347	958
电动附件	3 537	2 351	1 663	1 405	651	969	558	338	380
充换电站	245	214	117	185	198	288		504	34
充电设备	2 752	1 049	1 147	479	538	521	268	395	153
换电设施	203	96	85	34	49	391	9	450	53
充电技术	6 219	1 946	1 448	927	750	557	297	466	195
加氢及储氢设施	504	223	2	8	17	1	13	1	6
自动驾驶	10 887	6 109	1 134	2 947	2 693	1 802	3 084	934	1 256
车联网	589	1 025	103	515	421	238	362	37	172
智能座舱	412	374	134	126	234	198	363	106	52

数据来源:www.cnipr.com
数据时间:2004年1月1日到2024年10月31日

图 4-13　领先企业专利布局重点方向(代表性新能源汽车制造企业)

丰田汽车公司的专利布局方向较为全面,重点布局方向包括零部件环节的电控系统、动力电池系统、燃料电池系统,充电换电及加氢设施环节的充电技术以及智能网联技术中的自动驾驶,并在材料环节的锂电池材料、燃料电池材料方向也布局了一定数量的专利。

韩国现代集团专利布局最多的方向是智能网联技术中的自动驾驶及零部件环节的电控系统,同时也相当重视零部件环节的动力电池系统、燃料电池系统、驱动电机系统、电动附件这些技术方向,在充电换电及加氢设施环节中较为重视充电技术和充电设备。

比亚迪公司最为重视零部件环节的动力电池系统、电控系统,在这两个方向布局的专利最多,专利申请量分别达到5640件、2458件。此外,零部件环节的电控系统、驱动电机系统,材料环节的锂电池材料,充电换电及加氢设施环节的充电技术和充电设备,以及智能网联技术中的自动驾驶也是其专利布局较多的技术方向。

福特汽车的专利布局重点分布在零部件环节的电控系统、动力电池系统、电动附件,充电换电及加氢设施环节的充电技术以及智能网联技术中的自动驾驶等方向。

大众集团最为重视智能网联技术中的自动驾驶方向,在该技术方向的专利布局最多,专利申请量为2693件,其他重点布局方向还包括零部件环节的电控系统、动力电池系统、充电换电及加氢设施环节的充电技术。

浙江吉利集团更为重视智能网联技术中的自动驾驶,以及零部件环节的电控系统,这两个方向是其专利布局最多的两个方向,专利申请量分别为1802件、1653件。浙江吉利集团也相当重视零部件环节的动力电池系统、电动附件、驱动电机系统,充电换电及加氢设施环节的充电技术和充电设备。

重庆长安目前在智能网联技术中的自动驾驶方向布局专利最多,达到3084件,可见其对智能驾驶的重视程度之高,其他重点布局方向包括零部件环节的电控系统、电动附件、动力电池系统等。

蔚来汽车专利布局最多的方向是智能网联技术中的自动驾驶以及零部件环节的动力电池系统,蔚来汽车也比较重视充电换电及加氢设施环节,充换电站、充电技术、换电设备、充电设备也是其重点布局方向。

广汽集团在智能网联技术中的自动驾驶,以及零部件环节的电控系统、动力电池系统这三个方向的专利布局最多,专利申请量分别达到 1 256 件、958 件、843 件。此外,零部件环节的驱动电机系统、电动附件也是其专利布局较多的技术方向。

进一步分析代表性汽车公司在材料、零部件、充电换电及加氢设施三个环节技术细分方向的布局情况,如表 4 - 5 所示。

丰田汽车公司专利布局的重点方向包括电控系统中的整车控制器、电机控制系统、电池管理系统,燃料电池系统中的燃料电池电堆,充电技术中的充电控制管理,动力电池系统中的锂离子电池和电池结构件,其中在整车控制器和电机控制系统方向的专利布局最多,专利申请量分别为 9 560 件、7 274 件。

韩国现代集团专利布局的重点方向包括电控系统中的整车控制器、电机控制系统、电池管理系统,燃料电池系统中的燃料电池电堆,充电技术中的充电控制管理,其中在整车控制器和燃料电池电堆的专利布局最多,专利申请量分别为 2 877 件、2 529 件。

比亚迪公司在动力电池系统中的电池结构件、电池热管理系统、锂离子电池方向布局的专利最多,专利申请量分别达到 3 123 件、1 728 件、1 650 件。比亚迪公司还围绕电池结构的创新设计推出刀片电池,在能量密度、安全性、循环寿命以及成本效益等方面展现出显著优势。此外,电控系统中的电池管理系统、充电技术中的充电控制管理、充电设备中的充电机/充电桩也是其布局的重点方向。

福特汽车专利布局最重点的方向分布在电控系统的三个细分技术方向,即整车控制器、电机控制系统、电池管理系统,专利申请量分别达到 2 349 件、1 572 件、1 231 件,此外充电技术中的充电控制管理,动力电池系统中的电池结构件、电池热管理系统,电动附件中的电制动系统也是其布局的重点方向。

大众集团在动力电池系统中的电池结构件以及电控系统的三个细分技术方向的专利布局最多,动力电池系统中的电池热管理系统、燃料电池系统中的燃料电池电堆、充电技术中的充电控制管理也是其专利布局较多的方向。

浙江吉利集团专利布局的重点方向也集中在电控系统的三个细分技术方向,此外,其他重点布局方向还包括动力电池系统中的电池结构件、电

表4-5 代表性新能源汽车制造企业研发重点方向(技术细分方向)

单位:件

产业	技术方向		丰田汽车公司	韩国现代集团	比亚迪公司	福特汽车	大众集团	浙江吉利集团	重庆长安	蔚来汽车	广汽集团
材料	锂电池材料	正极材料	1 450	227	669	36	45	42	13	108	30
		负极材料	1 493	237	486	28	45	41	12	109	38
		隔膜	200	54	157	16	27	15	2	5	7
		电解质	2 200	410	345	44	53	33	13	66	28
	驱动电机材料	硅钢	8	18	17	3	1	1	1	1	1
		稀土永磁材料	70	14	31	18	5	0	0	1	0
	燃料电池材料	膜电极	2 694	743	64	122	165	4	1	0	14
		双极板	34	64	6	25	139	0	1	0	3
零部件	动力电池系统	镍氢电池	131	2	42	0	3	0	17	1	0
		锂离子电池	4 412	757	1 650	85	179	116	49	301	115
		超级电容	25	10	1	5	3	4	3	1	4
		新兴储能电池	2 347	477	149	65	45	38	8	31	21
		电池热管理系统	1 907	932	1 728	639	525	475	217	226	429
		电池回收技术	147	15	33	6	20	4	2	13	2
		电池结构件	4 347	814	3 123	769	745	517	231	374	485

（续表）

产业	技术方向	丰田汽车公司	韩国现代集团	比亚迪公司	福特汽车	大众集团	浙江吉利集团	重庆长安	蔚来汽车	广汽集团
燃料电池系统	燃料电池电堆	6 784	2 529	40	389	543	60	57	0	92
	空压机	254	123	0	10	39	8	14	0	18
	氢气循环泵	235	76	0	8	8	4	4	0	8
	车载储氢瓶	239	186	0	13	9	4	10	0	7
驱动电机系统	轮毂电机	393	356	74	31	69	44	10	5	8
电控系统	电池管理系统	4 743	2 155	1 571	1 231	627	778	500	224	467
	电机整调系统	7 274	2 454	733	1 572	605	641	429	73	398
	整车控制器	9 560	2 877	693	2 349	669	686	556	99	382
电动附件	高压涌接件/连接器	389	270	460	219	233	185	85	155	55
	DC－DC变换器	840	332	301	106	59	74	45	45	21
	电动空调系统	525	663	524	361	118	395	189	94	149
	电动助力转向系统	450	429	122	188	74	91	93	24	42
	电制动系统	1 466	697	280	602	177	243	155	25	121

（续表）

产业	技术方向		丰田汽车公司	韩国现代集团	比亚迪公司	福特汽车	大众集团	浙江吉利集团	重庆长安	蔚来汽车	广汽集团
充电换电及加氢设施	充电设备	充电机/充电桩	2 552	905	967	347	340	420	224	307	130
		充电枪	281	193	330	159	198	174	73	128	35
		充电机器人	20	13	4	19	30	11	0	9	0
	换电设施	电池更换机器人	1	0	0	3	0	6	0	43	0
		充换电一体化系统装备	95	58	55	17	8	81	5	231	9
	充电技术	无线充电	1 367	370	138	214	186	69	53	76	18
		高电压快充	229	294	156	79	93	94	69	34	54
		充电控制管理	5 261	1 634	1 307	728	508	459	258	382	162
	加氢及储氢设施	加氢站	46	26	0	1	13	0	0	1	0
		站用储氢罐（储氢瓶）	439	146	1	5	3	1	11	0	4
		高压氢气加注设备	101	88	1	2	2	0	3	0	3

数据来源：www.cnipr.com

数据时间：2004 年 1 月 1 日到 2024 年 10 月 31 日

池热管理系统,充电技术中的充电控制管理,以及充电设备中的充电机/充电桩等。

重庆长安的专利布局重点方向与浙江吉利集团相一致,此外,重庆长安更为重视电动附件中的电动空调系统、电制动系统方向的专利布局。

蔚来汽车专利布局最重点的方向分布在充电技术中的充电控制管理及动力电池系统中的电池结构件,是专利布局最多的两个方向,其他的重点方向还包括充电设备中的充电机/充电桩,动力电池系统中的锂离子电池、电池管理系统,换电设施中的充换电一体化系统装备,电控系统中的电池管理系统。

广汽集团的专利布局重点方向与重庆长安相一致,以动力电池系统中的电池结构件、电池热管理系统及电控系统中的三个细分技术方向等为布局重点。

总体来看,与转型新能源的传统汽车企业相比,作为全球领先的新能源汽车与电池制造商,比亚迪公司加强动力电池有关技术方向的布局,蔚来汽车更侧重于充换电站、换电设施布局,韩国现代集团、大众集团、重庆长安、蔚来汽车、广汽集团等最为重视自动驾驶技术方向。

4.3.3.2　零部件或技术供应商

选取 LG 集团、三星集团、松下株式会社、华为公司、宁德时代、博世公司、百度、国轩高科股份、惠州亿纬锂能股份有限公司作为代表性零部件或技术供应商,开展专利布局方向分析,如表 4 - 6 所示。

表 4 - 6　代表性零部件或技术供应商研发重点方向　　　　单位:件

产业	技术	LG集团	三星集团	松下株式会社	华为公司	宁德时代	博世公司	百度	国轩高科股份	惠州亿纬锂能
材料	锂电池材料	7 531	3 740	5 886	320	2 802	591	0	1 501	1 000
	驱动电机材料	33	8	41	22	5	27	0	0	0
	燃料电池材料	285	908	1 031	5	2	525	0	20	11
	储氢合金	2	0	146	0	0	2	0	0	0
零部件	动力电池系统	24 249	12 110	7 379	420	10 467	2 007	21	3 290	2 337
	燃料电池系统	544	1 475	2 501	8	5	1 932	0	1	15

（续表）

产业	技术	LG集团	三星集团	松下株式会社	华为公司	宁德时代	博世公司	百度	国轩高科股份	惠州亿纬锂能
零部件	驱动电机系统	122	38	64	214	47	578	5	13	1
	电控系统	3 286	1 128	1 119	756	1 319	2 514	58	319	449
	电动附件	279	102	290	603	217	1 032	66	44	40
充电换电及加氢设施	充换电站	99	21	67	54	149	124	13	11	7
	充电设备	396	180	812	678	198	506	17	75	39
	换电设施	94	9	51	46	193	38	7	5	13
	充电技术	943	484	1 232	580	455	926	25	63	105
	加氢及储氢设施	2	7	15	0	0	97	0	0	0
智能网联技术	自动驾驶	1 512	1 173	1 194	13 855	50	3 979	5 135	5	3
	车联网	2 019	4 645	395	2 057	3	343	198	4	4
	智能座舱	121	62	629	437	7	179	65	0	1

数据来源:www.cnipr.com

数据时间:2004 年 1 月 1 日到 2024 年 10 月 31 日

LG 集团旗下公司 LG 新能源为全球电池技术领域的领先企业,高工产业研究院(GGII)数据显示,2023 年,LG 新能源的动力电池产品装机量为 90.8 GWh,以 12.8% 的市场份额位居全球第三,仅次于宁德时代和比亚迪。从专利布局上来看,LG 集团主要围绕零部件环节的动力电池系统和材料环节的锂电池材料开展专利布局,其中动力电池系统的专利申请量最大,达到 24 249 件,远远超过其他方向,此外,LG 集团还在零部件环节中的电控系统以及智能网联技术中的自动驾驶、车联网等多个方向进行专利布局。

三星集团旗下三星 SDI 为全球领先的动力电池企业,高工产业研究院数据显示,2023 年,三星 SDI 的动力电池产品装机量为 27.0 GWh,以 3.8% 的市场份额位居全球第 6。从专利布局上来看,三星集团的专利布局重点围绕零部件环节的动力电池系统、材料环节的锂电池材料以及智能网联技术中的车联网等技术方向。此外三星集团还关注燃料电池系统及材料、电控系统、自动驾驶等方向。

松下株式会社在电池领域积累深厚,已有百年的研发历史。高工产业研究院数据显示,2023 年,松下株式会社的动力电池产品装机量为 70.6 GWh,以 10.0% 的市场份额位居全球第 4 位。从专利布局上来看,松下株式会社的重点布局方向包括动力电池系统、锂电池材料和燃料电池系统。此外,松下株式会社在充电技术、自动驾驶、电控系统以及燃料电池材料方向也有较多的专利布局。

华为公司进入新能源汽车领域,致力于为智能网联汽车提供基于 ICT (信息通信技术)的增量部件。从专利布局上来看,华为公司重点围绕自动驾驶、车联网方向开展布局,同时也延伸到电控系统、电动附件、充电设备和充电技术、动力电池系统等方向。

宁德时代是全球领先的动力电池供应商,2023 年公司全球动力电池使用量市占率为 36.8%,较 2022 年提升 0.6 个百分点,连续 7 年排名全球第一。[①] 从专利布局上来看,宁德时代在动力电池系统方向的专利布局最多,专利量达到 10 467 件,在锂电池材料和电控系统、充电技术方向也有一定量的专利布局,其他方向的专利布局量较少。

作为世界知名的汽车零部件和汽车系统供应商,博世公司加大对电气化、自动驾驶和智能化技术的投入,致力于推动汽车产业的绿色转型和智能化升级。[②] 从专利布局上来看,博世公司重点围绕自动驾驶、电控系统、动力电池系统、燃料电池系统开展布局,也比较重视充电技术、充电设备、驱动电机系统、锂电池材料、燃料电池材料等方向。

百度为智能网联汽车行业的头部企业,从 2013 年开始布局自动驾驶领域,是较早布局自动驾驶的企业之一,在自动驾驶、智能座舱等领域具有技术优势。从专利布局上来看,在自动驾驶方向的专利布局最多,专利量达到 5 135 件,在车联网和智能座舱方向布局的专利相对较少,专利布局方向还涉及电动附件、电控系统等,但目前申请量较小。

国轩高科股份是全球动力电池行业的领军企业,在全球设立了八大研发中心,分别位于中国合肥、上海,美国硅谷、克利夫兰,德国哥廷根,日本筑

① 数据来源:宁德时代发布的 2023 年年度报告。
② 佚名. 走进南京博世——德国工业巨擘的常青之路[EB/OL]. (2024 - 09 - 19)[2024 - 12 - 10]. https://www.sohu.com/a/810044353_121715068.

波,印度浦那和新加坡南洋理工大学。从专利布局上来看,国轩高科股份重点围绕动力电池系统和锂电池开展专利布局,其技术研发和专利布局还覆盖多个方向,包括电控系统、充电技术、充电设备等方向。

惠州亿纬锂能股份有限公司已成为具有全球竞争力的锂电池头部企业,高工产业研究院数据显示,2023 年,亿纬锂能的动力电池产品装机量为 12.9 GWh,以 1.8%的市场份额位居全球第 9 位。从专利布局上来看,亿纬锂能重点围绕动力电池系统和锂电池开展专利布局,在电控系统、充电技术方向也有一定的专利布局。

进一步分析代表性零部件或技术供应商在材料、零部件、充电换电及加氢设施三个环节技术细分方向的布局情况,如表 4-7 所示。

LG 集团专利布局的重点方向为动力电池系统中的电池结构件和锂离子电池,专利申请量分别为 13 897 件、9 484 件,其他重点方向还包括动力电池系统中的电池热管理系统,锂电池材料中的正负极材料和电解质,以及电控系统中的电池管理系统。此外,LG 集团重视新兴储能电池方向,与其他零部件供应商相比,目前在该方向的专利量位居首位,达到了 1 243 件。

与 LG 集团类似,三星集团专利布局的重点方向包括动力电池系统中的电池结构件、锂离子电池、电池热管理系统,锂电池材料中的正负极材料和电解质,电控系统中的电池管理系统。此外,三星集团在燃料电池系统中的燃料电池电堆以及燃料电池材料中的膜电极方向布局了一定数量的专利。

松下株式会社专利布局的重点方向包括动力电池系统中的电池结构件、锂离子电池、锂电池材料中的正负极材料和电解质,以及燃料电池系统中的燃料电池电堆,其中在电解质方向的专利量超过了其他重点方向,可见其相当重视电解质材料的持续研发。此外,松下株式会社还比较关注燃料电池材料中的膜电极、充电技术中的充电控制管理、动力电池系统中的新兴储能电池、电池热管理系统等方向。

宁德时代在电池结构件方向的专利布局最多,专利申请量达到 5 691 件。在电池结构创新方面,其主要通过 CTP(Cell to Pack)技术实现了系统成本降低,并深度参与电池包的设计,目前推出了采用最新第三代 CTP 技术的麒麟电池。其他重点方向包括动力电池系统中的锂离子电池、电池热管理系统,锂电池材料中的正负极材料和电解质,以及电控系统中的电池管理系统。

表4-7　代表性零部件或技术供应商研发重点方向(技术细分方向)

单位:件

产业	技术方向		LG集团	三星集团	松下株式会社	华为公司	宁德时代	博世公司	百度	国轩高科股份	惠州亿纬锂能
材料	锂电池材料	正极材料	3 145	1 518	2 269	92	1 313	140	0	684	498
		负极材料	2 814	1 603	2 997	166	1 066	178	0	522	378
		隔膜	973	487	355	30	249	178	0	197	96
		电解质	2 395	1 431	4 447	70	774	263	0	233	184
	驱动电机材料	硅钢	11	0	3	13	4	1	0	0	0
		稀土永磁材料	22	8	38	8	1	26	0	0	0
	燃料电池材料	膜电极	268	857	1 017	4	2	365	0	20	6
		双极板	16	53	13	1	0	216	0	0	5
零部件	动力电池系统	镍氢电池	0	5	262	1	0	9	0	1	0
		锂离子电池	9 484	5 240	3 024	163	3 852	572	2	2 297	826
		超级电容	11	166	262	3	0	26	0	3	1
		新兴储能电池	1 243	792	903	38	292	197	0	152	114
		电池热管理系统	3 815	1 033	927	175	2 156	579	16	630	679
		电池回收技术	153	12	41	1	56	21	0	153	27
		电池结构件	13 897	6 277	3 192	106	5 691	1 107	7	887	1 192

（续表）

产业		技术方向	LG集团	三星集团	松下株式会社	华为公司	宁德时代	博世公司	百度	国轩高科股份	惠州亿纬锂能
零部件	燃料电池系统	燃料电池电堆	534	1474	2490	8	5	1790	0	1	15
		空压机	16	1	1	0	0	280	0	0	0
		氢气循环泵	6	7	49	0	1	80	0	0	0
		车载储氢瓶	1	1	10	1	0	41	0	0	0
	驱动电机系统	轮毂电机	39	12	16	17	3	126	1	2	0
	电控系统	电池管理系统	3129	1049	895	364	1264	991	25	311	433
		电机控制系统	76	35	123	243	45	1093	6	3	1
		整车控制器	130	71	193	245	51	1204	27	14	24
		高压插接件/连接器	125	45	107	146	113	167	3	34	27
	电动附件	DC－DC变换器	57	39	76	235	54	95	7	5	3
		电动空调系统	40	4	66	101	32	53	3	0	1
		电动助力转向系统	41	11	11	18	2	128	43	4	2
		电制动系统	19	4	36	110	16	600	13	1	7

（续表）

产业		技术方向	LG集团	三星集团	松下株式会社	华为公司	宁德时代	博世公司	百度	国轩高科股份	惠州亿纬锂能
充电换电及加氢设施	充电设备	充电机/充电桩	338	173	792	649	189	412	17	72	36
		充电枪	36	6	25	133	28	91	0	17	6
		充电机器人	45	8	2	0	0	6	0	3	1
	换电设施	电池更换机器人	4	1	0	0	0	1	0	0	1
		充换电一体化系统装备	55	6	37	41	37	13	1	3	1
	充电技术	无线充电	211	133	279	148	11	200	0	3	3
		高电压快充	30	33	38	39	46	108	4	17	25
		充电控制管理	795	392	1036	475	429	675	25	51	96
	加氢及储氢设施	加氢站	2	1	6	0	0	7	0	0	0
		站用储氢罐（储氢瓶）	0	4	8	0	0	77	0	0	0
		高压氢气加注设备	0	2	1	0	0	22	0	0	0

数据来源：www.cnipr.com

数据时间：2004 年 1 月 1 日到 2024 年 10 月 31 日

博世公司专利布局重点方向集中在燃料电池系统中燃料电池电堆、电控系统的细分技术方向,动力电池系统中的电池结构件以及充电技术中的充电控制管理等方向,其中在燃料电池电堆方向布局的专利最多,这也与目前博世公司在燃料电池领域不断加码有关。2023年7月博世公司宣布,在2021—2026年期间将投资近25亿欧元用于氢燃料电池技术,并预计到2030年实现约50亿欧元的销售额,并在德国斯图加特-费尔巴哈工厂和中国重庆工厂开始生产燃料电池电源模块,主要用于商业长途应用。

国轩高科股份在锂离子电池方向的专利布局最多,专利申请量达到2 297件,其他重点方向包括动力电池系统中的电池结构件、电池热管理系统,锂电池材料中的正负极材料以及电控系统中的电池管理系统等。

惠州亿纬锂能股份有限公司在电池结构件方向的专利布局最多,专利申请量达到1 192件,其次是动力电池系统中的锂离子电池、电池热管理系统。此外,惠州亿纬锂能股份有限公司也比较关注锂电池材料中的正负极材料以及电控系统中的电池管理系统。

总体来看,代表性零部件企业中的动力电池企业的专利布局重点方向呈现出很大的相似性,动力电池系统中的电池结构件和锂离子电池是最受关注的重点方向,动力电池企业不断加强电池结构的创新。作为电池管理的关键技术,电池热管理系统、电池管理系统也是重要的专利布局方向,正负极材料和电解质等动力电池关键材料也是专利布局较多的领域。

4.3.4 协同创新重点及热点方向

协同创新被认为是产业共性技术、关键技术研发的一种有效创新组织模式,能实现各方优势互补,提升创新效率。协同创新的重点和热点技术方向往往代表产业中的瓶颈技术和前瞻性技术,本小节将对新能源汽车产业各技术分支(细分领域)协同创新所涉及的专利申请进行统计分析,以期发现本领域研发的热点、重点或难点。专利合作申请是不同创新主体之间协同合作的重要体现,本节以专利合作申请数据表征协同创新水平。

从协同创新专利数量、协同创新专利数量占比两项指标来看,如图4-14所示:零部件环节的协同创新专利数量最多,达到65 752件,其次是材料环节,协同创新专利数量达到32 154件,智能网联技术和充电换电及加氢设施环节分别为 29 523 和 20 691 件；协同创新专利数量占比分别为材料13.0%，零部件10.9%，充电换电及加氢设施10.2%，智能网联技术9.0%。整体上材料环节的协同创新活跃度要高于其他产业环节/技术。

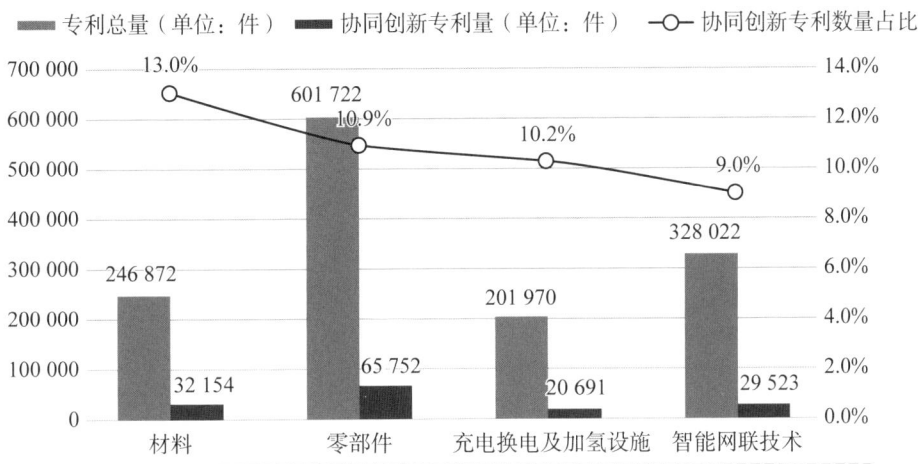

数据来源：www.cnipr.com
数据时间：2004年1月1日到2024年10月31日

图4-14　新能源汽车产业协同创新总体情况

从二级技术分支来看，如图4-15所示，锂电池材料、动力电池系统、电控系统、充电设备、充电技术以及自动驾驶领域的协同创新专利数量最多，是协同创新的重点方向。从协同创新专利数量的占比来看，燃料电池材料、储氢合金、燃料电池系统、充换电站、加氢及储氢设施领域的占比较高，协同创新的活跃度较高，是协同创新的热点方向。而从近五年的协同创新情况来看，协同创新的重点方向和热点方向整体变化不大，燃料电池材料、燃料电池系统等领域的协同创新的活跃度有所降低。

进一步分析技术细分方向的协同情况，如表4-8所示：在材料环节有关的技术方向，锂电池材料中的正负极材料、电解质以及燃料电池材料中的膜电极是协同创新的重点方向；在零部件环节有关的技术方向，动力电池系统中的锂离子电池、电池结构件，燃料电池系统中的燃料电池电堆以及电控系统中的电池管理系统、电机控制系统、整车控制器均为协同创新的重点方向；在充电换电及加氢设施环节有关的技术方向，充电设施中的充电机/充

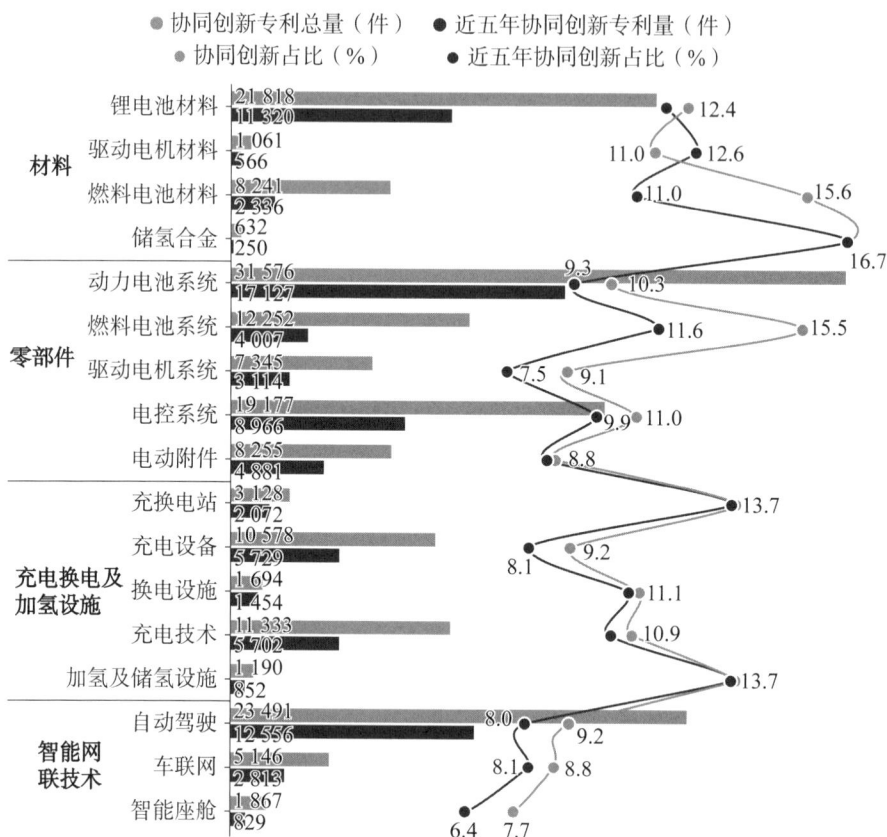

- 协同创新专利总量（件）
- 近五年协同创新专利量（件）
- 协同创新占比（%）
- 近五年协同创新占比（%）

材料
- 锂电池材料 21 818 / 11 320 — 12.4 / 11.0
- 驱动电机材料 1 061 / 566 — 12.6 / 11.0
- 燃料电池材料 8 241 / 2 336 — 15.6
- 储氢合金 632 / 250 — 16.7

零部件
- 动力电池系统 31 576 / 17 127 — 9.3 / 10.3
- 燃料电池系统 12 252 / 4 007 — 11.6 / 15.5
- 驱动电机系统 7 345 / 3 114 — 7.5 / 9.1
- 电控系统 19 177 / 8 966 — 9.9 / 11.0
- 电动附件 8 255 / 4 881 — 8.8

充电换电及加氢设施
- 充换电站 3 128 / 2 072 — 13.7
- 充电设备 10 578 / 5 729 — 8.1 / 9.2
- 换电设施 1 694 / 1 454 — 11.1
- 充电技术 11 333 / 5 702 — 10.9
- 加氢及储氢设施 1 190 / 852 — 13.7

智能网联技术
- 自动驾驶 23 491 / 12 556 — 8.0 / 9.2
- 车联网 5 146 / 2 813 — 8.1 / 8.8
- 智能座舱 1 867 / 829 — 6.4 / 7.7

数据来源：www.cnipr.com
数据时间：2004年1月1日到2024年10月31日

图 4 - 15　新能源汽车产业协同创新重点和热点方向

表 4 - 8　新能源汽车产业协同创新重点和热点方向（技术细分方向）

产业	技术方向		协同创新专利总量/件	协同创新占比/%	近五年协同创新专利量/件	近五年协同创新占比/%
材料	锂电池材料	正极材料	9 676	13.4	5 184	13.3
		负极材料	7 629	11.5	3 653	10.4
		隔膜	1 949	9.0	734	7.5
		电解质	7 421	13.2	3 380	11.5
	驱动电机材料	硅钢	254	9.2	164	10.2
		稀土永磁材料	793	13.0	393	15.1

（续表）

产业	技术方向		协同创新专利总量/件	协同创新占比/%	近五年协同创新专利量/件	近五年协同创新占比/%
材料	燃料电池材料	膜电极	7 515	16.1	2 041	11.6
		双极板	901	11.0	375	8.0
零部件	动力电池系统	镍氢电池	409	10.3	99	8.7
		锂离子电池	12 851	11.2	7 678	11.1
		超级电容	1 772	13.4	347	8.7
		新兴储能电池	5 448	12.7	3 253	11.6
		电池热管理系统	5 647	7.9	3 243	7.0
		电池回收技术	2 444	13.8	1 871	14.3
		电池结构件	8 920	8.4	4 316	7.0
	燃料电池系统	燃料电池电堆	11 880	15.7	3 810	11.9
		空压机	310	7.6	221	7.0
		氢气循环泵	382	10.7	198	9.4
		车载储氢瓶	476	12.4	327	12.2
	驱动电机系统	轮毂电机	1 510	10.2	584	8.5
	电控系统	电池管理系统	8 518	10.4	4 816	9.5
		电机控制系统	7 708	11.9	2 861	10.2
		整车控制器	8 723	12.8	3 068	11.1
	电动附件	高压插接件/连接器	2 076	7.3	1 502	6.7
		DC-DC 变换器	1 251	12.2	671	12.2
		电动空调系统	1 922	10.5	1 265	11.3
		电动助力转向系统	925	9.1	551	10.8
		电制动系统	2 255	8.0	994	7.3
充电换电及加氢设施	充电设备	充电机/充电桩	9 524	9.4	4 899	8.2
		充电枪	2 011	6.8	1 503	6.5
		充电机器人	309	9.7	252	9.9

（续表）

产业	技术方向		协同创新专利总量/件	协同创新占比/%	近五年协同创新专利量/件	近五年协同创新占比/%
充电换电及加氢设施	换电设施	电池更换机器人	138	11.1	90	10.2
		充换电一体化系统装备	654	10.2	516	9.9
	充电技术	无线充电	2 288	9.5	1 153	9.8
		高电压快充	763	10.7	408	10.3
		充电控制管理	9 400	11.3	4 590	10.6
	加氢及储氢设施	加氢站	297	15.9	237	15.6
		站用储氢罐（储氢瓶）	672	12.1	452	11.7
		高压氢气加注设备	532	16.6	396	16.9

数据来源：www.cnipr.com

数据时间：2004 年 1 月 1 日到 2024 年 10 月 31 日

电桩以及充电技术中的充电控制管理技术是协同创新的重点方向。从协同创新专利数量的占比来看，在材料环节有关的技术方向，燃料电池材料中的膜电极，锂电池材料中的正极材料、电解质材料以及驱动电机材料中的稀土永磁材料的占比较高，协同创新的活跃度较高，其中膜电极技术方向的占比达到 16.1%；在零部件环节有关的技术方向，燃料电池系统中的燃料电池电堆，动力电池系统中的电池回收技术、超级电容的占比较高，是协同创新的热点方向；在充电换电及加氢设施环节有关的技术方向，加氢及储氢设施中的高压氢气加注设备、加氢站的占比较高，是协同创新的热点方向。

从各技术细分方向近五年的协同创新情况来看，协同创新的热点方向变化不大，驱动电机材料中的稀土永磁材料、电动附件中的电动助力转向系统等技术方向的协同创新活跃度有所提升，而燃料电池材料中的膜电极、燃料电池系统中的燃料电池电堆等技术方向的协同创新活跃度有所下降。

如图 4-16 所示，新能源汽车产业开展外部协同创新较多的创新主体包括丰田汽车公司、韩国现代集团、国家电网、日产汽车、博世公司、住友（Sumitomo）、三星集团等，整体上国外创新主体的协同创新较国内创新主体

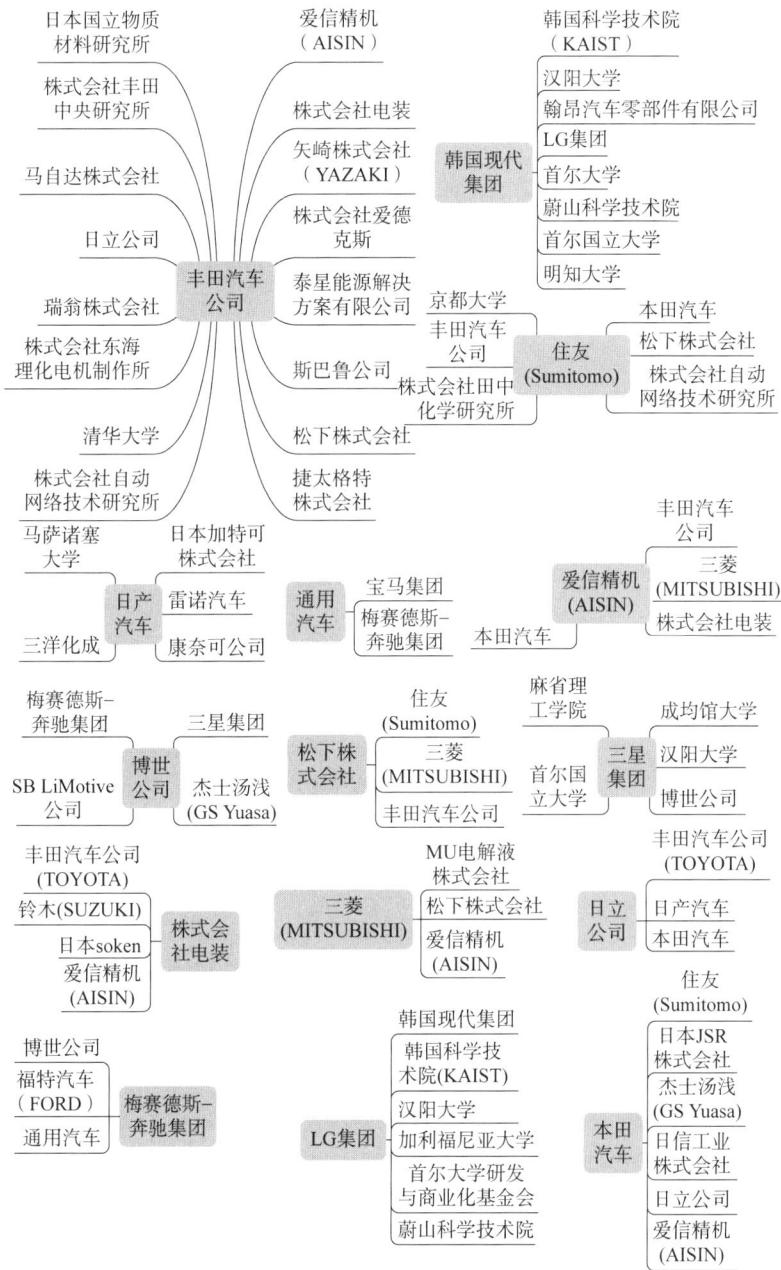

图 4-16　新能源汽车产业主要协同创新关系图(国外企业)

活跃,具有众多协同创新对象,如丰田汽车公司的协同创新对象涵盖整车企业、零部件企业、大学、研究所等不同类型的创新主体。国内创新主体新能源汽车产业主要协同创新关系如图4-17所示。

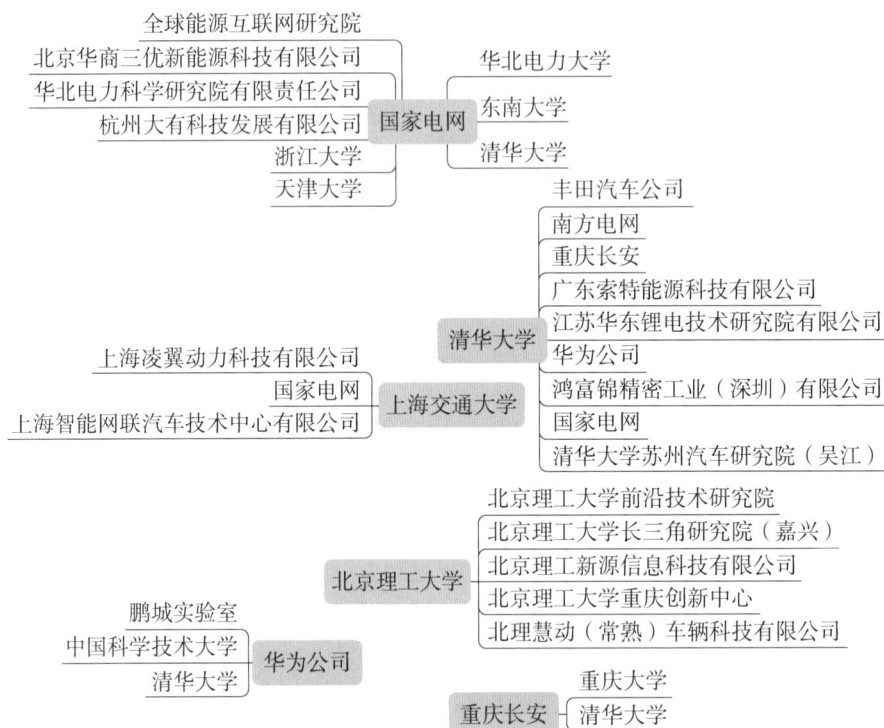

图4-17 新能源汽车产业主要协同创新关系图(国内创新主体)

从协同创新模式来看,主要包括整车与零部件企业之间的"整零"协同模式、零部件企业之间的"整合优化"协同模式、产学研密切合作模式、高校与科研机构之间的"强强联动"模式。

(1) 整车与零部件企业之间的"整零"协同模式:整车与零部件企业之间的技术合作比较突出,丰田汽车公司、韩国现代集团、日产汽车、本田汽车等均与汽车零部件企业建立协同创新关系,如丰田汽车公司与爱信精机(AISIN)、株式会社电装、矢崎株式会社(YAZAKI)、株式会社爱德克斯等汽车零部件企业均存在技术合作,日产汽车与日本加特可株式会社、康奈可公司、三洋化成等汽车零部件企业开展技术合作。

(2) 零部件企业之间的"整合优化"协同模式:零部件企业之间的技术合作有利于整合双方优势,提高技术竞争力,如博世公司与三星集团、杰士汤浅在动力电池领域开展合作研发,并先后成立了合资公司 SB LiMotive 公司及锂能源和电力(Lithium Energy and Power)公司。

(3)产学研密切合作模式:高校、科研机构与企业之间的产学研合作日益加强,有利于充分发挥产、学、研互动优势,提高研发效率。国外企业立足全球科研资源,拥有众多技术合作的高校和科研机构,如韩国现代集团与韩国科学技术院、汉阳大学、首尔大学、蔚山科学技术院开展技术合作,三星集团与成均馆大学、汉阳大学、首尔国立大学、麻省理工学院均存在技术合作。中国创新主体中,在产学研合作方面,国家电网和清华大学较为突出,国家电网与华北电力大学、东南大学、清华大学、天津大学等开展广泛的技术合作,清华大学与丰田汽车公司、南方电网、重庆长安、华为公司等众多企业开展了技术合作。

(4)高校与科研机构之间的"强强联动"模式:高校与科研机构发挥各自的研发优势,把创新优势结合起来,打造"强强联动"协同创新模式。中国创新主体中,高校与新型研发机构的协同创新比较活跃,合作对象以高校与地方共建的新型研发机构居多,如北京理工大学与北京理工大学前沿技术研究院、北京理工大学长三角研究院(嘉兴)、北京理工大学重庆创新中心等均开展了技术合作。

4.3.5 新进入者研发热点

新进入者代表产业竞争的重要力量,新进入者大都拥有新的生产能力、新的产业资源,除关注龙头企业外,新进入者的专利布局策略也有可能揭示出产业未来发展方向。

如表 4-9 所示,新能源汽车产业的代表性新进入者大部分在 2019 年及之后成立,并开始布局专利,主要分布在浙江、广东、江苏、北京等省市,其中有 6 家为独角兽企业[①],具有较高的市场潜力,过半数企业为传统车企或互

---

① 合众新能源汽车股份有限公司、江苏正力新能电池技术股份有限公司、厦门海辰储能科技股份有限公司、中汽创智科技有限公司上榜长城战略咨询发布的 2022 年 GEI 中国独角兽企业名单;浙江极氪智能科技有限公司上榜胡润研究院发布的《2024 全球独角兽榜》;广汽埃安新能源汽车股份有限公司同时上榜胡润研究院发布的《2024 全球独角兽榜》和长城战略咨询发布的 2022 年 GEI 中国独角兽企业名单。

联网公司的子公司,如岚图汽车为东风汽车集团股份有限公司的子公司,中汽创智由中国一汽、东风公司、南方工业集团、长安汽车和南京江宁经开科技共同出资设立,阿波罗智联为百度集团旗下致力于智能驾驶领域业务拓展的公司。

表4-9 新能源汽车产业代表性新进入者总体情况

企业名称	简称	成立年份	所在城市	专利申请量/件	是否为独角兽企业
合众新能源汽车股份有限公司	合众新能源	2014	浙江省嘉兴市	2 505	是
广汽埃安新能源汽车股份有限公司	广汽埃安	2017	广东省广州市	1 867	是
江苏正力新能电池技术股份有限公司	江苏正力	2019	江苏省苏州市	1 322	是
岚图汽车科技有限公司	岚图汽车	2021	湖北省武汉市	1 320	否
浙江极氪智能科技有限公司	浙江极氪	2021	浙江省宁波市	1 294	是
厦门海辰储能科技股份有限公司	厦门海辰	2019	福建省厦门市	1 122	是
小米汽车科技有限公司	小米汽车	2021	北京市大兴区	1 110	否
楚能新能源股份有限公司	楚能新能源	2021	湖北省孝感市	1 089	否
阿波罗智联(北京)科技有限公司	阿波罗智联	2020	北京市大兴区	849	否
中汽创智科技有限公司	中汽创智	2020	江苏省南京市	704	是

企业基本信息来源:企查查

如图4-18所示,新能源汽车产业代表性新进入者的专利布局主要集中在零部件环节和智能网联技术领域,江苏正力、厦门海辰、楚能新能源以及中汽创智在材料产业环节也有较多的专利布局。

如图4-19所示,从新能源汽车产业代表性新进入者在二级技术分支的

	材料	零部件	充电换电及加氢设施	智能网联技术
中汽创智	185	198	6	393
阿波罗智联		7	2	848
楚能新能源	247	780	12	1
小米汽车	7	230	112	746
厦门海辰	285	709	13	
浙江极氪	61	427	148	274
岚图汽车	8	384	142	589
江苏正力	445	924	16	2
广汽埃安	50	879	128	170
合众新能源	2	407	103	476

单位：件

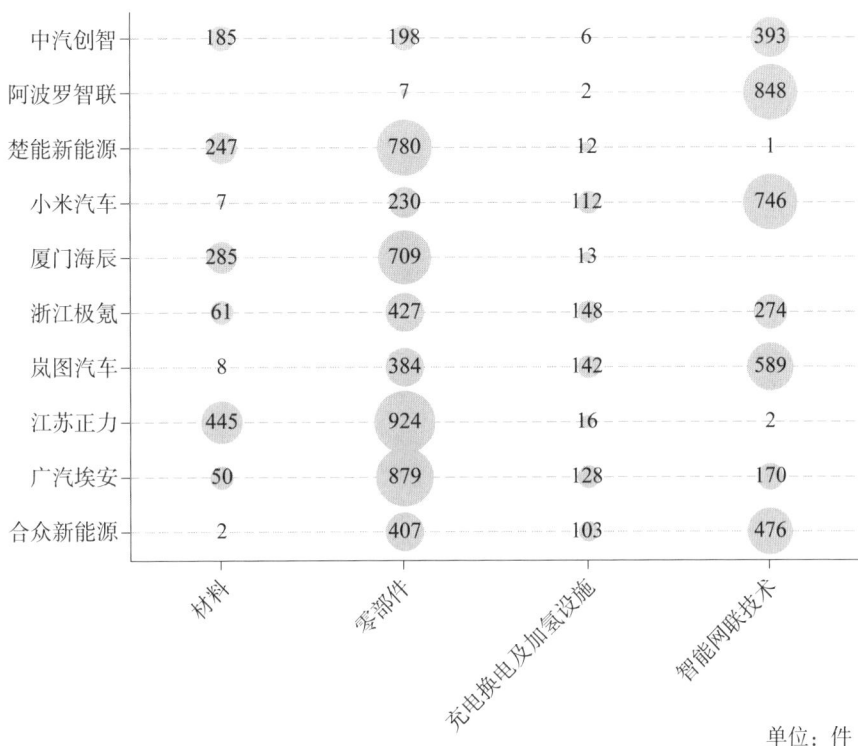

数据来源：www.cnipr.com
数据时间：2004年1月1日到2024年10月31日

图 4‑18　新能源汽车产业代表性新进入者总体布局方向

专利布局情况来看,作为造车新势力的合众新能源,拥有"哪吒汽车"品牌,其重点围绕自动驾驶、电控系统、动力电池系统、电动附件等方向进行专利布局;作为广汽集团旗下的新能源车企,广汽埃安也重点围绕自动驾驶、电控系统、动力电池系统、电动附件等方向进行专利布局;江苏正力的专利布局重点则围绕其新能源锂离子动力电池和储能电池的主营业务展开,大部分专利申请分布在动力电池系统和锂电池材料方向;作为东风汽车集团股份有限公司旗下的造车新势力,岚图汽车的专利布局重点方向包括自动驾驶、电控系统、电动附件和动力电池系统;浙江极氪为浙江吉利控股集团有限公司旗下的电动汽车企业,重点围绕动力电池系统、自动驾驶、电控系统、电动附件等进行专利布局;作为福建储能领域的独角兽企业——厦门海

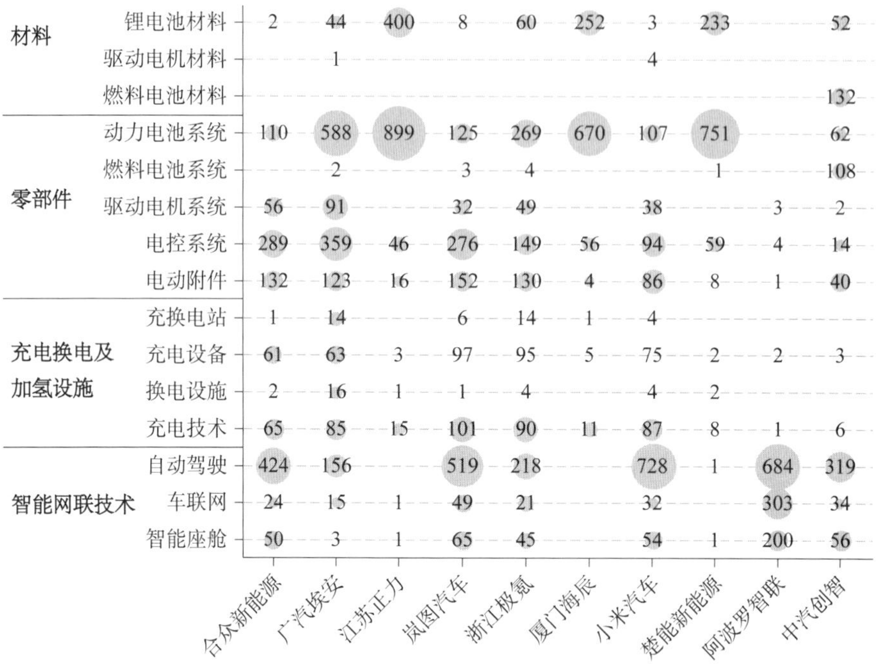

		合众新能源	广汽埃安	江苏正力	岚图汽车	浙江极氢	厦门海辰	小米汽车	楚能新能源	阿波罗智联	中汽创智
材料	锂电池材料	2	44	400	8	60	252	3	233		52
	驱动电机材料		1					4			
	燃料电池材料										132
零部件	动力电池系统	110	588	899	125	269	670	107	751		62
	燃料电池系统		2		3	4			1		108
	驱动电机系统	56	91		32	49		38		3	2
	电控系统	289	359	46	276	149	56	94	59	4	14
	电动附件	132	123	16	152	130	4	86	8	1	40
充电换电及加氢设施	充换电站	1	14		6	14		4			
	充电设备	61	63	3	97	95		75	2	2	3
	换电设施	2	16		1	4		4			
	充电技术	65	85	15	101	90	11	87	8	1	6
智能网联技术	自动驾驶	424	156		519	218		728	1	684	319
	车联网	24	15	1	49	21		32		303	34
	智能座舱	50	3	1	65	45		54	1	200	56

数据来源：www.cnipr.com
数据时间：2004年1月1日到2024年10月31日

图4-19　新能源汽车产业代表性新进入者研发热点方向

辰围绕动力电池系统和锂电池材料进行专利布局；同样作为造车新势力，小米汽车重点围绕自动驾驶进行专利布局；楚能新能源围绕其锂离子电池主营业务在动力电池系统和锂电池材料方向重点进行专利布局；阿波罗智联是百度旗下致力于智能交通、车联网领域业务拓展的全资子公司，重点围绕自动驾驶、车联网和智能座舱技术开展专利布局；中汽创智是一家聚焦智能底盘、新能源动力、智能网联核心技术的企业，其专利布局重点为自动驾驶、燃料电池材料和动力电池系统等方向。

进一步分析技术细分方向的布局情况，如表4-10所示，江苏正力、厦门海辰、楚能新能源这3家动力电池制造企业的专利布局重点集中在锂离子电池及正负极材料、电池热管理系统、电池结构件等技术方向。而其他7家企业的专利布局方向存在差异，其中：合众新能源以电池管理系统、整车控制器和电池管理系统等为重点方向；广汽埃安的专利布局重点包括电池结构

表4-10　新能源汽车产业代表性新进入者研发热点方向(技术细分方向)

单位:件

产业	技术方向		合众新能源	广汽埃安	江苏正力	岚图汽车	浙江极氢	厦门海辰	小米汽车	楚能新能源	阿波罗智联	中汽创智
材料	锂电池材料	正极材料	2	13	167	3	20	111	0	132	0	17
		负极材料	0	12	245	3	23	104	3	85	0	16
		隔膜	0	4	30	0	11	11	0	20	0	0
		电解质	0	20	40	6	10	79	0	25	0	36
		硅钢	0	1	0	0	0	0	2	0	0	0
	驱动电机材料	稀土永磁材料	0	0	0	0	0	0	1	0	0	0
	燃料电池材料	膜电极	0	0	0	0	0	0	0	0	0	99
		双极板	0	0	0	0	0	0	0	0	0	37
零部件	动力电池系统	锂离子电池	4	58	370	16	69	243	4	287	0	36
		超级电容	0	0	0	0	0	0	1	0	0	0
		新兴储能电池	0	9	117	2	7	53	0	27	0	47
		电池热管理系统	63	304	203	84	115	119	43	264	0	4
		电池回收技术	0	0	6	0	2	36	0	12	0	4
		电池结构件	54	386	365	40	126	332	79	371	0	4

（续表）

产业		技术方向	合众新能源	广汽埃安	江苏正力	岚图汽车	浙江极氢	厦门海辰	小米汽车	楚能新能源	阿波罗智联	中汽创智
零部件	燃料电池系统	燃料电池电堆	0	2	0	2	4	0	0	1	0	104
		空压机	0	0	0	1	0	0	0	0	0	6
		氢气循环泵	0	0	0	0	0	0	0	0	0	10
		车载储氢瓶	0	0	0	2	0	0	0	0	0	2
	驱动电机系统	轮毂电机	1	0	0	0	5	0	1	0	3	0
	电控系统	电池管理系统	156	252	46	156	97	50	52	59	0	8
		电机控制系统	90	123	0	70	54	0	32	0	1	4
		整车控制器	132	54	0	91	19	7	16	0	3	5
	电动附件	高压插接件/连接器	13	28	15	42	39	4	20	7	0	0
		DC-DC变换器	12	9	1	8	4	0	9	1	0	0
		电动空调系统	64	67	0	63	73	0	19	0	0	1
		电动助力转向系统	7	7	0	12	2	0	10	0	1	16
		电制动系统	39	13	0	30	13	0	29	0	0	23

（续表）

产业	技术方向		合众新能源	广汽埃安	江苏正力	岚图汽车	浙江极氢	厦门海辰	小米汽车	楚能新能源	阿波罗智联	中汽创智
充电换电及加氢设施	充电设备	充电机/充电桩	48	55	2	75	71	5	71	2	2	3
		充电枪	16	13	1	41	40	0	21	0	0	1
	换电设施	充换电一体化系统装备	0	4	0	0	2	0	4	1	0	0
	充电技术	无线充电	10	4	0	19	12	0	10	1	0	1
		高电压快充	14	27	6	10	8	2	11	3	0	0
		充电控制管理	59	70	12	88	74	10	75	6	1	6

数据来源：www. cnipr. com

数据来源时间：2004 年 1 月 1 日到 2024 年 10 月 31 日

件、电池热管理系统、电池管理系统等;岚图汽车的专利布局重点与广汽埃安相似,但更为重视充电机/充电桩、充电控制管理方向;浙江极氪重点围绕电池热管理系统、电池结构件、电池管理等方向进行布局;小米汽车则更为重视电池结构件、充电机/充电桩、充电控制管理方向;阿波罗智联重点围绕智能网联技术开展专利布局,在其他技术方向的专利布局很少;中汽创智围绕燃料电池关键部件及核心材料,在燃料电池膜电极、燃料电池电堆等方向重点开展专利布局。此外,与其他新进入企业相比,江苏正力、厦门海辰及中汽创智更为重视新兴储能电池方向。

4.4 小结

1. 产业布局现状

(1) 在全球各国应对气候变化、推动绿色低碳发展的战略背景下,全球汽车行业向电动化、智能化、网联化转型持续加速,经历起步阶段、上升阶段,从 2016 年开始,全球新能源汽车产业的专利申请量处于迅速攀升阶段,近二十年间全球专利申请量已达到 151.3 万件,其中过半专利在近五年内申请。

(2) 全球新能源汽车产业创新资源高度集中,主要分布在中国、美国、日本、韩国、德国、世界知识产权组织(WO)、欧洲专利局(EPO)这 5 个国家和 2 个组织。随着中国成为新能源汽车产销大国,其技术创新最为活跃,专利申请量接近百万件,占全球专利申请总量的 65.1%,美国、日本居中国之后,专利申请量分别占全球专利总量的 8.4%、8.3%。

(3) 全球新能源汽车产业 TOP20 申请人主要是整车和零部件企业,来自日本和中国的企业最多,其中丰田汽车公司以显著优势位居全球首位,中国有 7 家企业进入 TOP20 申请人榜单,且近期技术创新活跃,以比亚迪公司、华为公司和宁德时代为代表。

2. 产业结构调整方向

(1) 在材料、零部件、充电换电及加氢设施,以及智能网联技术四个产业链环节,中国目前的专利申请量占全球的比重均在五成以上,充电换电及加氢设施产业链环节的数量领先优势更为明显。除中国外,美国在充电换电及加氢设施、智能网联技术这两个产业链环节具有领先优势,日本在材料和零部件产业环节见长,也非常重视充换电基础设施建设。

(2)中国、日本和韩国均在零部件环节的专利布局比重最高,在智能网联技术环节的布局比重均超过 20%。美国侧重零部件和智能网联技术的专利布局,作为全球智能网联技术领跑者,美国在智能网联技术环节的专利布局比重最高。这些主要国家在材料和充电换电及加氢设施产业环节的布局比重低于其他两个环节。

(3)零部件环节是各主要区域专利布局的重点,且相对稳定,调整幅度较小。随着材料层级创新趋缓、电池结构层面创新加速,主要区域在材料环节的专利布局比重呈现逐步下降的趋势。新能源汽车配套基础设施建设不断加快,促使主要区域在充电换电及加氢设施环节的布局比重逐步提升,中国近年来在充电换电及加氢设施环节的专利布局比重已大幅提升至 16.7%。此外,智能化、网联化技术受到越来越多的重视,主要区域在该领域的专利布局力度不断加强,以中国在该领域的调整方向最为明显。

(4)领先企业向智能网联技术、充电换电及加氢设施产业链环节调整的意图比较强烈。近五年间,在智能网联技术上,丰田汽车、福特汽车等均将其专利布局比重提升至 30% 以上,重庆长安、吉利、蔚来、广汽等中国企业的调整幅度更为明显。吉利汽车在充电换电及加氢设施产业链环节的调整幅度更为显著,近五年来布局比重提升至 20.5%。

3. 技术研发重点及热点方向

(1)材料领域的锂电池材料、燃料电池材料,零部件环节的动力电池系统、电控系统,充电换电及加氢设施环节的充电设备和充电技术,以及智能网联技术中的自动驾驶为全球技术创新的重点方向和热点方向,其中动力电池系统、自动驾驶和锂电池材料最受关注。此外,近年来零部件环节的电动附件、智能网联技术中的车联网技术的活跃度较高,而随着充换电、加氢等配套基础设施建设不断加快,加氢及储氢设施、换电设施、充换电站和充电设备这几个技术方向的创新热度高涨。

(2)锂电池材料中的正负极材料、电解质,以及燃料电池材料中的膜电极是专利布局的重点和热点方向,驱动电机材料中的硅钢、燃料电池材料中的双极板技术方向的创新热度也非常高。

（3）动力电池系统中的锂离子电池、电池结构件、电池热管理系统，燃料电池系统中的燃料电池电堆，电控系统中的电池管理系统、电机控制系统、整车控制器是专利布局的重点和热点方向，电动附件中的高压插接件/连接器，燃料电池系统中的空压机、车载储氢瓶，动力电池系统中的电池回收技术、新兴储能电池等方向的技术创新也非常活跃。

（4）充电设施中的充电机/充电桩、充电枪，以及充电技术中的充电控制管理、无线充电技术是专利布局的重点和热点方向。此外，加氢站、充换电一体化系统装备、充电机器人等多个技术方向的技术创新活跃度较高，属于热点方向。

（5）从代表性领先企业来看，整车企业重点围绕电池、电控、电机等核心零部件开展布局，也非常重视自动驾驶及充换电站、充电技术、充换电设备等技术方向；动力电池企业重点布局动力电池系统、锂电池材料、燃料电池系统及材料，其中电池结构件和锂离子电池最受关注，专利布局也延伸至电控系统、充电技术、充电设备等方向，与电池管理有关的关键技术也受到重视；华为公司、百度公司等重点布局自动驾驶方向。

（6）从协同创新来看，材料和零部件环节的协同创新活跃度较高，锂电池材料、动力电池系统、电控系统、充电设备及充电技术，以及自动驾驶领域是协同创新的重点方向，燃料电池材料、储氢合金、燃料电池系统、充换电站、加氢及储氢设施领域是协同创新的热点方向。

（7）新进入企业更关注自动驾驶、电控系统、动力电池系统、电动附件、锂电池材料等方向，3家动力电池制造企业以锂离子电池及正负极材料、电池热管理系统、电池结构件等为重点方向，整车企业还比较关注电池结构件、电池热管理系统、电池管理系统、充电机/充电桩、充电控制管理等方向。

第 **5** 章

中国主要城市新能源汽车产业
竞争格局分析

本章节以专利信息对比分析为基础,对中国主要省市和主要城市在新能源汽车领域的技术、创新主体、人才等要素进行比对分析,以揭示主要城市在新能源汽车版图中的生态位,以及主要城市新能源汽车发展的特色优势和问题,从而为地方培育新能源汽车产业新质生产力提供参考依据。

根据中国新能源汽车领域各省市的专利申请量可知,排名前6位的省市分别为广东省、江苏省、北京市、浙江省、上海市、安徽省。根据中国新能源汽车领域各城市的专利申请量可知,排名前10位的城市分别为深圳市、北京市、上海市、广州市、苏州市、杭州市、合肥市、重庆市、武汉市、南京市。另外,宁波市在中国各城市专利申请量中排名第15位,产业发展态势良好,因此,将宁波市也列入了分析对象。本章节对上述中国6个省市和11个重点城市在新能源汽车领域的专利申请情况进行分析。

从分析维度来看,本章节具体从新能源汽车领域的创新环境、产业结构、技术创新、企业创新、创新人才、协同创新6个方面展开分析。

5.1 创新环境

本节对中国新能源汽车产业三大重点区域、主要省市和主要城市的专利申请情况进行对比分析,来揭示新能源汽车产业的整体竞争情况。

5.1.1 中国三大重点区域创新实力对比

京津冀地区是中国的"首都经济圈",包括北京市、天津市和河北省。京津冀地区同属京畿重地,濒临渤海,背靠太岳,战略地位十分重要,是我国经济最具活力、开放程度最高、创新能力最强、吸纳人口最多的地区之一,也是拉动我国经济发展的重要引擎。

长江三角洲地区(以下简称长三角地区)包括上海市、江苏省、浙江省、安徽省,共 41 个城市。长三角地区位于中国长江下游地区,濒临黄海与东海,地处江海交汇之地,在我国现代化建设全局和全方位开放格局中具有举足轻重的战略地位。

珠江三角洲地区(以下简称珠三角地区)位于中国广东省中南部,范围包括广州、佛山、肇庆、深圳、东莞、惠州、珠海、中山、江门九个城市。

本小节选取京津冀、长三角、珠三角三大重点区域作为研究区域,刻画对比三大经济核心区域在新能源汽车产业的创新发展态势。

如图 5-1 所示,长三角地区在新能源汽车产业的专利申请量是三个区域中最多的,占全国新能源汽车专利总量的 29.3%。2023 年,长三角地区新能源汽车总产量达到 344.6 万辆,占 2023 年全国新能源汽车总产量(958.7 力辆)的比重达到 35.9%。长三角地区产业集群协同发展,形成了新能源汽车"4 小时产业圈":由上海提供芯片、软件等组成汽车"大脑",江苏提供动力电池,浙江提供一体化压铸机,安徽提供整车组装。[①] 2024 年,长三角区域合作办公室发布《长三角地区一体化发展三年行动计划(2024—2026 年)》,提出实施制造业重点产业链高质量发展行动,共建长三角新能源汽车产业链体系。未来,长三角地区会进一步加强科技创新和产业创新跨区域协同,新能源汽车产业将迸发出更强大的活力。

排名第二的是珠三角地区,其新能源汽车专利申请占全国新能源汽车专利总量的 15.7%。珠三角地区作为我国新能源汽车产业的重点阵地,

---

① 长三角科技创新共同体. 新能源汽车年产量破 1 000 万辆,每 10 辆里 4 辆来自长三角[EB/OL]. (2024-11-15)[2024-12-05]. https://mp. weixin. qq. com/s/I8sjBXFmqM6jYHnWarsoqg.

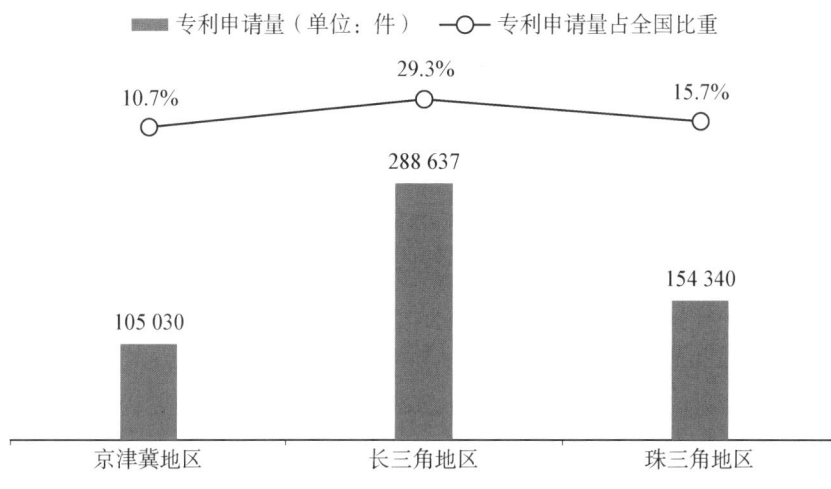

数据来源：www.cnipr.com

数据时间：2004年1月1日到2024年10月31日

图 5-1　中国主要区域新能源汽车产业创新实力对比

目前已经形成了广州、深圳、佛山新能源汽车核心集聚区，以及东莞、中山、惠州、肇庆等为代表的关键零部件及新材料配套项目集中区。珠三角地区通过紧密合作和区域协同，为新能源汽车产业的蓬勃发展提供了有力支撑。[①]

　　京津冀地区的专利申请量占全国新能源汽车专利总量的 10.7%。2024年，京津冀地区提出了三地"共造一辆车""共建一条路""共享一个生态"的发展愿景，发布了《京津冀智能网联新能源汽车科技生态港规划总体方案》。三地将协同打造高端零部件产业承载空间，推动京津冀地区智能网联新能源汽车产业深度融合发展。

　　总体来看，京津冀、长三角、珠三角三个区域在新能源汽车产业的专利申请量占据全国半壁江山，新能源汽车产业表现出很强的区域聚集现象。三大区域丰富的科研资源和产业基础，为新能源汽车的研发提供了强有力的支撑。长三角地区是创新最为活跃的地区，是新能源汽车发展的主阵地。

　　从三大区域新能源汽车产业的专利申请趋势来看，如图 5-2 所示，京津

---

① 汉湾共融. 产业互联（六）——聚焦新能源汽车产业发展[EB/OL]. (2024-03-08) [2024-12-05]. https://mp.weixin.qq.com/s/84oNNR5Qh_9x0w3G8yZiKg.

冀、长三角、珠三角地区新能源汽车产业都经历了两次快速发展,分别在2010年和2016年前后。2010年国务院发布了《节能与新能源汽车产业发展规划(2012—2020年)》,"要以纯电驱动为新能源汽车发展和汽车工业转型的主要战略取向",促进了新能源汽车的发展。2016年是"十三五"规划的开局之年,政府出台了一系列政策支持新能源汽车的发展,加之中国新能源汽车市场整体高速增长,同时新能源汽车相关技术的不断进步和基础设施的完善,使得该年成为新能源汽车发展的关键节点,新能源汽车市场渗透率显著提升,标志着从政策引导到市场驱动的转变。目前来看,三个重要区域在新能源汽车产业的专利申请量都保持良好的增长势头,预计未来新能源汽车产业专利增长仍具韧性。

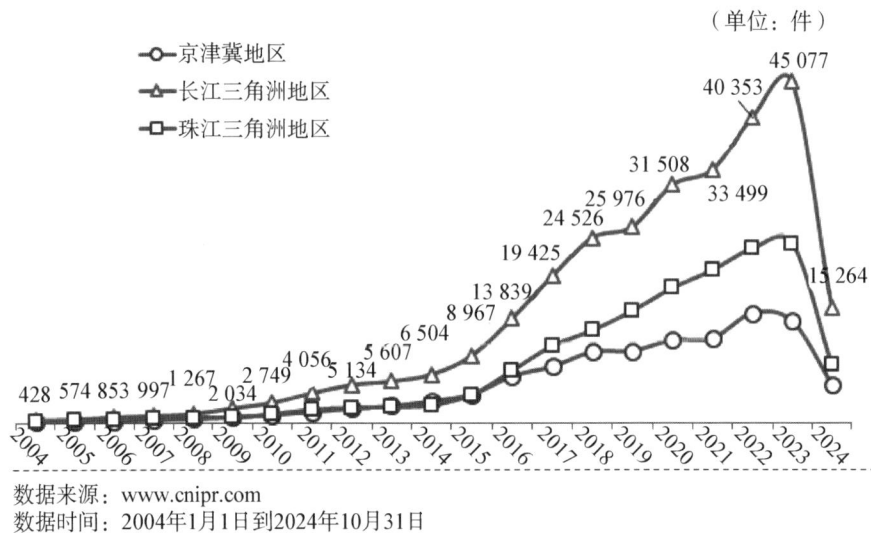

数据来源:www.cnipr.com
数据时间:2004年1月1日到2024年10月31日

图5-2 京津冀、长三角、珠三角地区新能源汽车产业专利申请趋势

5.1.2 中国主要省市创新实力对比

根据中国主要省市新能源汽车领域的专利申请量,如图5-3所示,将TOP15省市分为三个梯队,专利申请量在5万件以上的省市为第一梯队,专利申请量在2万~5万件的省市为第二梯队,专利申请量小于2万件的省市为第三梯队。根据划分结果,广东省、江苏省、北京市、浙江省、上海市位于第一梯队,技术创新表现亮眼,处于国内领跑地位。特别是广东省和江苏

专利申请量（单位：件）　专利申请量占全国比重

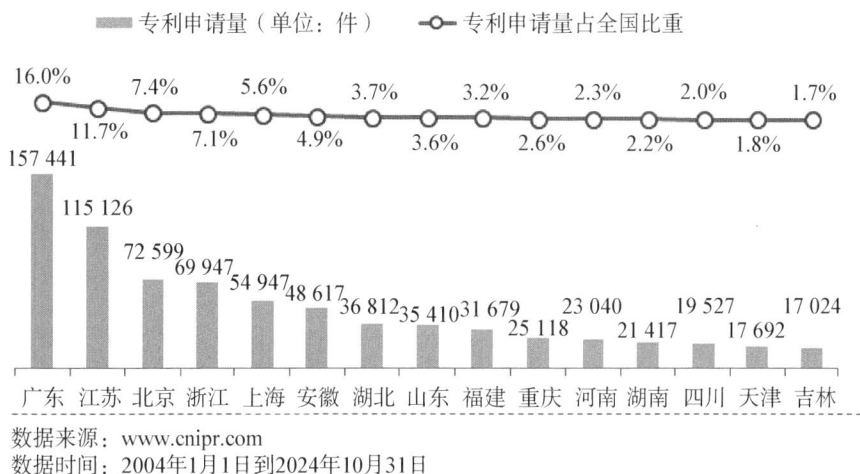

数据来源：www.cnipr.com
数据时间：2004年1月1日到2024年10月31日

图 5-3　中国主要省市新能源汽车产业创新实力对比

省,其专利申请量均超过了 10 万件,竞争优势显著。安徽省、湖北省、山东省、福建省、重庆市、河南省、湖南省位于第二梯队,其创新实力也不容小觑。四川省、天津市、吉林省位于第三梯队,整体创新环境优势不明显,与第一梯队的省市存在较大差距。

广东省在新能源汽车领域的专利申请量居全国第一,申请量超过 15 万件,明显领先于其他省市,显示出在该领域技术优势明显。产业方面,2023 年广东新能源汽车产量达 253 万辆,约占全国的 26%。[①] 无论是专利数据还是产业数据,都展现了广东省在新能源汽车产业领域的深厚积淀与强大竞争力。

江苏省在新能源汽车领域的专利申请量排名第二,其申请量占全国总申请量的 11.7%,创新实力也具有明显优势。2023 年,江苏省新能源汽车的产量为 104.7 万辆,排名全国第三。

北京市在新能源汽车领域的专利申请量排名第三,其申请量占全国总申请量的 7.4%,竞争实力也很强。

浙江省在新能源汽车领域的专利申请量排名第四,与北京市的整体实力相接近。2023 年,浙江省新能源汽车产量首次突破 60 万辆,达 62.3 万

[①] 人民网.广东新能源汽车产量约占全国 26%[EB/OL].（2024-02-20）[2024-12-05］. https://baijiahao. baidu. com/s? id=1791378048308531431&wfr=spider&for=pc.

辆,占全国份额的 6.5%。

上海市在新能源汽车领域的专利申请量排名第五,其申请量占全国总申请量的 5.6%。2023 年,上海新能源汽车产量高达 128.7 万辆,排名全国第二。

总体来看,新能源汽车领域专利申请量排名靠前的省市,其新能源汽车产量在全国也位居前列。创新主体一般在技术创新的同时也积极开展专利布局,因此专利布局与产业情况呈现正相关态势。

5.1.3 中国主要城市创新实力对比

根据中国主要城市新能源汽车领域的专利申请量,如图 5 - 4 所示,将 TOP15 城市分为三个梯队,专利申请量在 5 万件以上的城市为第一梯队,专利申请量在 2 万~5 万件的城市为第二梯队,专利申请量小于 2 万件的城市为第三梯队。根据划分结果,深圳市、北京市、上海市以卓越的表现脱颖而出,位列前三名,位于第一梯队。这三座城市不仅在新能源汽车的产量、保有量上领先全国,更在技术创新、基础设施建设等方面展现出了强大的竞争力。广州市、苏州市、杭州市、合肥市、重庆市、武汉市、南京市位于第二梯队。常州市、天津市、长春市、宁德市、宁波市位于第三梯队,它们在该领域的创新发展还有较大空间。这些城市在新能源汽车产业上竞相发展,共同构建起了我国新能源汽车的宏伟版图。

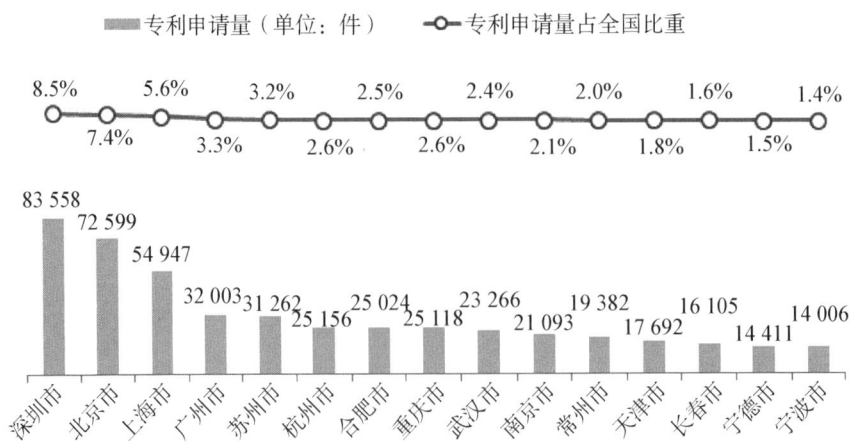

数据来源：www.cnipr.com
数据时间：2004年1月1日到2024年10月31日

图 5 - 4 中国主要城市新能源汽车产业创新实力对比

深圳市在新能源汽车领域的专利申请量位居全国城市第一,申请量超过 8 万件,综合竞争优势明显,已经成为我国新能源汽车发展的领军城市。深圳市是全球新能源汽车产业链比较完善的城市,新能源汽车产量、新车电动化渗透率、充电基础设施密度全国领先,并成功入围国家首批公共领域车辆全面电动化一类试点城市。①

北京市在新能源汽车领域的专利申请量位居全国城市第二,申请量为 7 万余件。北京作为我国最早发展新能源汽车的城市,在新能源汽车发展中扮演着重要角色。北京已经形成了完整的汽车整车及核心零部件设计、研发、验证体系,拥有小米汽车、理想汽车、北汽新能源、奇点汽车等新能源汽车企业,建成了国家动力电池创新中心、国家智能网联汽车创新中心、国家新能源汽车技术创新中心等国家级创新中心,在基础研究和前沿技术方面积累深厚,在新能源汽车发展上优势突出。

上海市在新能源汽车领域的专利申请量位居全国城市第三,其申请量占全国总申请量的 5.6%。上海市拥有上汽、特斯拉等整车企业,在汽车芯片、固态电池、智能座舱等产业链关键环节上技术实力较强。

新能源汽车领域的专利申请量排名第四的城市是广州市。根据 2024 年 8 月发布的《关于促进汽车产业加快发展的意见(公开征求意见稿)》,广州将全力打造具有国际竞争力的“智车之城”。② 广州市汇聚了小马智行、文远知行、百度阿波罗、联友科技、深兰科技等自动驾驶、车联网研发企业,以及广汽集团、小鹏汽车等智能驾驶整车开发企业。此外,合肥市和常州市是颇具发展特色的城市。

合肥市在新能源汽车领域的专利申请量位居全国城市第七位,是产业的后起之秀。新能源汽车产业已被定位为合肥的“首位产业”。合肥市优化整车、零部件、后市场“三位一体”布局,支持比亚迪、大众、蔚来、长安等企业做大做强。

常州市在新能源汽车领域的专利申请量排名全国城市第十一位。常州市不仅是理想汽车在国内的最大生产制造基地,也是宁德时代在长三角地

---

① 新材料行业研报. 我国 10 大重点城市新能源汽车产业全景分析[EB/OL]. (2024-05-23)[2024-11-17]. https://mp. weixin. qq. com/s/PP0MX06JXG7SK1YQqb4XhQ.

② 广州日报. 广州加速驶向“智车之城”[EB/OL]. (2024-08-21)[2024-11-17]. https://www. gz. gov. cn/zwfw/zxfw/jtfw/content/post_9822369. html.

区的最大生产基地,还孕育了中创新航、蜂巢能源、天合光能等一批上下游配套企业中的佼佼者。

浙江省有两个城市进入了新能源汽车专利申请量 TOP15 城市行列中,分别是杭州市和宁波市。其中,杭州市排名第六,宁波市排名第十五,反映出杭州市在新能源汽车领域具有显著优势,宁波市也具备较强的竞争力。

总体来看,深圳市、北京市、上海市在新能源汽车产业上的领先地位已经初步显现,未来想要保持并进一步扩大优势,还需要在技术创新、产业链完善、市场拓展等方面持续发力。合肥市和常州市异军突起,在新能源汽车产业上已开始发力,其后发实力不容忽视。总之,各城市竞争激烈,新能源汽车产业格局未成定数。

5.1.4　浙江省主要城市创新实力对比

从浙江省内主要城市的专利申请量来看,如图 5-5 所示,杭州市新能源汽车产业的专利申请量在浙江省排名第一,达到 25 156 件,专利申请量占浙江省专利申请总量的 36.0%。宁波市的申请量为 14 006 件,占浙江省专利申请总量的 20.0%。两座城市在浙江省内有较大优势,共占浙江省新能源汽车产业的 56.0%,属于第一梯队。嘉兴市和湖州市的专利申请量也相对较多,分别为 6 346 件和 6 199 件。台州市、金华市和温州市的专利申请量均

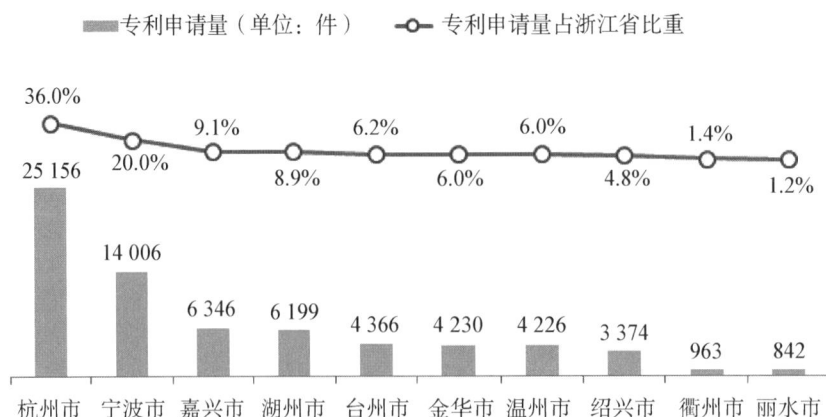

数据来源:www.cnipr.com
数据时间:2004年1月1日到2024年10月31日

图 5-5　浙江省主要城市新能源汽车产业创新实力对比

为 4 000 余件。总体来看,对于新能源汽车领域,杭州市和宁波市在浙江省占据主导地位,发展前景较好。

如图 5-6 所示,杭州市新能源汽车产业 2012 年的专利申请量突破 600 件,直到 2015 年每年的专利申请量都比较平稳。2016 年专利申请量急剧增长,高达 1 170 件,增长率为 67.1%,进入快速增长期,到 2023 年一直保持持续增长的态势。2023 年专利申请量达到峰值,为 4 367 件。总体来看,杭州市新能源汽车产业发展势头强劲。

单位: 件

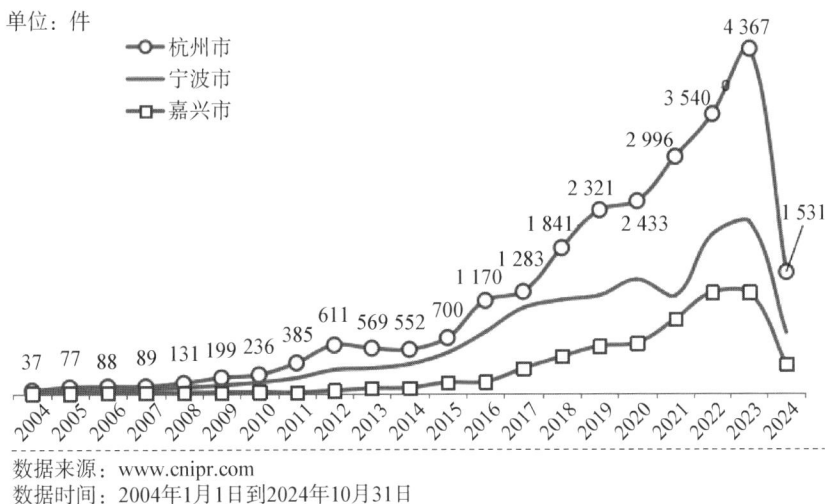

数据来源: www.cnipr.com
数据时间:2004年1月1日到2024年10月31日

图 5-6 杭州市、宁波市和嘉兴市新能源汽车产业专利申请趋势

宁波市新能源汽车产业 2015 年的专利申请量突破 500 件。2017 年专利申请量高达 1 076 件,增长率为 67.1%。2023 年专利申请量达到峰值,为 2 174 件。除个别年份外,宁波市新能源汽车产业专利申请量也保持增长趋势。2023 年以来,宁波市先后出台了《宁波市新能源汽车产业发展规划(2023—2030 年)》《关于加快打造新能源汽车之城的若干意见》等一系列文件。其中提到,到 2025 年,宁波要力争培育形成 10 个以上的新能源整车品牌,把新能源汽车的产量提升到 70 万辆以上,占全省比重超过 50%,占全国比重超过 5%。[1]

---

[1] 宁波市经济和信息化局. 弯道超车:中国新能源汽车产业的"宁波担当"[EB/OL]. (2024-01-19)[2024-12-05]. http://jxj. ningbo. gov. cn/art/2024/1/19/art_1229561617_58938692. html.

相对杭州市和宁波市,嘉兴市新能源汽车产业每年专利申请量并不是很多。2017 年的专利申请量快速增长,突破 300 件,增长率为 118.3%。2022 年专利申请量达到峰值,为 1 271 件。2012—2022 年,嘉兴市新能源汽车产业专利申请呈现持续增长的态势。

总体来看,杭州市、宁波市和嘉兴市专利申请趋势整体类似,在 2016—2017 年间进入快速增长期,在 2023 年左右专利申请量达到高峰。

5.2 产业结构

本节将从新能源汽车产业各细分领域的专利占比入手,分析中国与全球、中国主要省市、中国重点城市之间的产业结构异同,解析产业结构特点,为后续的决策提供数据支撑。

5.2.1 全球/中国新能源汽车产业结构对比

从全球新能源汽车产业结构来看,如图 5 - 7 所示,专利申请量最多的是零部件,其专利申请量占新能源汽车专利申请量的比例高达 43.6%;其次是智能网联技术,占比为 23.8%;材料领域的专利申请量占比为 17.9%;专利申请量最少的是充电换电及加氢设施,占比为 14.7%。总体来看,全球新能源汽车领域的专利布局重点在零部件和智能网联技术。

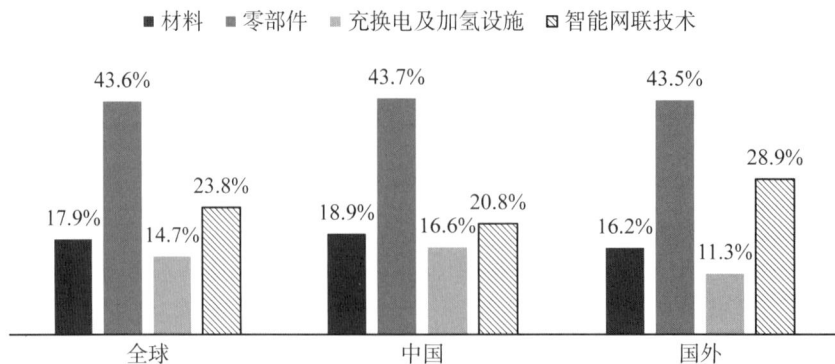

数据来源:www.cnipr.com
数据时间:2004年1月1日到2024年10月31日

图 5 - 7 中国与国外新能源汽车产业结构对比

　　将国内外产业结构进行对比发现,中国和国外在材料和零部件环节的专利占比相差不大,在充电换电及加氢设备、智能网联技术上的专利占比相差较大。其中,中国在充电换电及加氢设备上的专利占比为 16.6%,高于国外在该领域的 11.3%。近年来,中国相继出台了一系列政策,加强充换电、加氢等基础设施建设,鼓励企业研发新型充电和换电技术,从而实现产业的健康可持续发展。然而,中国在智能网联技术上的专利占比为 20.8%,低于国外在该领域的 28.9%。智能网联技术已经成为全球新能源汽车产业的创新热点与未来发展的制高点。随着汽车信息通信、人工智能、互联网等技术深度融合,智能网联汽车已经进入技术快速演进、产业加速布局的新阶段。中国在智能网联技术领域与国外还存在一定差距,建议集成战略科技力量,建立创新联合体,吸纳海外精英人才,推进战略性、基础性、前沿性技术研发,力求在该领域实现技术突破。

5.2.2　中国主要省市新能源汽车产业结构对比

　　选取国内新能源汽车产业分布的主要省市——广东省、江苏省、浙江省、上海市、安徽省、北京市,进行产业结构对比,以考察上述主要省市的新能源汽车产业的优势和特点。

　　如图 5-8 所示,广东省在材料方向的专利占比为 17.3%,比浙江省低 1.6 个百分点,与江苏省的占比相差不大;在零部件方向的专利占比为 39.2%,低于江苏省、浙江省、上海市和安徽省在该方向的占比;在充电换电及加氢设施方向的专利占比为 19.2%,仅低于浙江省 0.9 个百分点;在智能网联技术方向的专利占比为 24.3%,仅低于北京市。综合来看,广东省在新能源汽车领域布局较为均衡,在充电换电及加氢设备、智能网联技术上优势更为明显。

　　江苏省在材料方向的专利占比为 17.9%,比浙江省低 1.0 个百分点;在零部件方向的专利占比为 48.4%,和安徽省在该方向的占比接近;在充换电及加氢设施方向的专利占比为 18.4%;在智能网联技术方向的专利占比为 15.3%,和浙江省在该领域的占比相同,低于其他重点省市。综合来看,江苏省在零部件上优势更为明显,在智能网联技术上存在一定的提升空间。

　　北京市在材料方向的专利占比为 14.1%,在零部件方向的专利占比为

■ 材料 ■ 零部件 ■ 充换电及加氢设施 ▨ 智能网联技术

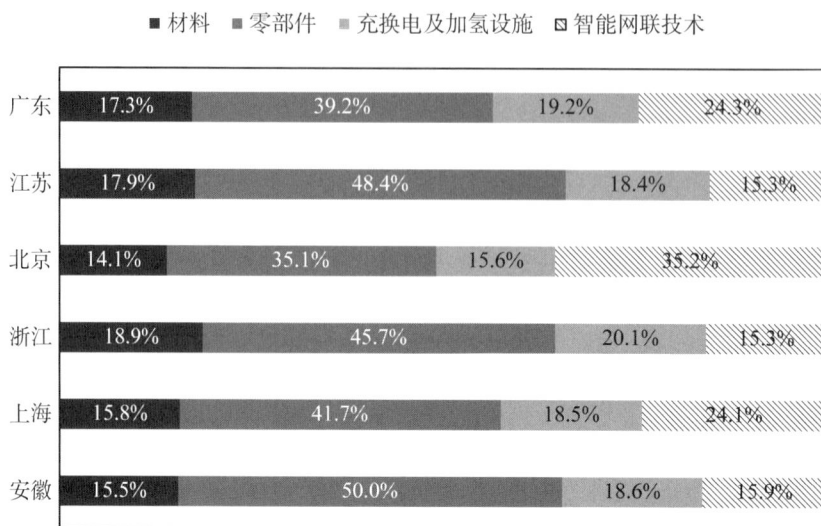

广东 17.3% 39.2% 19.2% 24.3%

江苏 17.9% 48.4% 18.4% 15.3%

北京 14.1% 35.1% 15.6% 35.2%

浙江 18.9% 45.7% 20.1% 15.3%

上海 15.8% 41.7% 18.5% 24.1%

安徽 15.5% 50.0% 18.6% 15.9%

数据来源：www.cnipr.com
数据时间：2004年1月1日到2024年10月31日

图5-8 中国主要省市新能源汽车产业结构对比

35.1%，在充电换电及加氢设施方向的专利占比为15.6%，在上述三个方向的专利占比均低于其他重点城市。北京市在智能网联技术方向的专利占比为35.2%，远远高于其他重点省市在这一方向的占比。可见，北京市在新能源汽车领域的优势方向为智能网联技术，弱项是材料。

浙江省在材料方向的专利占比为18.9%，高于其他重点省市；在零部件方向的专利占比为45.7%；在充电换电及加氢设施方向的专利占比为20.1%，高于其他重点省市；在智能网联技术方向的专利占比为15.3%，和江苏省在该领域的占比相同，低于其他重点省市。总体来看，浙江省在新能源汽车领域的优势方向是材料、充电换电及加氢设备，弱项为智能网联技术。

上海市在材料方向的专利占比为15.8%，在零部件方向的专利占比为41.7%，在充电换电及加氢设施方向的专利占比为18.5%，在智能网联技术方向的专利占比为24.1%。总体来看，上海市在新能源汽车领域的优势方向是智能网联技术，弱项是材料。

安徽省在材料方向的专利占比为15.5%，低于大多数重点省市；在零部件方向的专利占比为50.0%，高于其他重点省市；在充电换电及加氢设施方

向的专利占比为 18.6%;在智能网联技术方向的专利占比为 15.9%,远低于
北京市在该方向的占比。综合来看,安徽省在零部件上优势更为明显,在材
料、智能网联技术上有待提升。

总体来看,广东省在产业结构布局上较为均衡,在充电换电及加氢设
备、智能网联技术上优势更为明显;北京市在新能源汽车领域的优势方向是
智能网联技术;江苏省和安徽省的产业结构类似,零部件为优势方向,智能
网联技术为弱项;浙江省在新能源汽车领域的优势方向是材料、充电换电及
加氢设备,弱项为智能网联技术;上海市在新能源汽车领域的优势方向是智
能网联技术,弱项是材料。

从区域协同来看,长三角地区的四个省市在新能源汽车产业上各具特
色和优势,在已有良好合作成果的基础上,具备进一步推进全面深度融合、
实现战略合作的条件。

5.2.3　中国主要城市新能源汽车产业结构对比

从中国主要城市新能源汽车产业结构来看,如图 5 - 9 所示,深圳市、北
京市、重庆市的智能网联技术专利占比较高,均超过了 30%,在全国具有明
显技术优势。苏州市、合肥市、武汉市在零部件上的专利占比较高,分别为
45.6%、49.6% 和 45.3%。在充电换电及加氢设施上有明显技术优势的城
市有苏州市、杭州市、南京市、广州市、深圳市,其专利占比均在 20% 左右。
在材料领域占比较高的是宁波市。

总体来看,中国主要城市在新能源汽车产业结构上有自己的发展重点。
目前,我国正处于从汽车大国向汽车强国转型的阶段,各城市优化产业布
局、构建稳定高效产业链集群的内在需求愈加清晰。各城市在新能源汽车
产业发展上,需要因地制宜地优化产业布局,建立区域高效协同机制,推进
关键环节联合攻关,构建新能源汽车新发展格局。

5.2.4　浙江省新能源汽车产业结构变化

从浙江省新能源汽车产业结构发展变化情况看,如图 5 - 10 所示,
2004—2008 年零部件的专利占比是四个时间段中最高的,一定程度上反映
了新能源汽车产业在发展初期的技术突破环节主要是在零部件上。2009—

■ 材料 ■ 零部件 ■ 充换电及加氢设施 ⊠ 智能网联技术

城市	材料	零部件	充换电及加氢设施	智能网联技术
深圳市	13.5%	35.2%	19.3%	32.0%
北京市	14.1%	35.1%	15.6%	35.2%
上海市	15.8%	41.7%	18.5%	24.1%
广州市	14.8%	37.9%	22.9%	24.5%
苏州市	16.9%	45.6%	21.1%	16.4%
杭州市	15.0%	41.8%	22.8%	20.4%
合肥市	16.5%	49.6%	18.4%	15.4%
重庆市	6.5%	39.9%	14.7%	38.9%
武汉市	17.1%	45.3%	14.1%	23.5%
南京市	15.2%	36.4%	21.1%	27.3%
宁波市	24.5%	43.8%	16.8%	14.9%

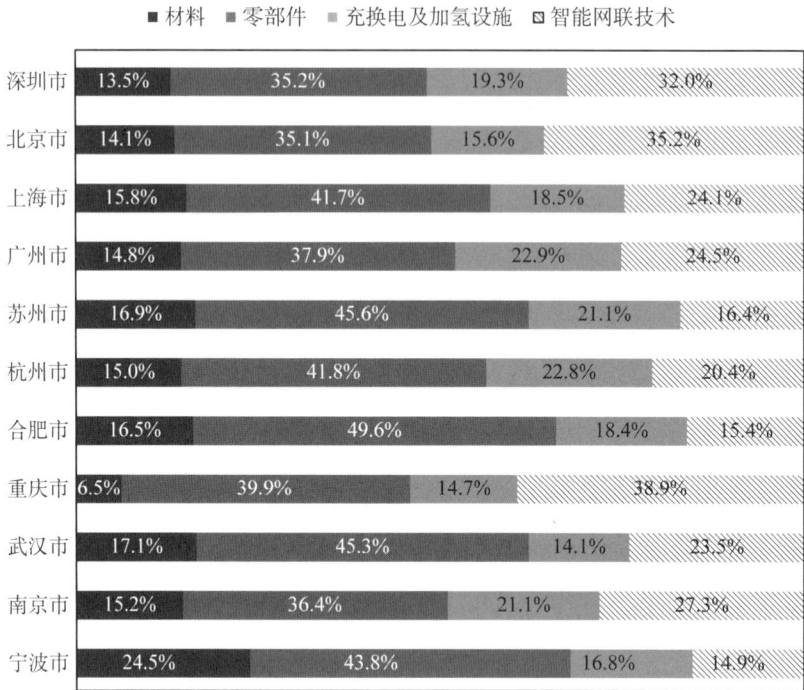

数据来源：www.cnipr.com
数据时间：2004年1月1日到2024年10月31日

图 5‑9　中国主要城市新能源汽车产业结构对比

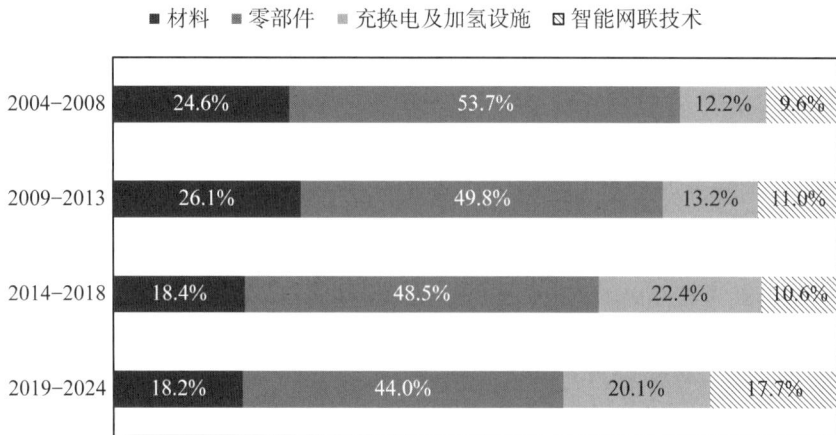

■ 材料 ■ 零部件 ■ 充换电及加氢设施 ⊠ 智能网联技术

时间段	材料	零部件	充换电及加氢设施	智能网联技术
2004-2008	24.6%	53.7%	12.2%	9.6%
2009-2013	26.1%	49.8%	13.2%	11.0%
2014-2018	18.4%	48.5%	22.4%	10.6%
2019-2024	18.2%	44.0%	20.1%	17.7%

数据来源：www.cnipr.com
数据时间：2004年1月1日到2024年10月31日

图 5‑10　浙江省新能源汽车产业结构变化

2013 年,材料的专利占比增长,由 2004—2008 年的 24.6％上升到 2009—2013 年的 26.1％,该时段材料的专利占比是四个时间段中最高的。2009—2013 年,浙江省在材料领域开始发力,借助新材料实现产业链的转型升级。2014—2018 年,充电换电及加氢设施的专利占比由 2009—2013 年的 13.2％上升至 22.4％,该时段充电换电及加氢设施的专利占比是四个时间段中最高的。在该时间段内,浙江省通过加强新能源汽车充换电以及加氢等配套基础设施建设来完善产业生态,形成巨大的市场驱动力。2019—2024 年,智能网联技术的专利占比由 2014—2018 年的 10.6％上升至 17.7％,该时段智能网联技术的专利占比是四个时间段中最高的。浙江省正在主动顺应汽车网联化、智能化、电动化发展趋势,抢抓产业发展战略机遇,积极推进智能网联技术创新,提升新能源汽车产业的核心竞争力。

总体来看,浙江省已经形成了从核心零部件、材料到整车的完整新能源汽车产业链。浙江省新能源汽车产业技术突围的顺序为零部件、材料、充电换电及加氢设备、智能网联技术,代表着浙江省新能源汽车产业链不断优化升级,产业结构向高端化延伸。浙江省新能源汽车产业发展态势强劲、前景广阔、未来可期。

5.3　技术创新

专利作为评价科技创新的一个显性指标,一定程度上能够反映一个区域的技术创新活跃度。本节将从新能源汽车产业整体、细分领域、三级技术分支三个方面来评价中国主要省市以及主要城市的技术创新实力。

5.3.1　产业链总体技术创新能力

本小节选择专利数量和专利质量作为评价指标来考察中国主要省市和主要城市新能源汽车产业链的总体技术创新能力。专利数量可以反映一个地区的整体技术创新实力。专利质量的评价指标选取了发明专利申请量、发明专利占比、有效专利量、有效专利占比、有效发明专利量。

如表 5-1 所示,中国新能源汽车产业发明专利申请量有 646 382 件,发明专利申请量占比为 65.6％;有效专利有 449 247 件,有效专利占比为 45.6％。

表 5-1　新能源汽车产业主要省市总体技术创新能力对比(专利数量 & 专利质量)

国内重点省市	专利数量评价指标		专利质量评价指标				
	申请总量/件	全国竞争度	发明专利申请量/件	发明专利申请量占比	有效专利量/件	有效专利占比	有效发明专利量/件
广东	157 441	16.0%	95 307	60.5%	77 647	49.3%	31 795
江苏	115 126	11.7%	62 185	54.0%	56 803	49.3%	19 275
北京	72 599	7.4%	51 781	71.3%	34 975	48.2%	19 829
浙江	69 947	7.1%	39 307	56.2%	32 994	47.2%	12 780
上海	54 947	5.6%	34 060	62.0%	25 385	46.2%	9 729
安徽	48 617	4.9%	29 921	61.5%	21 130	43.5%	8 135
中国整体	984 621	—	646 382	65.6%	449 247	45.6%	231 047

数据来源:www.cnipr.com

数据时间:2004 年 1 月 1 日到 2024 年 10 月 31 日

从主要省市发明专利申请量占比来看,北京市的发明专利申请量占比最高,为 71.3%,远高于中国整体的发明专利申请量占比。北京作为全国的科技中心,拥有良好的创新环境和丰富的科研资源,聚集了大量高科技人才,在前沿技术上研发较为活跃,发明专利比例相对较高。广东省、上海市、安徽省的发明专利申请量占比均为 60% 以上,占比相对较高。江苏省和浙江省的发明专利申请量占比相对低一些,分别为 54.0% 和 56.2%。

从主要省市有效专利占比来看,广东省和江苏省的有效专利占比最高,均为 49.3%。其次是北京市,有效专利占比为 48.2%。浙江省和上海市的有效专利占比分别为 47.2% 和 46.2%。

从主要省市有效发明专利量来看,广东省有效发明专利量最高,且远高于其他省市的数量。北京市和江苏省的有效发明专利量相差不大,分别为 19 829 件、19 275 件。

总体来看,广东省、江苏省、北京市的技术创新实力很强。广东省除发明专利申请量占比略低些,专利总量、有效专利占比、有效发明专利量均排名第一。江苏省除发明专利申请量占比较低外,专利总量、有效专利占比、有效发明专利量均排名靠前。北京市在发明专利申请量占比、有效专利占比、有效发明专利量指标上都较为突出。

从主要城市发明专利申请量占比来看,如表 5-2 所示,北京市的发明专利申请量占比最高,为 71.3%,远远高于中国整体的发明专利申请量占比。另外,武汉市、南京市、重庆市、广州市的发明专利申请量占比也相对较高,苏州市在这一指标上的数值相对较低。

表 5-2 新能源汽车产业主要城市总体技术创新能力对比(专利数量&专利质量)

国内重点省市	专利数量评价指标		专利质量评价指标				
	申请总量/件	全国竞争度	发明专利申请量/件	发明专利申请量占比	有效专利量/件	有效专利占比	有效发明专利量/件
深圳市	83 558	8.5%	52 164	62.4%	41 464	49.6%	18 009
北京市	72 599	7.4%	51 781	71.3%	34 975	48.2%	19 829
上海市	54 947	5.6%	34 060	62.0%	25 385	46.2%	9 729
广州市	32 003	3.3%	20 983	65.6%	14 885	46.5%	6 769
苏州市	31 262	3.2%	16 323	52.2%	16 066	51.4%	4 816
杭州市	25 156	2.6%	15 637	62.2%	11 929	47.4%	5 288
合肥市	25 024	2.5%	14 973	59.8%	11 702	46.8%	4 276
重庆市	24 501	2.5%	16 181	66.0%	9 855	40.2%	4 189
武汉市	23 266	2.4%	16 290	70.0%	10 477	45.0%	5 481
南京市	21 093	2.1%	14 182	67.2%	8 886	42.1%	4 597
宁波市	14 006	1.4%	8 400	60.0%	6 927	49.5%	2 888
中国整体	984 621	—	646 382	65.6%	449 247	45.6%	231 047

数据来源:www.cnipr.com
数据时间:2004 年 1 月 1 日到 2024 年 10 月 31 日

从主要城市有效专利占比来看,苏州市的有效专利占比最高,为 51.4%。其次是深圳市,其有效专利占比为 49.6%。宁波市的有效专利占比也比较高,为 49.5%。重庆市和南京市的有效专利占比低于中国整体在这一指标上的数值。

从主要城市有效发明专利量来看,北京市的有效发明专利量最高,排名第二的是深圳市,两者数值相差不是很大,远远超过其他城市的数量。上海市以 9 729 件排名第三。

总体来看,发明专利申请量占比较高的城市有北京市、广州市、武汉市、南京市、重庆市,有效专利占比较高的城市有苏州市、深圳市、北京市、宁波市、杭州市。

5.3.2 产业链细分领域技术创新能力

本节将进一步对中国主要城市在新能源汽车产业细分领域的技术创新能力进行详细分析。

如表5-3所示,深圳市在锂电池材料、动力电池系统、电动附件、充电设备、充电技术、自动驾驶、智能座舱方向占据绝对优势地位,还在驱动电机系统、电控系统、充换电站、车联网等技术上实力较强,优势细分技术领域较多,但在驱动电机材料、燃料电池材料、储氢合金、加氢及储氢设施等技术方面还有待提升。深圳市在动力电池领域展现出强劲的研发实力和创新能力,比亚迪、欣旺达等行业领军企业在磷酸铁锂、三元材料、固态电池等方面不断取得技术突破,目标是在保证安全性的前提下,大幅提高电池的能量密度,延长电动车的续航里程,降低综合成本。深圳市积极布局5G通信、V2X车联网、无人驾驶测试区等基础设施,吸引了华为公司、腾讯科技公司等一批企业加入,力争在自动驾驶、智能座舱、远程控制等领域树立标杆,加速推进新能源汽车智能网联技术发展。整体来看,深圳市在多个细分技术领域处于领先地位,优势细分技术领域较多,整体实力雄厚。

表5-3 新能源汽车产业主要城市技术创新能力对比(细分领域)

产业	技术	重点城市专利申请量/件										
		深圳市	北京市	上海市	广州市	苏州市	杭州市	合肥市	重庆市	武汉市	南京市	宁波市
材料	锂电池材料	8 531	6 170	4 480	2 868	3 467	2 316	2 996	783	2 414	1 639	2 030
	驱动电机材料	177	553	261	87	205	197	170	84	146	180	542
	燃料电池材料	914	2 292	2 781	919	837	574	411	273	1 065	870	214
	储氢合金	74	332	214	88	49	100	8	38	48	44	18
零部件	动力电池	17 320	10 505	8 463	5 900	7 021	4 385	7 161	2 462	4 226	3 041	2 849
	燃料电池系统	989	3 721	4 221	674	1 214	474	372	382	2 059	545	268
	驱动电机系统	2 604	3 032	3 490	1 552	2 393	1 559	1 267	1 914	1 553	1 365	1 101

(续表)

产业	技术	重点城市专利申请量/件										
		深圳市	北京市	上海市	广州市	苏州市	杭州市	合肥市	重庆市	武汉市	南京市	宁波市
零部件	电控系统	6 859	8 312	6 365	3 162	2 882	3 251	3 078	3 459	3 267	2 230	1 183
	电动附件	5 164	3 780	4 589	2 193	2 441	2 671	1 863	2 114	1 747	2 006	1 194
充电、换电及加氢设施	充换电站	1 035	1 761	1 434	1 071	751	746	590	267	379	595	238
	充电设备	9 916	5 777	4 959	3 379	3 802	3 007	2 895	1 716	1 887	2 724	1 349
	换电设施	940	1 399	1 550	1 621	773	745	466	150	193	184	125
	充电技术	7 090	5 090	4 058	2 349	2 240	2 098	1 802	1 426	1 458	1 754	907
	加氢及储氢设施	128	788	712	118	296	225	49	86	253	95	42
智能网联技术	自动驾驶	19 983	19 390	9 084	5 331	3 543	3 371	2 512	5 439	3 991	3 573	1 388
	车联网	3 479	4 195	2 378	1 221	787	903	786	1 483	964	1 528	216
	智能座舱	1 569	1 271	1 143	360	375	361	324	840	471	300	179

数据来源:www.cnipr.com

数据时间:2004 年 1 月 1 日到 2024 年 10 月 31 日

　　北京市在新能源汽车领域的专利布局相对均衡,大多数细分技术方向具备很强的优势,专利申请量排名靠前,特别是在电控系统、加氢及储氢设施、自动驾驶、车联网方向具有明显优势。

　　上海市虽然在很多细分技术领域的专利数量比深圳市、北京市低些,但整体技术分布也比较均衡,没有很弱的技术方向,特别是在燃料电池材料、燃料电池系统、驱动电机系统、电动附件、换电设施、加氢及储氢设施、智能座舱等方向实力不俗。

　　广州市在燃料电池材料、充换电站、换电设施领域的技术研发能力较强。武汉市在燃料电池材料、燃料电池系统上的专利申请量排名靠前。宁波市在驱动电机材料上具有显著技术优势。

5.3.3　产业链三级技术创新能力

　　本节内容将进一步对中国主要城市在新能源汽车领域三级技术分支的

专利布局进行详细分析。

如表 5－4 所示,北京市技术布局比较均衡,很多技术分支占据优势地位,几乎没有弱势技术,材料领域的隔膜、硅钢、稀土永磁材料、双极板,零部件领域的超级电容、电池热管理系统、电池回收技术、燃料电池电堆、空压机、氢气循环泵、车载储氢瓶、轮毂电机、电机控制系统、整车控制器、高压插接件/连接器、电动空调系统,充电换电及加氢设施领域的充电枪、充电机器人、充换电一体化系统装备、无线充电、高电压快充、加氢站、高压氢气加注设备,均占据绝对优势地位。

深圳市整体技术实力也比较雄厚,优势技术分支比较多,材料领域的正极材料、负极材料、电解质、双极板,零部件领域的锂离子电池、新兴储能电池、电池热管理系统、电池回收技术、电池结构件、氢气循环泵、轮毂电机、电池管理系统、电动助力转向系统、电制动系统,充电换电及加氢设施领域的充电机/充电桩、充电枪、充电控制管理、加氢站、站用储氢罐(储氢瓶),均具有较强的技术优势。

上海市在很多三级技术分支上实力不俗,材料领域的膜电极,零部件领域的车载储氢瓶、电机控制系统、整车控制器、高压插接件/连接器、DC－DC变换器、电动空调系统,充电换电及加氢设施领域的充电机器人、高电压快充、加氢站、高压氢气加注设备,具有很强的技术优势。

苏州市在硅钢、镍氢电池、电池管理系统、电池更换机器人等技术分支上具备较强的技术实力。宁波市在稀土永磁材料领域的专利申请量为 490 件,在我国主要城市中排名第一。

中国主要城市在新能源汽车产业技术发展上各有千秋。因此,各城市在发展时需要了解自身产业链的总体特点,采取差异化发展路径。

5.4 企业创新

企业是创新最活跃的主体,是新质生产力的生力军。本节对中国主要省市和主要城市的企业创新情况进行了总体对比,还选取了深圳市、北京市、上海市、广州市四个城市,对其创新主体的专利申请量排名及技术分布情况进行了分析,来揭示中国主要城市的企业技术创新情况,从而为企业培

表 5-4　新能源汽车产业主要城市技术创新能力对比（三级技术分支）

重点城市专利量/件

产业		技术	深圳市	北京市	上海市	广州市	苏州市	杭州市	合肥市	重庆市	武汉市	南京市	宁波市
材料	锂电池材料	正极材料	3514	2862	1660	983	1417	888	1289	352	933	658	1017
		负极材料	3145	2315	1786	1061	1269	1074	1032	306	872	671	722
		隔膜	1444	530	625	317	479	242	412	99	349	198	153
		电解质	1797	1355	992	797	940	522	551	158	576	347	386
	驱动电机材料	硅钢	56	84	137	23	116	21	23	36	110	58	50
		稀土永磁材料	120	452	119	60	71	171	146	41	26	108	490
	燃料电池材料	膜电极	728	1908	2069	835	614	529	388	256	897	792	175
		双极板	224	507	932	121	297	76	29	28	243	133	46
零部件	动力电池系统	镍氢电池	404	101	107	88	26	44	16	30	24	25	31
		锂离子电池	7202	4098	2864	1963	2759	1722	3581	639	1504	1073	1223
		超级电容	525	598	612	204	216	228	122	122	247	301	222
		新兴储能电池	1615	1729	1334	846	840	652	462	258	820	526	497
		电池热管理系统	4367	2718	2597	1929	1929	1313	2105	928	1204	847	746
		电池回收技术	794	751	417	395	300	204	457	158	469	255	133
		电池结构件	6471	3224	2575	2012	2685	1298	2346	891	1082	886	692

（续表）

产业	技术	技术	重点城市专利量/件										
			深圳市	北京市	上海市	广州市	苏州市	杭州市	合肥市	重庆市	武汉市	南京市	宁波市
零部件	燃料电池系统	燃料电池电堆	927	3 489	3 980	625	1 128	434	355	336	1 924	503	258
		空压机	93	456	384	49	104	45	35	60	198	33	14
		氢气循环泵	64	340	322	47	99	51	38	39	180	34	13
		车载储氢瓶	77	301	352	67	97	58	24	45	221	41	11
	驱动电机系统	轮毂电机	434	689	449	188	281	335	110	157	288	341	168
	电控系统	电池管理系统	4 642	4 295	3 209	1 807	1 541	1 799	1 795	1 611	1 608	972	573
		电机控制系统	1 554	2 599	2 122	980	987	980	831	1 219	1 110	769	463
		整车控制器	1 434	2 882	2 121	842	671	988	954	1 322	1 199	801	299
	电动附件	高压插接件/连接器	2 591	856	1 351	1 004	1 211	755	606	405	472	721	398
		DC－DC变换器	918	529	480	181	165	192	192	166	226	212	73
		电动空调系统	798	763	1 182	432	346	640	426	668	450	241	345
		电动助力转向系统	250	410	475	123	198	254	248	284	171	257	74
		电制动系统	661	1 306	1 155	480	542	863	448	634	456	613	320
充电换电及加氢设施	充电设备	充电机/充电桩	8 683	5 292	4 358	3 010	3 147	2 684	2 681	1 515	1 709	2 435	1 140
		充电枪	2 767	1 025	1 329	1 037	1 185	831	750	429	513	804	412

（续表）

产业	技术		重点城市专利量/件										
			深圳市	北京市	上海市	广州市	苏州市	杭州市	合肥市	重庆市	武汉市	南京市	宁波市
充电换电及加氢设施	换电设施	充电机器人	263	252	208	117	152	121	47	40	48	82	26
		电池更换机器人	127	147	130	45	74	50	30	31	7	15	9
		充换电一体化系统装备	497	528	600	308	300	246	209	61	70	96	55
	充电技术	无线充电	1599	1088	826	443	523	377	305	366	336	457	238
		高电压快充	468	405	377	177	179	140	192	127	149	109	62
		充电控制管理	5807	4250	3315	1930	1760	1772	1554	1138	1158	1393	730
	加氢及储氢设施	加氢站	27	208	180	28	59	63	12	17	37	20	16
		站用储氢罐（储氢瓶）	85	497	466	81	215	140	33	55	201	61	27
		高压氢气加注设备	33	277	238	41	88	97	20	31	64	31	16

数据来源：www.cnipr.com
数据时间：2004 年 1 月 1 日到 2024 年 10 月 31 日

育和协同创新路径提供参考依据。

5.4.1 创新主体总体对比

本小节选取创新主体的专利申请数量、专利申请数量占专利申请总量的比例等作为评价指标,来考察中国主要省市和主要城市新能源汽车产业不同类型主体的创新能力。

从主要省市创新主体来看,如表5-5所示,广东省的创新主体主要集中在企业,企业专利申请量占比为89.3%,大专院校和科研单位的专利申请量占比总和仅为7.2%,产业化具有明显优势。相对其他主要省市,江苏省大专院校申请的专利量最多,专利占比高达14.0%,在新能源汽车产业中发挥了重要作用,但江苏省科研单位的专利申请量占比较低。北京市的大专院校和科研单位实力均具有显著优势,两者专利申请量占比在主要省市中均是最高的。上海市大专院校在新能源汽车产业的创新能力也较强,专利申请量占比为13.7%。安徽省的创新主要集中在企业,科研单位在产业发展中的作用还有待加强。

表5-5 新能源汽车产业主要省市创新主体总体对比

重点省市	专利申请量/件			企业创新能力	大专院校创新能力	科研单位创新能力	创新主体规模/家
	企业	大专院校	科研单位				
广东	140 621	9 408	1 913	89.3%	6.0%	1.2%	24 150
江苏	95 092	16 156	824	82.6%	14.0%	0.7%	22 795
北京	56 920	10 908	4 435	78.4%	15.0%	6.1%	9 190
浙江	58 486	6 528	898	83.6%	9.3%	1.3%	14 974
上海	45 495	7 519	1 200	82.8%	13.7%	2.2%	8 464
安徽	41 856	4 398	254	86.1%	9.0%	0.5%	6 981
中国整体	814 191	117 117	16 942	82.7%	11.9%	1.7%	155 314

数据来源:www.cnipr.com
数据时间:2004年1月1日到2024年10月31日

从主要城市创新主体来看,如表5-6所示,企业创新能力最高的城市是深圳市,创新主体中企业专利申请量占比为94.7%。深圳市有比亚迪公司、华为公司、腾讯科技公司、欣旺达电动汽车电池有限公司、深圳市比克电池有限公司等众多知名企业。企业创新能力较高的城市还有苏州市,企业专利申请量占比为 92.0%,代表企业为江苏正力新能电池技术股份有限公司、博众精工科技股份有限公司、昆山宝创新能源科技有限公司等。

表 5-6　新能源汽车产业重点城市创新主体总体对比

重点城市	专利申请量/件			企业创新能力	大专院校创新能力	科研单位创新能力	创新主体规模/家
	企业	大专院校	科研单位				
深圳市	79 146	2 254	615	94.7%	2.7%	0.7%	10 597
北京市	56 920	10 908	4 435	78.4%	15.0%	6.1%	9 190
上海市	45 495	7 519	1 200	82.8%	13.7%	2.2%	8 464
广州市	24 099	5 607	705	75.3%	17.5%	2.2%	5 176
苏州市	28 772	1 802	230	92.0%	5.8%	0.7%	6 555
杭州市	20 222	4 185	108	80.4%	16.6%	0.4%	4 334
合肥市	21 859	2 547	210	87.4%	10.2%	0.8%	2 688
重庆市	20 319	3 474	165	82.9%	14.2%	0.7%	2 869
武汉市	17 835	5 050	81	76.7%	21.7%	0.3%	3 170
南京市	13 681	6 850	252	64.9%	32.5%	1.2%	4 072
宁波市	12 075	581	641	86.2%	4.1%	4.6%	2 806
中国整体	814 191	117 117	16 942	82.7%	11.9%	1.7%	155 314

数据来源:www.cnipr.com

数据时间:2004 年 1 月 1 日到 2024 年 10 月 31 日

　　大专院校表现较为突出的城市有北京市、广州市、杭州市、武汉市、南京市。这些城市的大专院校专利申请量占比分别为 15.0%、17.5%、16.6%、21.7%、32.5%。

　　北京市科研单位的专利申请量在主要城市中最高,其科研单位专利申请量占比也最高,反映出北京市在新能源汽车产业上拥有丰富的科技创新资源,在关键技术领域有一定的技术储备。

5.4.2　深圳市创新主体

　　如图 5-11 所示,深圳市新能源汽车产业创新主体 TOP10 包括比亚迪

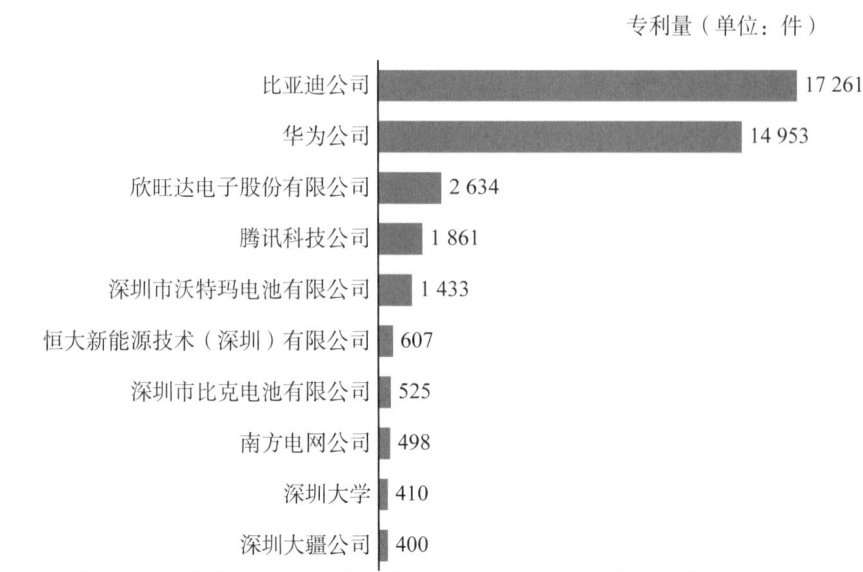

专利量（单位：件）

比亚迪公司　17 261
华为公司　14 953
欣旺达电子股份有限公司　2 634
腾讯科技公司　1 861
深圳市沃特玛电池有限公司　1 433
恒大新能源技术（深圳）有限公司　607
深圳市比克电池有限公司　525
南方电网公司　498
深圳大学　410
深圳大疆公司　400

数据来源：www.cnipr.com
数据时间：2004年1月1日到2024年10月31日

图5-11　深圳市新能源汽车产业创新主体TOP10

公司、华为公司、欣旺达电子股份有限公司、腾讯科技公司、深圳市沃特玛电池有限公司、恒大新能源技术（深圳）有限公司、深圳市比克电池有限公司、南方电网公司、深圳大学、深圳大疆科技有限公司，前十位申请人的新能源汽车专利申请集中度较高，达到48.6%。

深圳市新能源汽车产业申请人TOP10中有9家企业，只有1家高校，反映出深圳市新能源汽车产业已经形成以企业为主体的创新体系，产业化程度较高。面对深圳市高校院所科研资源相对匮乏的现状，建议可以加强与外地著名高等院校或科研单位的创新合作。

如图5-12所示，比亚迪公司专利申请量最高，专利布局最多的是动力电池系统，另外在锂电池材料、电控系统、电动附件、充电技术、充电设备和自动驾驶技术领域的专利申请量也较多。华为公司专利申请量排名第二，主要集中在自动驾驶技术。比亚迪公司和华为公司的专利申请量远远超过其他申请人。欣旺达电子股份有限公司的技术集中在动力电池系统、锂电池材料、电控系统。腾讯科技公司的专利布局重点在自动驾驶和车联网。深圳市沃特玛电池有限公司在动力电池系统上申请量最多，另外在锂电池

专利量（单位：件）

	比亚迪公司	华为公司	欣旺达电子股份有限公司	腾讯科技公司	深圳市沃特玛电池有限公司	恒大新能源技术（深圳）有限公司	深圳市比克电池有限公司	南方电网公司	深圳大学	深圳大疆公司
智能网联技术 智能座舱	119	379	3	12					2	
车联网	91	959	8	441	10	1		11	15	1
自动驾驶	1 075	12 323	7	1 473	3			10	20	320
充电换电及加氢设施 充电技术	1 126	367	71	4	107	8	10	130	24	20
充电设备	907	416	27	6	80	5	6	189	12	12
零部件 电动附件	1 457	434	30	1	48	14	1	40	7	6
电控系统	1 932	449	202	2	243	43	15	42	15	27
驱动电机系统	862	144	2	2	36			6		6
材料 动力电池系统	4 196	316	1 571		744	447	284	36	136	19
锂电池材料	1 114	209	428		193	142	287	15	161	

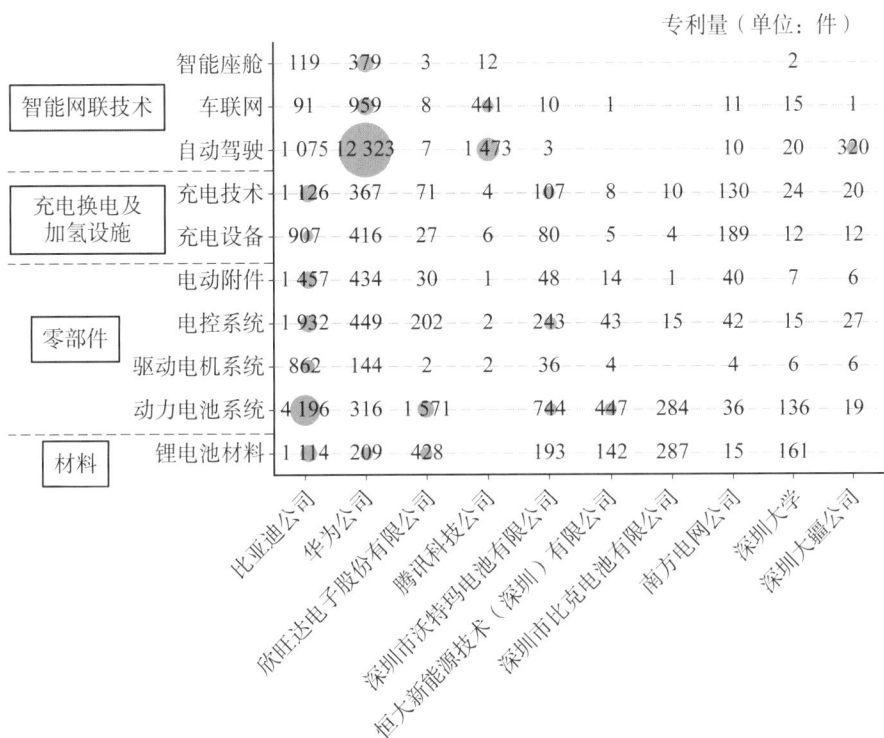

数据来源：www.cnipr.com
数据时间：2004年1月1日到2024年10月31日

图 5‑12　深圳市新能源汽车产业创新主体 TOP10 技术分布

材料、电控系统、充电技术上也布局一定量的专利。深圳市比克电池有限公司的专利布局聚焦在锂电池材料、动力电池系统。南方电网公司的专利布局主要在充电设备、充电技术。深圳大学的技术覆盖较为全面，重点在锂电池材料、动力电池系统。深圳大疆科技有限公司的专利布局集中在自动驾驶。

5.4.3　北京市创新主体

如图 5‑13 所示，北京市新能源汽车产业创新主体 TOP10 包括北汽新能源公司、百度公司、国家电网公司、清华大学、北京理工大学、北汽福田汽车股份有限公司、理想汽车公司、北京亿华通科技股份有限公司、小米汽车科技有限公司、北京航空航天大学。前十位申请人的新能源汽车专利申请集中度较高，为 34.1%。

北京市的申请人TOP10中有7家企业和3家高校,在基础研究、科技创新与产业创新融合发展上都具有明显优势。

专利量(单位:件)

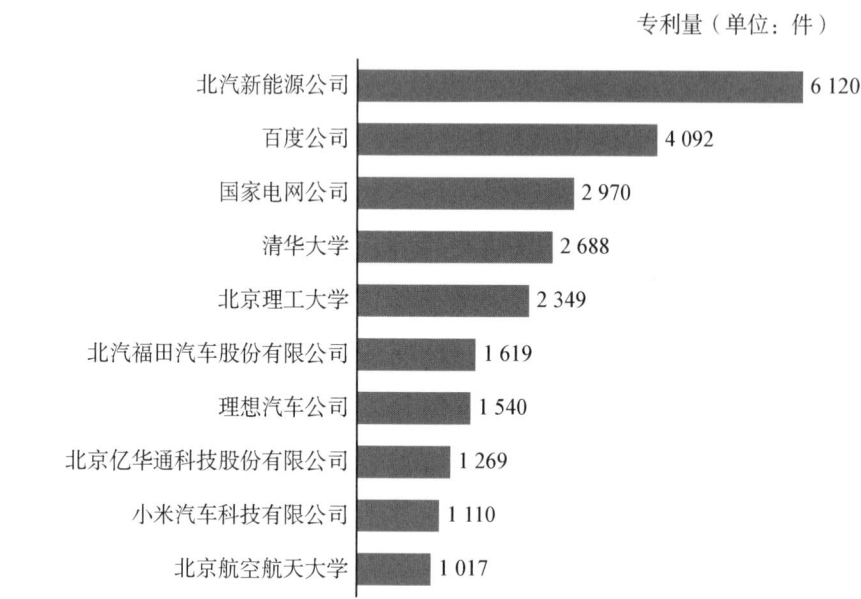

数据来源:www.cnipr.com
数据时间:2004年1月1日到2024年10月31日

图5-13 北京市新能源汽车产业创新主体 TOP10

如图5-14所示,北汽新能源公司专利申请量最高,专利布局最多的是电控系统,在动力电池系统、电动附件、充电技术、充电设备和自动驾驶领域的专利申请量也较多。百度公司专利申请量排名第二,主要集中在自动驾驶技术上,其在自动驾驶领域的专利申请量远远超过其他申请人。国家电网公司在充电设备、充电技术上的专利申请量最多,另外还在动力电池系统、电控系统、充换电站上具备一定的技术实力。清华大学技术覆盖较为全面,在锂电池材料、燃料电池材料、动力电池系统、燃料电池系统、电控系统、电动附件、自动驾驶技术上具有明显优势。北京理工大学技术覆盖也较为全面,在锂电池材料、燃料电池系统、驱动电机系统、电控系统、自动驾驶技术上具有明显优势。北汽福田汽车股份有限公司专利申请量最多的领域是电控系统,还在动力电池系统、电动附件、充电技术、自动驾驶上有一定技术优势。理想汽车公司专利申请量最多的领域是动力电池系统,还在电控系

专利量（单位：件）

		智能座舱	56	61	2	4	18	8	27		54	5
智能网联技术		车联网	48	146	54	128	68	54	23		32	133
		自动驾驶	300	3 877	45	691	495	151	190	5	728	333
		加氢及储氢设施	9		6	16	14	7		52		
充电换电及 加氢设施		充电技术	478	16	707	129	94	147	87	10	87	41
		换电设施	175	7	41	4	9	13	4		4	1
		充电设备	431	15	933	85	71	83	93	2	75	26
		充换电站	64	12	318	48	13	9		2	4	
零部件		电动附件	479	22	118	258	136	222	148	37	86	26
		电控系统	1 075	21	369	392	514	607	289	38	94	148
		驱动电机系统	226	5	29	179	252	158	54	2	38	72
		燃料电池系统	21		70	248	107	72	1	112		20
		动力电池系统	664	6	255	484	606	187	604	13	107	144
材料		储氢合金			8		8	3				9
		燃料电池材料	3		30	232	66	2		171		45
		驱动电机材料	2		6	4		2	1		4	18
		锂电池材料	35		99	479	568	12	114		3	146

北汽新能源公司　百度公司　国家电网公司　清华大学　北京理工大学　北汽福田汽车股份有限公司　理想汽车公司　北京亿华通科技股份有限公司　小米汽车科技有限公司　北京航空航天大学

数据来源：www.cnipr.com
数据时间：2004年1月1日到2024年10月31日

图 5‑14　北京市新能源汽车产业创新主体 TOP10 技术分布

统、电动附件、自动驾驶上有一定技术优势。北京亿华通科技股份有限公司在燃料电池系统上具有雄厚的技术积累。小米汽车科技有限公司的专利布局重点集中在自动驾驶技术上。

5.4.4　上海市创新主体

如图 5‑15 所示,上海市新能源汽车产业创新主体 TOP10 包括上汽集团、同济大学、上海交通大学、奥动新能源汽车科技有限公司、未势能源科技有限公司、蔚来汽车公司、联合汽车电子有限公司、泛亚汽车技术中心有限公司、上汽通用汽车有限公司、复旦大学。前十位申请人的新能源汽车专利申请集中度不是很高,为 20.7%。

如图 5‑16 所示,上汽集团专利布局最多的是在电控系统、自动驾驶技

专利量（单位：件）

创新主体	专利量
上汽集团	2 432
同济大学	1 997
上海交通大学	1 500
奥动新能源汽车科技有限公司	1 184
未势能源科技有限公司	796
蔚来汽车公司	753
联合汽车电子有限公司	749
泛亚汽车技术中心有限公司	735
上汽通用汽车有限公司	642
复旦大学	621

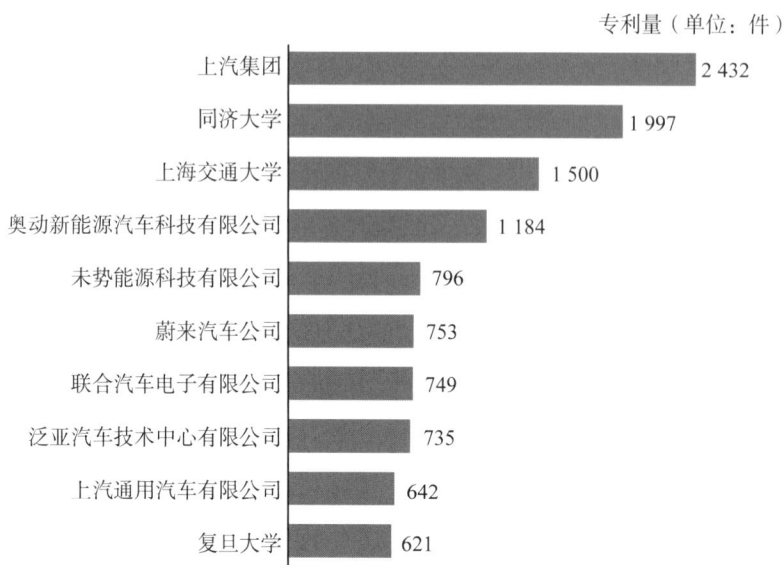

数据来源：www.cnipr.com
数据时间：2004年1月1日到2024年10月31日

图 5‑15　上海市新能源汽车产业创新主体 TOP10

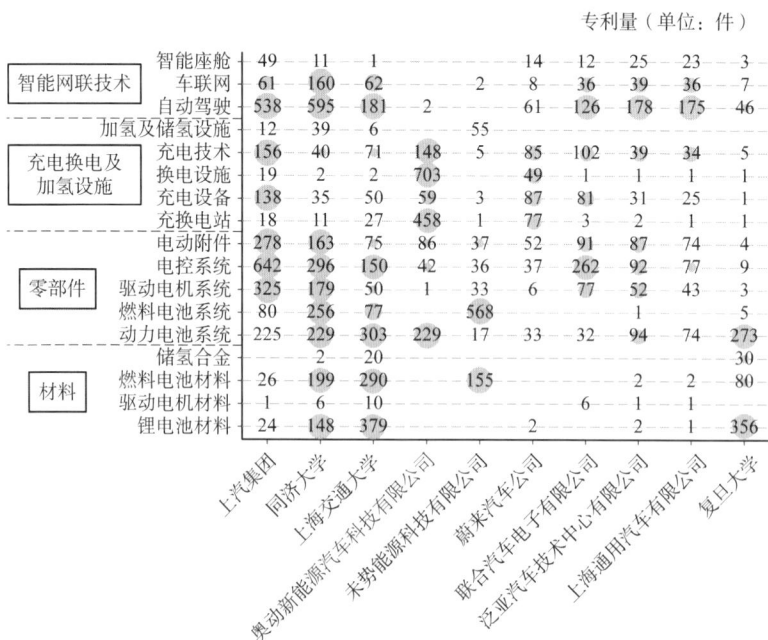

专利量（单位：件）

分类	技术	上汽集团	同济大学	上海交通大学	奥动新能源汽车科技有限公司	未势能源科技有限公司	蔚来汽车公司	联合汽车电子有限公司	泛亚汽车技术中心有限公司	上汽通用汽车有限公司	复旦大学
智能网联技术	智能座舱	49	11	1			14	12	25	23	3
	车联网	61	160	62		2	8	36	39	36	7
	自动驾驶	538	595	181	2		61	126	178	175	46
充电换电及加氢设施	加氢及储氢设施	12	39	6		55					
	充电技术	156	40	71	148	5	85	102	39	34	5
	换电设施	19	2	2	703		49	1	1	1	1
	充电设备	138	35	50	59	3	87	81	31	25	1
	充换电站	18	11	2	458	1	77	3	2	1	1
零部件	电动附件	278	163	75	86	37	52	91	87	74	4
	电控系统	642	296	150	42	36	37	262	92	77	9
	驱动电机系统	325	179	50	1	33	6	77	52	43	3
	燃料电池系统	80	256	77		568			1		5
	动力电池系统	225	229	303	229	17	33	32	94	74	273
材料	储氢合金		2	20							30
	燃料电池材料	26	199	290		155			2	2	80
	驱动电机材料	1	6	10				6	1	1	
	锂电池材料	24	148	379			2		2	1	356

数据来源：www.cnipr.com
数据时间：2004年1月1日到2024年10月31日

图 5‑16　上海市新能源汽车产业创新主体 TOP10 技术分布

术上,另外在动力电池系统、驱动电机系统、电动附件领域的专利申请量也较多。同济大学在自动驾驶领域的技术实力很强,另外在锂电池材料、燃料电池材料、动力电池系统、驱动电机系统、电控系统、电动附件上也有一定量的专利布局。上海交通大学的专利布局重点在锂电池材料、燃料电池材料、动力电池系统、电控系统、自动驾驶技术上。未势能源科技有限公司的技术优势集中在燃料电池材料和燃料电池系统上。联合汽车电子有限公司在电控系统上的专利申请量最多,另外在充电技术、自动驾驶领域也有一定的技术优势。复旦大学的专利布局集中在锂电池材料、燃料电池材料、动力电池系统、自动驾驶技术上。

5.4.5　广州市创新主体

如图 5‐17 所示,广州市新能源汽车产业中专利申请量最多的是广汽集团,专利申请量高达 4 931 件,排名第二和第三的分别是小鹏汽车公司、华南理工大学,上述三个申请人位于第一梯队。位于第二梯队的申请人有奥动

专利量（单位: 件）

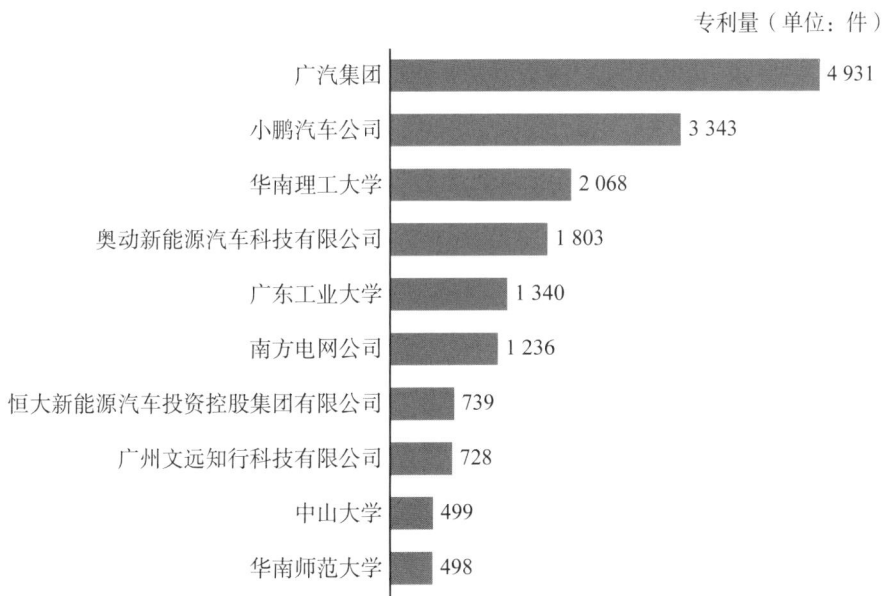

申请人	专利量
广汽集团	4 931
小鹏汽车公司	3 343
华南理工大学	2 068
奥动新能源汽车科技有限公司	1 803
广东工业大学	1 340
南方电网公司	1 236
恒大新能源汽车投资控股集团有限公司	739
广州文远知行科技有限公司	728
中山大学	499
华南师范大学	498

数据来源: www.cnipr.com
数据时间: 2004年1月1日到2024年10月31日

图 5‐17　广州市新能源汽车产业创新主体 TOP10

新能源汽车科技有限公司、广东工业大学、南方电网公司。广州文远知行科技有限公司是全球领先的自动驾驶科技公司,其专利申请量排名第八。前十位申请人的新能源汽车专利申请集中度很高,为53.7%。

如图5-18所示,广汽集团的专利申请量最高,专利布局最多的是自动驾驶,在动力电池系统、电控系统、驱动电机系统、电动附件技术上的专利申请量也较多。小鹏汽车公司专利申请量最多的领域是自动驾驶,在动力电池系统、电控系统上的专利申请量也较多。华南理工大学的专利布局重点在锂电池材料、燃料电池材料、动力电池系统、电控系统、充电技术、自动驾驶等领域。奥动新能源汽车科技有限公司在广州市的专利布局集中在换电设施、充换电站、动力电池系统上。广州文远知行科技有限公司在自动驾驶上有很强的技术优势。

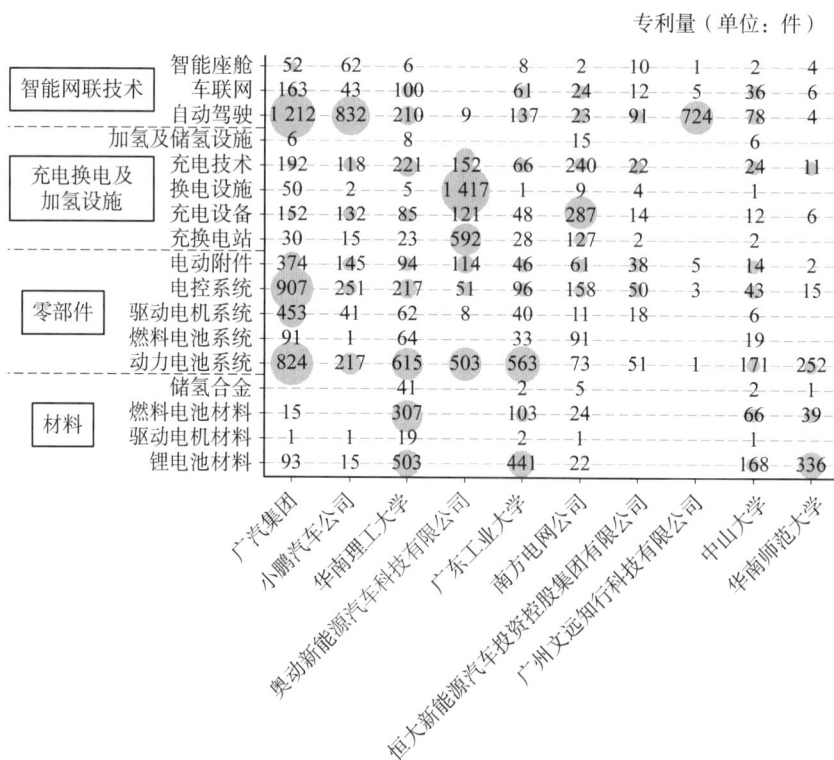

专利量(单位:件)

	广汽集团	小鹏汽车公司	华南理工大学	奥动新能源汽车科技有限公司	广东工业大学	南方电网公司	恒大新能源汽车投资控股集团有限公司	广州文远知行科技有限公司	中山大学	华南师范大学
智能网联技术 智能座舱	52	62	6		8	2	10	1	2	4
车联网	163	43	100		61	24	12	5	36	6
自动驾驶	1 212	832	210	9	137	23	91	724	78	4
加氢及储氢设施			8			15			6	
充电换电及加氢设施 充电技术	192	148	221	152	66	240	22		24	11
换电设施	50	2	5	1 417	1	9	4		1	
充电设备	152	132	85	121	48	287	14		12	6
充换电站	30	15	23	592	28	127	2		2	
零部件 电动附件	374	145	94	114	46	61	38	5	14	2
电控系统	907	251	217	51	96	158	50	3	43	15
驱动电机系统	453	41	62	8	40	11	18		6	
燃料电池系统	91	1	64		33	91			19	
动力电池系统	824	217	615	503	563	73	51	1	171	252
材料 储氢合金			41		2	5			2	1
燃料电池材料	15		307		103	24			66	39
驱动电机材料	1		19		2	1			1	
锂电池材料	93	15	503		441	22			168	336

数据来源:www.cnipr.com
数据时间:2004年1月1日到2024年10月31日

图5-18 广州市新能源汽车产业创新主体TOP10技术分布

5.4.6　杭州市创新主体

如图 5-19 所示,杭州市新能源汽车产业中专利申请量最多的是浙江吉利集团,专利申请量高达 4 566 件。排名第二和第三的分别是浙江大学、浙江零跑科技股份有限公司,专利申请量分别为 1 902 件和 1 101 件,上述三个申请人位于第一梯队。位于第二梯队的申请人有浙江工业大学、万向集团公司、国家电网公司、浙江吉智新能源汽车科技有限公司。前十位申请人中有 7 家企业和 3 家高校。前十位申请人的新能源汽车专利申请集中度很高,为 46.2%。

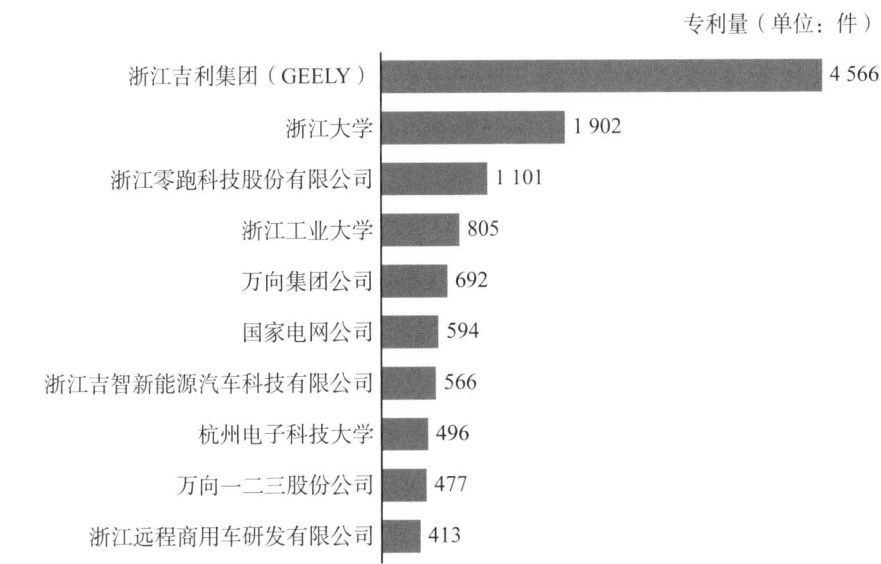

数据来源:www.cnipr.com
数据时间:2004年1月1日到2024年10月31日

图 5-19　杭州市新能源汽车产业创新主体 TOP10

如图 5-20 所示,浙江吉利集团的专利申请量最高,专利布局最多的是自动驾驶领域,其次是电控系统,另外在动力电池系统、驱动电机系统、电动附件、换电设施、充电技术、充电设备领域的专利申请量也较多。浙江大学的专利申请量排名第二,专利布局较为全面,主要集中在锂电池材料、燃料电池材料、电控系统、动力电池系统、充电技术、自动驾驶等领域。浙江零跑科技股份有限公司的专利集中在动力电池系统、电控系统、电动附件、自动驾驶等领域。浙江工业大学在锂电池材料、燃料电池材料、动力电池系统、自动驾驶领域具有明显优势。浙江吉智新能源汽车科技有限公司的专利布局集中在动力电池系统、充换电站、换电设施上。

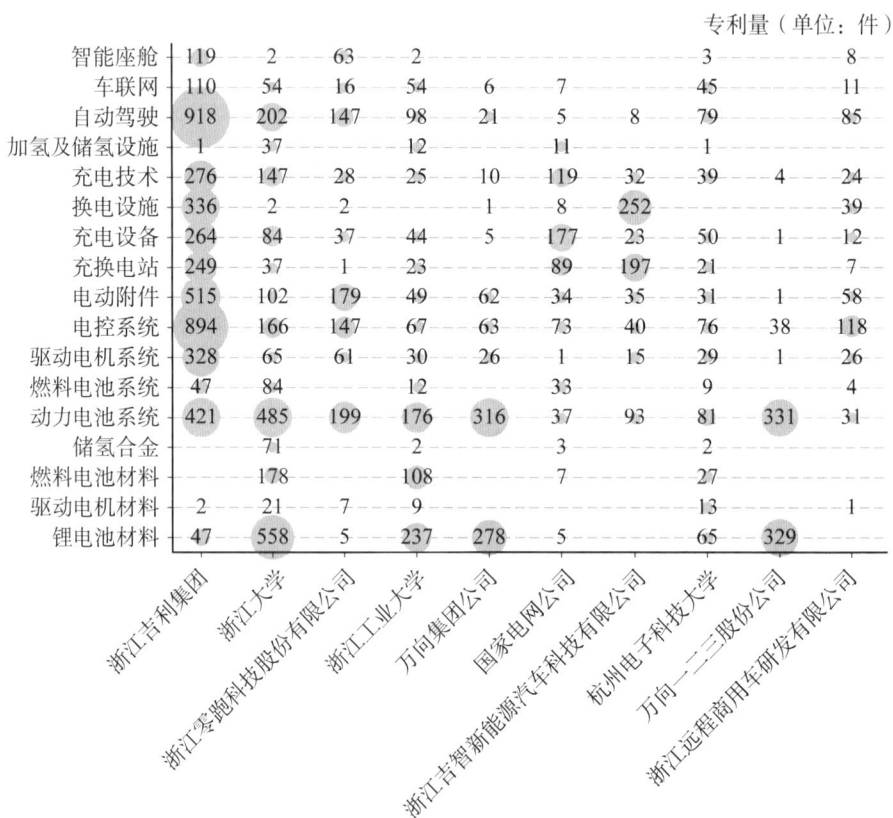

专利量（单位：件）

	浙江吉利集团	浙江大学	浙江零跑科技股份有限公司	浙江工业大学	万向集团公司	国家电网公司	浙江吉智新能源汽车科技有限公司	杭州电子科技大学	万向一二三股份有限公司	浙江远程商用车研发有限公司
智能座舱	119	2	63	2				3		8
车联网	110	54	16	54	6	7		45		11
自动驾驶	918	202	147	98	21	5	8	79		85
加氢及储氢设施	1	37		12		11		1		
充电技术	276	147	28	25	10	119	32	39	4	24
换电设施	336	2	2		1	8	252			39
充电设备	264	84	37	44		177	23	50		12
充换电站	249	37	1	23		89	197	21		7
电动附件	515	102	179	49	62	34	35	31	1	58
电控系统	894	166	147	67	63	73	40	76	38	118
驱动电机系统	328	65	61	30	26	1	15	29	1	26
燃料电池系统	47	84		12		33		9		4
动力电池系统	421	485	199	176	316	37	93	81	331	31
储氢合金		71		2		3		2		
燃料电池材料		178		108		7		27		
驱动电机材料	2	21	7	9				13		1
锂电池材料	47	558	5	237	278	5		65		329

数据来源：www.cnipr.com
数据时间：2004年1月1日到2024年10月31日

图 5-20　杭州市新能源汽车产业创新主体 TOP10 技术分布

5.4.7　宁波市创新主体

如图 5-21 所示，宁波市新能源汽车产业中专利申请量最多的是浙江吉利集团，专利申请量高达 2 308 件，远远超过其他申请人。排名第二的是中国科学院宁波材料技术与工程研究所，专利申请量为 734 件。中国科学院宁波材料技术与工程研究所是新材料及相关领域的重要研究基地和技术提供者，在新能源汽车材料上创新取得了丰硕的成果。威睿电动汽车技术（宁波）有限公司以 648 件专利申请排名第三。排名第四名至第十名的申请人依次是宁波容百新能源科技股份有限公司、宁波大学、宁波轩悦行电动汽车服务有限公司、宁波信泰机械有限公司、浙江锋锂新能源科技有限公司、宁波杉杉新材料科技有限公司、宁波三星智能电气有限公司。

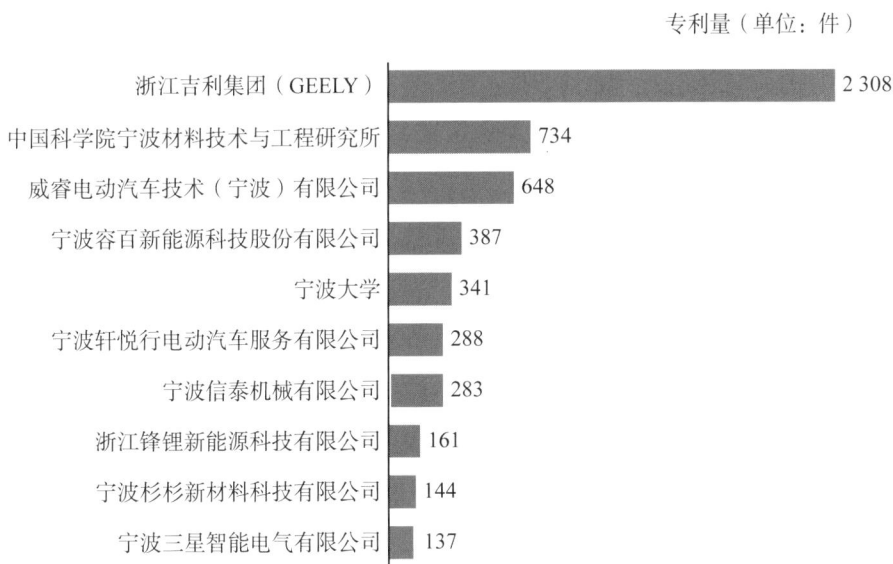

专利量（单位：件）

申请人	专利量
浙江吉利集团（GEELY）	2 308
中国科学院宁波材料技术与工程研究所	734
威睿电动汽车技术（宁波）有限公司	648
宁波容百新能源科技股份有限公司	387
宁波大学	341
宁波轩悦行电动汽车服务有限公司	288
宁波信泰机械有限公司	283
浙江锋锂新能源科技有限公司	161
宁波杉杉新材料科技有限公司	144
宁波三星智能电气有限公司	137

数据来源：www.cnipr.com
数据时间：2004年1月1日到2024年10月31日

图 5‑21 宁波市新能源汽车产业创新主体 TOP10

如图 5‑22 所示，浙江吉利集团的专利申请量最高，专利布局最多的是自动驾驶领域，另外在动力电池系统、电控系统、电动附件、驱动电机系统、充电设备、充电技术领域的专利申请量也较多。中国科学院宁波材料技术与工程研究所的专利申请量排名第二，主要集中在锂电池材料、驱动电机材料、燃料电池材料、动力电池系统上，特别是在驱动电机材料上具有明显优势。威睿电动汽车技术（宁波）有限公司专利申请量最多的领域是动力电池系统，专利申请量为 227 件，其次在电控系统、驱动电机系统、锂电池材料、充电技术上也有一定量的专利布局。宁波容百新能源科技股份有限公司的专利布局集中在锂电池材料和动力电池系统上。宁波大学的专利布局主要集中在锂电池材料和动力电池系统上，另外在燃料电池材料、燃料电池系统、自动驾驶、车联网等技术上有少量专利布局。宁波轩悦行电动汽车服务有限公司在充电设备、充换电站、充电技术上有明显优势。宁波信泰机械有限公司的专利集中在动力电池系统、自动驾驶上。浙江锋锂新能源科技有限公司和宁波杉杉新材料科技有限公司在锂电池材料、动力电池系统上有一定技术积累。宁波三星智能电气有限公司的专利集中在充电设备、充电技术上。

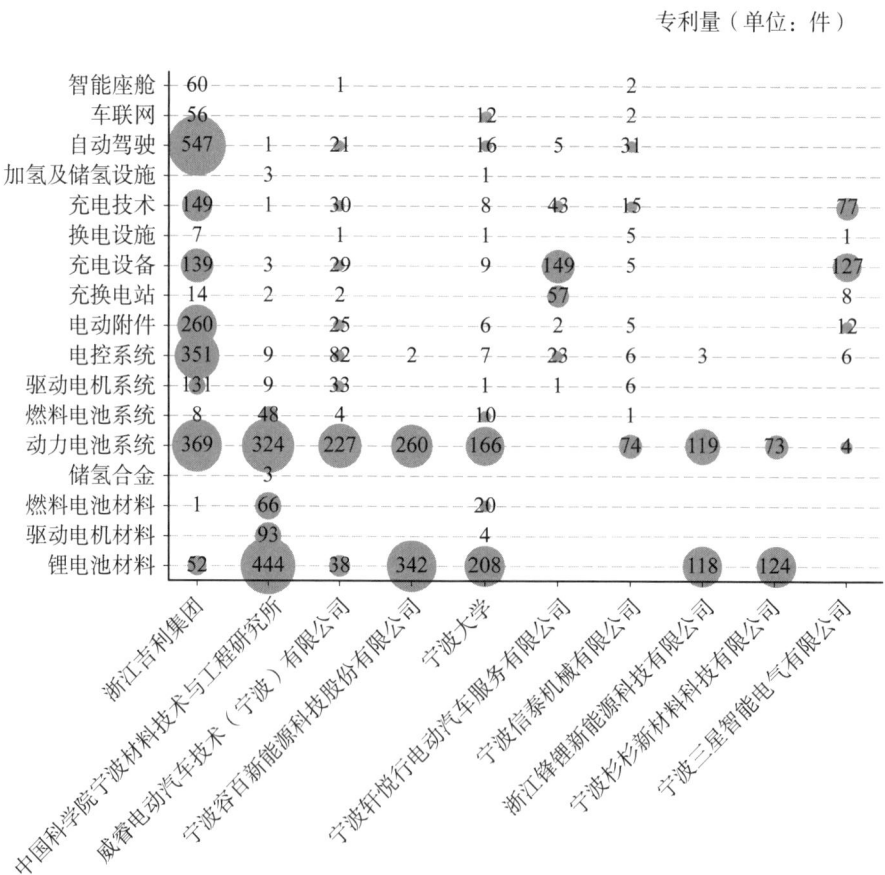

专利量（单位：件）

技术	浙江吉利集团	中国科学院宁波材料技术与工程研究所	威睿电动汽车技术（宁波）有限公司	宁波容百新能源科技股份有限公司	宁波大学	宁波轩悦行电动汽车服务有限公司	宁波信泰机械有限公司	浙江锋锂新能源科技有限公司	宁波杉杉新材料科技有限公司	宁波三星智能电气有限公司
智能座舱	60		1				2			
车联网	56				12		2			
自动驾驶	547	1	21		16		5	31		
加氢及储氢设施		3								
充电技术	149	1	30		8	43	15			77
换电设施	7		1				5			1
充电设备	139	3	29		9	149	5			127
充换电站	14	2	2			57				8
电动附件	260		25		6	2	5			12
电控系统	351	9	82	2	7	28	6	3		6
驱动电机系统	131	9	33		1	1	6			
燃料电池系统	8	48	4		10		1			
动力电池系统	369	324	227	260	166		74	119	73	4
储氢合金		3								
燃料电池材料	1	66			20					
驱动电机材料		93			4					
锂电池材料	52	444	38	342	208			118	124	

数据来源：www.cnipr.com
数据时间：2004年1月1日到2024年10月31日

图 5-22　宁波市新能源汽车产业创新主体 TOP10 技术分布

5.5　创新人才

创新人才是产业发展的关键,区域内创新人才储备情况一定程度上反映出该区域的技术创新水平。本小节中将专利发明人视为产业创新人才。通过对中国主要区域新能源汽车产业的发明人情况进行分析,来揭示中国主要区域人才储备情况,为创新人才储备路径提供参考依据。

5.5.1　中国主要省市新能源汽车产业创新人才情况

从中国主要省市新能源汽车产业创新人才规模来看,如表 5-7 所示,广东省在新能源汽车产业的创新团队规模最大,发明人数占全国发明人数总和的 16.2%。创新人才数量排名第二的是江苏省,创新人才的全国占比为13.4%。北京市和浙江省的创新人才规模相当,创新人才的全国占比分别为 9.4% 和 9.5%。

表 5-7　中国主要省市新能源汽车产业创新人才总体对比

重点省市	创新人才规模/人	专利量/件	发明人平均产出/(件/人)	创新人才全国比重
广东	112 080	157 441	1.4	16.2%
江苏	92 625	115 126	1.2	13.4%
北京	65 289	72 599	1.1	9.4%
浙江	65 656	69 947	1.1	9.5%
上海	52 707	54 947	1.0	7.6%
安徽	39 755	48 617	1.2	5.7%

数据来源:www.cnipr.com
数据时间:2004 年 1 月 1 日到 2024 年 10 月 31 日

从中国主要省市新能源汽车产业发明人平均产出专利数量来看,广东省发明人平均产出最高,为 1.4 件/人。其次是江苏省和安徽省,发明人平均产出皆为 1.2 件/人。北京市和浙江省发明人平均产出相同,为 1.1 件/人。

5.5.2　中国主要城市新能源汽车产业创新人才情况

从中国主要城市新能源汽车产业创新人才规模来看,如表 5-8 所示,创新人才规模较大的城市有北京市、深圳市和上海市。另外,广州市、杭州市、武汉市和南京市的创新人才数量也较多。宁波市与上述重点城市相比,创新人才数量偏低。对于创新人才规模不足的城市,建议培育或引进一批高层次人才,实现人才驱动与科技创新双向融合,赋能新能源汽车产业发展。

表 5-8   中国主要城市新能源汽车产业创新人才总体对比

重点城市	创新人才规模/人	专利量/件	发明人平均产出/(件/人)	创新人才全国比重
深圳市	58 209	83 558	1.4	8.4%
北京市	65 289	72 599	1.1	9.4%
上海市	52 707	54 947	1.0	7.6%
广州市	32 737	32 003	1.0	4.7%
苏州市	24 629	31 262	1.3	3.6%
杭州市	29 196	25 156	0.9	4.2%
合肥市	20 849	25 024	1.2	3.0%
重庆市	22 901	24 501	1.1	3.3%
武汉市	26 520	23 266	0.9	3.8%
南京市	27 185	21 093	0.8	3.9%
宁波市	14 259	14 006	1.0	2.1%

数据来源:www.cnipr.com
数据时间:2004 年 1 月 1 日到 2024 年 10 月 31 日

从中国主要城市新能源汽车产业发明人平均产出专利数量看,深圳市发明人平均产出最高,为 1.4 件/人。其次是苏州市,发明人平均产出达到了 1.3 件/人。排名第三的是合肥市,为 1.2 件/人。相对而言,发明人平均产出专利数量相对偏低的城市有杭州市、武汉市和南京市,均在 1 件/人以下。

5.5.3   新能源汽车产业链细分领域创新人才情况

如图 5-23 所示,北京市、深圳市、上海市在新能源汽车产业领域的创新人才主要集中在锂电池材料、动力电池系统、电控系统、充电设备、充电技术、自动驾驶、车联网等领域。

创新人才数量（单位：人）

		北京市	深圳市	上海市	广州市	杭州市	南京市	武汉市	苏州市	重庆市	合肥市	宁波市
智能网联技术	智能座舱	1 852	2 145	1 802	734	692	501	1 006	595	1 490	652	353
	车联网	8 271	4 851	4 429	2 679	2 172	3 444	2 384	1 323	3 016	1 779	485
	自动驾驶	20 629	18 205	13 433	7 316	6 390	6 481	6 522	4 441	6 574	4 451	2 361
充电换电及加氢设施	加氢及储氢设施	1 888	283	1 028	313	539	261	590	473	240	142	102
	充电技术	9 235	8 496	6 674	4 460	4 060	3 862	3 515	3 072	2 750	2 731	1 551
	换电设施	1 523	1 098	1 247	495	895	450	482	651	260	652	208
	充电设备	9 832	9 843	7 252	5 358	5 095	4 392	3 834	3 925	2 949	3 355	1 755
	充换电站	3 931	1 801	1 998	1 702	1 764	1 860	1 265	966	798	1 079	395
零部件	电动附件	6 643	6 643	7 493	3 519	4 574	3 207	3 622	3 240	3 731	3 254	1 902
	电控系统	12 211	8 421	10 435	5 546	5 941	4 631	5 749	4 207	5 277	4 634	2 321
	驱动电机系统	5 444	3 691	5 816	2 781	2 831	2 352	3 156	3 167	3 419	2 500	1 789
	燃料电池系统	4 153	1 017	3 798	1 105	1 039	1 134	1 999	1 305	671	732	440
	动力电池系统	12 010	14 038	10 618	7 154	5 680	4 833	6 082	6 099	3 785	5 729	3 220
材料	储氢合金	688	149	384	158	193	141	96	77	86	40	33
	燃料电池材料	3 895	1 222	3 470	1 767	1 157	1 782	1 844	1 155	697	916	389
	驱动电机材料	1 224	260	559	209	441	413	417	369	141	272	784
	锂电池材料	7 020	7 003	5 682	3 992	2 840	2 778	3 572	3 046	1 256	2 709	1 955

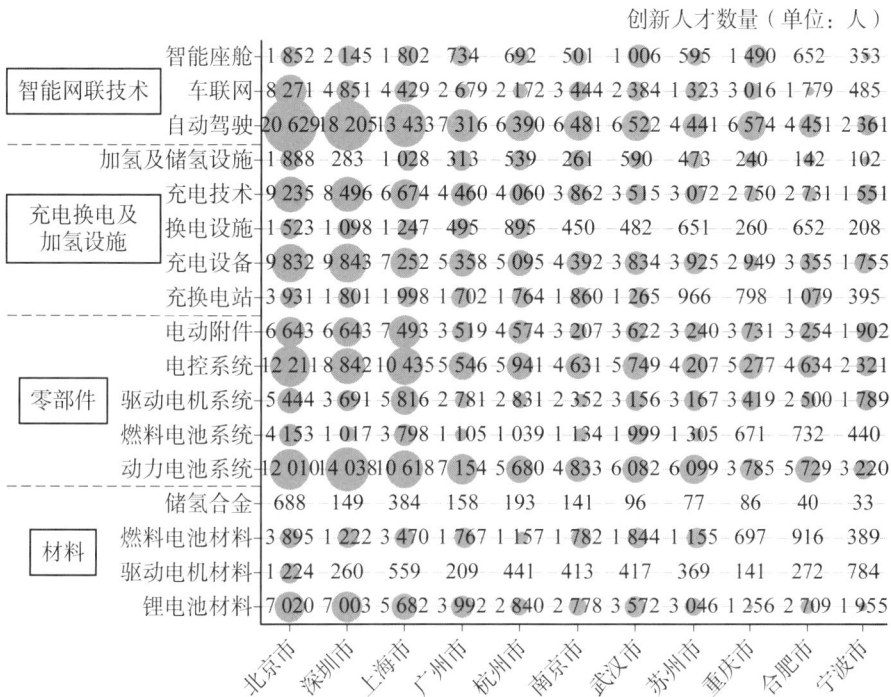

数据来源：www.cnipr.com
数据时间：2004年1月1日到2024年10月31日

图 5‑23　中国主要城市新能源汽车产业创新人才技术领域分布

从材料领域的创新人才分布来看,锂电池材料领域人才资源较为丰富的城市有北京市、深圳市、广州市;驱动电机材料领域创新人才较多的城市有北京市、宁波市、上海市;燃料电池材料领域的创新人才集中在北京市、上海市、广州市、南京市、武汉市;储氢合金领域的创新人才集中在北京市、深圳市、上海市、杭州市、南京市。

从零部件领域的创新人才分布来看,动力电池系统领域人才资源较为丰富的城市有北京市、深圳市、广州市;燃料电池系统领域创新人才较多的城市有北京市、上海市、武汉市,创新人才数量远远超过其他重要城市;驱动电机系统领域的创新人才集中在北京市、上海市、深圳市、武汉市、苏州市、重庆市;电控系统领域的创新人才集中在北京市、深圳市、上海市等;电动附件领域创新人才较多的城市有北京市、深圳市、上海市。

从充电换电及加氢设施领域的创新人才来看,充换电站领域人才资源最为丰富的城市是北京市,创新人才数量远远超过其他重要城市;充电设备、换电设施和充电技术领域创新人才较多的城市有北京市、深圳市、上海市;加氢及储氢设施领域的创新人才集中在北京市、上海市。

从智能网联技术领域的创新人才来看,自动驾驶领域人才资源比较丰富的城市是北京市、深圳市、上海市,创新人才数量远远超过其他重要城市;车联网领域创新人才较多的城市是北京市,创新人才数量远远超过其他重要城市;智能座舱领域的创新人才集中在北京市、深圳市、上海市。

5.5.4 新能源汽车产业主要创新主体人才情况

本小节对一线城市新能源汽车领域重要创新主体的人才情况进行分析(见表5-9),以揭示重要创新人才擅长的技术领域。

表5-9 新能源汽车领域主要创新主体创新人才情况

重点城市	创新主体	重点发明人	专利申请量/件	技术分支
北京市	清华大学	李克强	285	自动驾驶、车联网、电控系统、电动附件
		欧阳明高	270	电控系统、动力电池系统、燃料电池系统、电动附件
		王建强	216	自动驾驶、车联网、电控系统、电动附件
		卢兰光	158	电控系统、动力电池系统
		李升波	156	自动驾驶、车联网
		罗禹贡	144	自动驾驶、车联网
	北京理工大学	吴锋	378	锂电池材料、动力电池系统
		王震坡	205	电控系统、动力电池系统、充电技术、驱动电机系统
		陈人杰	204	锂电池材料、动力电池系统
		孙逢春	177	电控系统、动力电池系统、充电技术、驱动电机系统
		何洪文	140	电控系统、燃料电池系统

重点城市	创新主体	重点发明人	专利申请量/件	技术分支
北京市	北汽新能源公司	梁海强	407	电控系统、电动附件、充电技术、驱动电机系统
		蒋荣勋	277	充电设备、充电技术、电控系统、电动附件
		李玉军	266	换电设施、动力电池系统、充换电站
		苏伟	262	充电设备、充电技术
	百度公司	朱帆	197	自动驾驶
		万国伟	137	自动驾驶
		宋适宇	131	自动驾驶
		陈卓	112	自动驾驶
		胡江滔	105	自动驾驶
	理想汽车公司	徐超	153	动力电池系统
		郭军	95	动力电池系统
		蒋雷雷	88	动力电池系统
	北京亿华通科技股份有限公司	李飞强	546	燃料电池材料、燃料电池系统、加氢及储氢设施
		方川	435	燃料电池材料、燃料电池系统、加氢及储氢设施
		张国强	275	燃料电池材料、燃料电池系统、加氢及储氢设施
		高云庆	262	燃料电池材料、燃料电池系统
		赵兴旺	224	燃料电池材料、燃料电池系统
深圳市	比亚迪公司	凌和平	657	电控系统、动力电池系统、充电技术、电动附件、充电设备、驱动电机系统
		廖银生	398	驱动电机系统、电动附件、电控系统
		廉玉波	380	电控系统、动力电池系统、电动附件、驱动电机系统

（续表）

重点城市	创新主体	重点发明人	专利申请量/件	技术分支
深圳市	比亚迪公司	朱燕	351	动力电池系统
		杨冬生	330	自动驾驶、电控系统、电动附件、驱动电机系统
		郑卫鑫	309	动力电池系统
		鲁志佩	270	动力电池系统
		王超	261	充电技术、充电设备、电控系统、电动附件
		翟震	261	驱动电机系统
	华为公司	彭文杰	202	自动驾驶
		李秉肇	200	自动驾驶
		徐海博	199	自动驾驶
		常俊仁	189	自动驾驶
		黎超	188	自动驾驶
		卢磊	186	自动驾驶
		耿婷婷	184	自动驾驶
	欣旺达电子股份有限公司	张耀	517	动力电池系统、锂电池材料
		陈杰	313	锂电池材料、动力电池系统
		杨伟	280	动力电池系统
		王华文	276	动力电池系统、电控系统
		王明旺	248	动力电池系统、电控系统
		杨山	225	锂电池材料、动力电池系统
		程志刚	175	动力电池系统
	腾讯科技公司	侯琛	62	自动驾驶、车联网
		汪铖杰	40	自动驾驶、车联网
		杜海宁	38	自动驾驶、车联网
		钟子宏	36	自动驾驶、车联网
	深圳大学	田劲东	32	充电技术、充电设备
		田勇	30	充电技术、充电设备

(续表)

重点城市	创新主体	重点发明人	专利申请量/件	技术分支
深圳市	深圳大学	张培新	29	锂电池材料、动力电池系统
		邹继兆	24	锂电池材料、动力电池系统
上海市	蔚来汽车公司	李楠	288	充换电站、换电设施、动力电池系统
		田小涛	278	充换电站、换电设施、动力电池系统
		丁习坤	278	充换电站、换电设施、动力电池系统
		林海岩	255	充换电站、换电设施、动力电池系统
		马永跃	249	充换电站、换电设施、动力电池系统
		刘俊	192	充换电站、换电设施、动力电池系统
	上汽集团	陆珂伟	124	电控系统、动力电池系统、充电技术
		陈登峰	90	电控系统、驱动电机系统
		陈雷	80	电控系统、驱动电机系统
		张舟云	60	电控系统、驱动电机系统
		王林	57	电控系统、充电技术
	同济大学	余卓平	203	电动附件、驱动电机系统、电控系统、自动驾驶
		熊璐	181	自动驾驶、电动附件
		陈辛波	157	驱动电机系统、电控系统
		张存满	149	燃料电池材料、燃料电池系统
		杨代军	116	燃料电池材料、燃料电池系统
		魏学哲	115	燃料电池系统、动力电池系统
		明平文	105	燃料电池材料、燃料电池系统
	上海交通大学	章俊良	81	燃料电池材料、燃料电池系统
		杨军	72	锂电池材料、动力电池系统

（续表）

重点城市	创新主体	重点发明人	专利申请量/件	技术分支
上海市	上海交通大学	马紫峰	65	锂电池材料、动力电池系统
		彭林法	56	燃料电池材料、燃料电池系统
		努丽燕娜	54	锂电池材料、动力电池系统
		殷承良	53	自动驾驶、车联网
	未势能源科技有限公司	龚正伟	89	燃料电池材料、燃料电池系统
		崔天宇	73	燃料电池系统
		万钢	60	驱动电机系统、电动附件
		陈雪松	57	燃料电池系统、燃料电池材料
	未势能源科技有限公司	王鹏	46	燃料电池系统、燃料电池材料
	泛亚汽车技术中心有限公司	王全任	31	驱动电机系统、电动附件
		钟毅	28	动力电池系统、驱动电机系统
广州市	广汽集团	赵江灵	184	驱动电机系统、电控系统
		黄红光	183	动力电池系统
		曾勇	174	动力电池系统、电控系统
		喻皓	160	电控系统、驱动电机系统、电动附件
		张安伟	156	驱动电机系统、电控系统、电动附件
	小鹏汽车公司	刘安龙	140	动力电池系统、电控系统
		仲亮	104	动力电池系统
		蒋少峰	81	自动驾驶
		戴观祺	75	自动驾驶
	华南理工大学	朱敏	118	锂电池材料、动力电池系统、储氢合金
		康龙云	80	充电技术、电控系统
		张波	77	充电技术

（续表）

重点城市	创新主体	重点发明人	专利申请量/件	技术分支
广州市	华南理工大学	袁伟	74	动力电池系统、燃料电池材料、燃料电池系统
		汤勇	72	动力电池系统、燃料电池材料、燃料电池系统
	广州文远知行科技有限公司	韩旭	520	自动驾驶
		徐立人	67	自动驾驶
		钟华	46	自动驾驶
		郭湘	30	自动驾驶
	中山大学	孟跃中	52	锂电池材料、动力电池系统、燃料电池材料
		肖敏	50	锂电池材料、动力电池系统、燃料电池材料
		王拴紧	47	锂电池材料、动力电池系统、燃料电池材料
		韩东梅	40	锂电池材料、动力电池系统、燃料电池材料
		谭晓军	34	电控系统、动力电池系统

数据来源：www.cnipr.com

数据时间：2004 年 1 月 1 日到 2024 年 10 月 31 日

5.6　协同创新

2024 年《政府工作报告》提出："集成国家战略科技力量、社会创新资源，推进关键核心技术协同攻关，加强颠覆性技术和前沿技术研究。"关键核心技术攻关难度大、风险高、链条长，离不开产学研合作、全链条协作。① 面对行业内的技术难题，依靠单个创新主体难以解决，创新主体之间往往通过合

① 人民日报.如何推进关键核心技术协同攻关（政策问答·推进高水平科技自立自强）［EB/OL］.（2024 - 04 - 22）［2024 - 11 - 29］.https://www. gov. cn/zhengce/202404/content_6946748. htm.

作创新来实现共赢。一定程度上来说,协同创新的热点技术方向往往代表产业内的关键核心技术或者前沿技术。本小节将分析中国主要省市、主要城市、产业链细分领域的协同创新情况,并对重要创新主体的合作情况进行梳理。

5.6.1　中国主要省市新能源汽车产业协同创新情况

从中国主要省市新能源汽车产业协同创新数量来看,浙江省新能源汽车产业的协同创新专利量最多,占全国协同专利总量的比重为14.7%。广东省排名第二,占全国协同专利总量的比重为13.1%。北京市和江苏省的协同创新专利数量相当。整体来看,浙江省、广东省、北京市和江苏省的协同创新程度较高。

从中国主要省市新能源汽车产业协同专利占专利申请总量的比重来看,如表5-10所示,浙江省协同创新程度最高,协同专利占专利申请总量的比重为17.5%。其次是北京市,协同专利占专利申请总量的比重为12.2%。这反映出浙江省和北京市新能源汽车产业发展中非常重视区域内的资源共享、协同创新,通过创新主体合作来促进产业创新发展。

表5-10　中国主要省市新能源汽车产业协同创新情况对比

重点省市	协同专利数/件	专利量/件	协同专利占专利申请总量的比重	占全国协同专利总量的比重
广东	10 930	157 441	6.9%	13.1%
江苏	8 135	115 126	7.1%	9.7%
北京	8 831	72 599	12.2%	10.6%
浙江	12 255	69 947	17.5%	14.7%
上海	4 928	54 947	9.0%	5.9%
安徽	1 880	48 617	3.9%	2.2%

数据来源:www.cnipr.com
数据时间:2004年1月1日到2024年10月31日

5.6.2　中国主要城市新能源汽车产业协同创新情况

从中国主要城市新能源汽车产业协同创新数量来看,北京市新能源汽车产业的协同创新专利量最多,占全国协同专利总量的比重为 10.6%。杭州市排名第二,占全国协同专利总量的比重为 8.5%。深圳市和上海市的协同创新专利数量相当。整体来看,北京市、杭州市、深圳市和上海市协同创新程度较高。

从中国主要城市新能源汽车产业协同专利占专利申请总量的比重来看,如表 5-11 所示,杭州市协同创新力度更大,协同专利占专利申请总量的比重为 28.2%。其次是宁波市,协同专利占专利申请总量的比重为 18.8%。

表 5-11　中国主要城市新能源汽车产业协同创新情况对比

重点城市	协同专利数/件	专利量/件	协同专利占专利申请总量的比重	占全国协同专利总量的比重
深圳市	4 323	83 558	5.2%	5.2%
北京市	8 831	72 599	12.2%	10.6%
上海市	4 928	54 947	9.0%	5.9%
广州市	2 319	32 003	7.2%	2.8%
苏州市	1 635	31 262	5.2%	2.0%
杭州市	7 089	25 156	28.2%	8.5%
合肥市	974	25 024	3.9%	1.2%
重庆市	1 623	24 501	6.6%	1.9%
武汉市	1 316	23 266	5.7%	1.6%
南京市	2 081	21 093	9.9%	2.5%
宁波市	2 637	14 006	18.8%	3.2%

数据来源:www.cnipr.com

数据时间:2004 年 1 月 1 日到 2024 年 10 月 31 日

5.6.3　新能源汽车产业链细分领域协同创新情况

从新能源汽车产业链细分领域协同创新情况来看,如图 5-24 所示,中国主要城市协同创新领域主要集中在锂电池材料、燃料电池材料、动力电池系统、燃料电池系统、电控系统、电动附件、充电设备、充电技术、自动驾驶、车联网等方向。

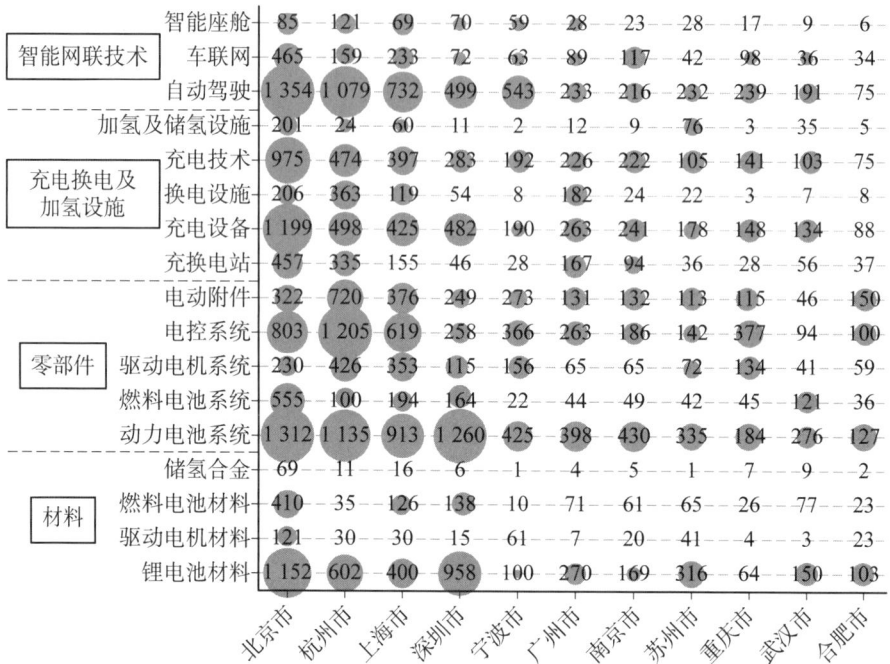

	北京市	杭州市	上海市	深圳市	宁波市	广州市	南京市	苏州市	重庆市	武汉市	合肥市
智能网联技术 智能座舱	85	121	69	70	59	28	23	28	17	9	6
车联网	465	159	233	72	63	89	117	42	98	36	34
自动驾驶	1 354	1 079	732	499	543	233	216	232	239	191	75
充电换电及加氢设施 加氢及储氢设施	201	24	60	11	2	12	9	76	3	35	5
充电技术	975	474	397	283	192	226	222	105	141	103	75
换电设施	206	363	119	54	9	182	24	22	3	7	8
充电设备	1 199	498	425	482	190	263	241	178	148	134	88
充换电站	457	335	155	46	28	167	94	36	28	56	37
零部件 电动附件	322	720	376	249	273	131	132	113	115	46	150
电控系统	803	1 205	619	258	366	263	186	142	377	94	100
驱动电机系统	230	426	353	115	156	65	65	72	134	41	59
燃料电池系统	555	100	194	164	22	44	49	42	45	121	36
动力电池系统	1 312	1 135	913	1 260	425	398	430	335	184	276	127
材料 储氢合金	69	11	16	6	1	4	5	1	7	3	2
燃料电池材料	410	35	126	138	10	71	61	65	26	77	23
驱动电机材料	121	30	30	15	61	7	20	41	4	3	23
锂电池材料	1 152	602	400	958	100	270	169	316	64	150	103

数据来源：www.cnipr.com

数据时间：2004年1月1日到2024年10月31日

图 5‑24　新能源汽车产业链细分领域协同创新情况

5.6.4　重要创新主体协同创新情况

本小节介绍了中国新能源汽车产业重要创新主体的合作情况，如表 5‑12 所示。

表 5‑12　中国主要省市新能源汽车产业协同创新情况

创新主体	合作单位
清华大学	江苏华东锂电技术研究院有限公司
	华为技术有限公司
	国家电网有限公司
	丰田自动车株式会社
	广东索特能源科技有限公司
	国汽(北京)智能网联汽车研究院有限公司

（续表）

创新主体	合作单位
清华大学	北京航空航天大学
	北京华睿新能动力科技发展有限公司
	北京华睿新能动力科技发展有限公司
	苏州优达斯汽车科技有限公司
北京理工大学	北理慧动（常熟）车辆科技有限公司
	慧动星球（北京）科技有限公司
	山东伟创信息技术有限公司
	中国北方车辆研究所
	清华大学
	上海汽车集团股份有限公司
	广州汽车集团股份有限公司
	华为技术有限公司
	北京科技大学
北汽新能源公司	孚能科技（赣州）股份有限公司
	清华大学
理想汽车公司	北京科技大学
	清华大学
	中国科学院宁波材料技术与工程研究所
	浙江大学
	宁波容百新能源科技股份有限公司
	中国科学院化学研究所
华为公司	清华大学
	中国科学技术大学
	北京大学
	哈尔滨工业大学
	上海杉杉科技有限公司
	北京航空航天大学

(续表)

创新主体	合作单位
华为公司	立讯精密工业(昆山)有限公司
	深圳新宙邦科技股份有限公司
	中国科学院物理研究所
	贝特瑞新材料集团股份有限公司
欣旺达电子股份有限公司	清华大学深圳研究生院
	华南理工大学
蔚来汽车公司	中国科学技术大学
	国网上海市电力公司
	浙江大学
	合肥工业大学
蜂巢能源科技股份有限公司	北京理工大学
	深圳市海目星激光智能装备股份有限公司
	延世大学
	韩国仁荷大学
广汽集团	华南理工大学
	北京理工大学
	清华大学
	中汽研(天津)汽车工程研究院有限公司
	中国汽车技术研究中心有限公司
国轩高科股份有限公司	中国科学技术大学
	安普能源科技有限公司
	国网安徽省电力有限公司电力科学研究院
	国网江苏省电力有限公司经济技术研究院
	中汽客汽车零部件(厦门)有限公司
	上海松江长三角产业技术研究院
浙江大学	国网浙江省电力公司电动汽车服务分公司
	山东乐普韦尔自动化技术有限公司

创新主体	合作单位
浙江大学	山东大来智能技术有限公司
	温州锌时代能源有限公司
	包头稀土研究院
	国网浙江省电力有限公司电力科学研究院
	蔚来汽车科技(安徽)有限公司
	浙江凯恩电池有限公司

5.7　小结

1. 创新环境

(1) 从中国主要区域来看,京津冀、长三角、珠三角三个经济区域在新能源汽车产业上的专利申请量占据全国半壁江山,长三角地区是创新最为活跃的地区。三个区域新能源汽车产业分别在 2010 年、2016 年前后经历两次快速发展。目前来看,三个重要区域在新能源汽车产业上的专利申请量都保持了良好的增长势头。

(2) 从中国主要省市来看,广东省、江苏省、北京市、浙江省、上海市在新能源汽车产业上的专利申请量在 5 万件以上,技术创新表现亮眼,处于国内领跑地位。广东省在新能源汽车领域的专利申请量位居全国第一,在该领域技术积累深厚。江苏省、北京市分别排名第二位和第三位,具有明显的技术优势。

(3) 从中国主要城市来看,新能源汽车产业排名前三的城市依次为深圳市、北京市、上海市。深圳市在新能源汽车领域的专利申请量超过 8 万件,综合竞争优势明显,已经成为中国新能源汽车发展的领军城市。

2. 产业结构

(1) 中国新能源汽车产业结构与国外产业结构相比,材料和零部件环节的专利申请量占比相差不大,在充电换电及加氢设备、智能网联技术上的专利申请量占比相差较大。其中,中国在充电换电及加氢设备上的专利申请量占比为16.6%,高于国外在该领域的11.3%。然而,中国在智能网联技术上的专利申请量占比为20.8%,远低于国外在该领域的28.9%。这反映出中国新能源汽车产业在智能网联技术发展中面临挑战。

(2)从中国主要省市新能源汽车产业结构来看,广东省在产业结构布局上较为均衡,在充换电及加氢设备、智能网联技术上优势更为明显;北京市在新能源汽车领域的优势方向是智能网联技术,弱项是材料;江苏省和安徽省的产业结构类似,零部件为优势,智能网联技术为弱项;浙江省在新能源汽车领域的优势方向是材料、充电换电及加氢设备,弱项为智能网联技术;上海市在新能源汽车领域的优势方向是智能网联技术,弱项是材料。

(3)从中国主要城市新能源汽车产业结构来看,深圳市、北京市、重庆市的智能网联技术产业结构占比较高,均超过了30%。苏州市、合肥市、武汉市在零部件上的产业结构占比较高,均超过了40%。在充电换电及加氢设施上有明显技术优势的城市有苏州市、杭州市、南京市、深圳市,其产业结构占比在20%左右。各城市在新能源汽车产业发展上,需要因地制宜地优化产业布局,建立区域高效协同机制,构建新能源汽车发展新格局。

3. 技术创新

(1)从中国主要省市技术创新能力来看,广东省、江苏省、北京市的技术创新实力很强。广东省除发明专利占比略低些,专利总量、有效专利占比、有效发明专利量均排名第一。江苏省的发明专利占比低,但专利总量、有效专利占比、有效发明专利量均排名靠前。北京市在发明专利占比、有效专利占比、有效发明专利量指标上较为突出。

(2)从中国主要城市技术创新能力来看,发明专利占比较高的城市有北京市、南京市、重庆市、广州市,有效专利占比较高的城市有苏州市、深圳市、宁波市、重庆市和南京市。

(3)从中国主要城市产业链技术分布来看,深圳市在多个细分技术领域的实力较强,优势细分技术较多,整体实力雄厚。北京市在新能源汽车领域的专利布局相对均衡,大多数细分技术方向具备很强的优势。上海市虽然在很多细分技术领域的专利数量比深圳市、北京市低些,但整体技术分布也比较均衡,没有很弱的技术方向。宁波市在驱动电机材料上具有显著技术优势。

4. 企业创新

（1）从中国主要省市的企业创新能力来看，广东省、安徽省创新主体主要集中在企业，产业化具有明显优势。江苏省大专院校在新能源汽车产业中发挥了重要作用，其科研单位实力还有待提升。北京市的大专院校和科研单位实力均具有显著优势，两者专利占比在主要省市中均是最高的。

（2）从中国主要城市的企业创新能力来看，企业创新能力较强的城市有深圳市、苏州市等，大专院校表现较为突出的城市有南京市、北京市、广州市、杭州市、武汉市。

（3）从中国一线城市的主要创新主体来看，深圳市新能源汽车产业申请人 TOP10 中有 9 家为企业，只有 1 家是高校，前十位申请人的新能源汽车专利申请集中度较高，为 48.6%，反映出深圳市新能源汽车产业已经形成以企业为主体的创新体系，产业化程度较高。北京市的申请人 TOP10 中有 7 家为企业，3 家为高校，它们集合了高校基础研究方面的优势和企业产业化创新的优势，推动了新能源汽车产业发展。上海市前十位申请人的新能源汽车专利申请集中度不是很高，为 20.7%。广州市前十位申请人的新能源汽车专利申请集中度很高，为 53.7%。

5. 创新人才

（1）从中国主要省市新能源汽车产业的创新人才规模来看，广东省、江苏省、北京市和江苏省在新能源汽车产业上的人才资源较为丰富。

（2）从中国主要城市新能源汽车产业的创新人才规模来看，创新人才规模较大的城市有北京市、深圳市和上海市。另外，广州市、杭州市、武汉市和南京市的创新人才数量也较多。

（3）北京市、深圳市、上海市在新能源汽车产业领域的创新人才主要集中在锂电池材料、动力电池系统、电控系统、充电设备、充电技术、自动驾驶、车联网等领域。

6. 协同创新

（1）北京市、杭州市、深圳市和上海市的协同创新程度较高。

（2）从新能源汽车产业链细分领域的协同创新情况来看，中国主要城市的协同创新领域主要集中在锂电池材料、燃料电池材料、动力电池系统、燃料电池系统、电控系统、电动附件、充电设备、充电技术、自动驾驶、车联网等领域。

第**6**章

培育和发展新能源汽车产业新质生产力的路径建议

本章结合产业发展和专利导航分析结论，从企业培育引进、创新人才培养引进、技术创新提升、产业协同创新等方面提出培育和发展新能源汽车产业新质生产力的路径建议，赋能新能源汽车产业高质量发展。

6.1 企业培育引进路径

企业是国家创新体系的微观基石、产业科技创新能力建设的核心主体和推动新质生产力加快发展的先导力量。企业尤其是科技创新型企业，是新质生产力发展的重要参与者和推动者，推动高质量发展、构建新发展格局需要大力培育和发展创新型企业。根据工信部对优质中小企业的梯度培育体系，分四个梯度进行分层培育，第一个梯度是量大面广的创新型中小企业，第二个梯度是专精特新中小企业，第三个梯度是专精特新"小巨人"企业，第四个梯度是制造业单项冠军企业。要以培育和壮大创新型企业作为发展新能源汽车产业新质生产力的重要"抓手"，构建精准招引体系，聚焦强链补链延链引进创新型企业，引来新质生产力源头活水，实现新质生产力落地。

6.1.1 建立企业培育数据库，梯度培育、动态监测

目前，企业竞争优势很大程度上体现在技术创新能力上，而自主知识产权数量和质量与科技成果转化水平最能代表其技术创新能力。从中国各地

制造业单项冠军企业　长期专注于制造业特定细分领域，生产技术或工艺水平国际先进，单项产品（生产性服务）市场占有率位居全球前列

专精特新"小巨人"企业（优质中小企业的核心力量）　位于产业基础核心领域、产业链关键环节，创新能力突出、掌握核心技术、细分市场占有率高、质量效益好

专精特新中小企业（优质中小企业的中坚力量）　实现专业化、精细化、特色化发展，创新能力强、质量效益好

创新型中小企业（优质中小企业的基础力量）　具有较高专业化水平、较强创新能力和发展潜力

注：根据工信部印发的《优质中小企业梯度培育管理暂行办法》《制造业单项冠军企业认定管理办法》整理。

图6-1　优质中小企业梯度培育体系

新能源汽车产业的企业创新主体分布来看，各主体的企业规模和技术创新能力存在一定差异，不适宜采用"一刀切"的企业培育策略。各地可在企业创新主体梳理的基础上建立企业培育数据库，将企业的专利等知识产权指标，以及规模、类型、业务领域和产品、研发投入、产业地位、上市情况等信息纳入企业培育数据库，遵循企业发展阶段和技术创新能力的差异，按照"链主型"企业、成长潜力型企业、潜在上市企业等类型构建多级培育体系，开展分类指导、梯度培育、动态监测。

1."链主型"企业培育

可从技术创新能力、产业链专利布局范围、关键技术专利布局情况等方面遴选核心龙头企业，培育其成为具备国内外影响力的产业链"链主型"企业，①形成头部企业带动、链式集聚发展态势。可从以下方面着手，制定"链主型"企业培育策略与规划：

（1）进一步提升创新能力、加强专利储备和专利布局。聚焦动力电池系统、电控系统、充电设备、充电技术、自动驾驶等重点领域，针对企业重点产品/技术开展微观专利导航项目和高价值专利（组合）培育，明晰重点技术的

———————

① 产业链"链主型"企业是指处于产业链供应链核心优势地位，对于优化资源配置、技术产品创新和产业生态构建有重大影响力的企业，有能力且有意愿为增强当地新能源汽车产业链供应链稳定性和竞争力、健全和壮大产业体系发挥重要作用的企业。

发展方向,通过挖掘和布局高价值专利,提高企业核心竞争力。

(2)加强上下游企业之间的技术创新协同。重点推动整车企业与核心零部件企业或智能网联技术提供商之间的协同联动,着力提升本地龙头企业对产业链的控制力。

(3)加大海外专利布局力度。建议以海外知识产权专项支持政策为抓手,加强龙头企业海外专利布局和知识产权纠纷应对能力,设立海外知识产权维权援助基金以支持龙头企业出海维权。

(4)给予资金和政策的支持,加强龙头企业高端人才队伍建设,将龙头企业作为本地人才培育的重点单位,指导企业设立专家工作站、博士后创新实践基地、博士后科研工作站等人才平台载体,发挥龙头企业对技术、人才等创新资源的带动与溢出效应。

2. 成长潜力型企业培育

创新型企业表现为主营业务竞争力强、成长性好、具备自主知识产权,以创新型中小企业、专精特新中小企业、专精特新"小巨人"企业、瞪羚企业为抓手,培育其成为细分领域的龙头骨干企业。建议对这些企业加大财政扶持力度,提供知识产权质押融资、保险、证券化等多元化知识产权金融服务,建立成长潜力型企业专项发展基金,推动企业建立健全知识产权管理制度,为企业提供知识产权预警、专利创造、布局导航等服务,在人才引进政策方面优先给予支持,支持符合条件的企业上市、融资。

3. 潜在上市企业培育

独角兽企业一般指成立时间不超过 10 年,估值超过 10 亿美元,且具备独有核心技术、独特竞争优势和市场潜力的未上市公司。独角兽企业具有创新能力强、成长性好、市场认可度高等特征,是新经济发展的"风向标",是新质生产力的典型代表。建议各地以独角兽企业及潜在独角兽企业为抓手,开展潜在上市企业培育,鼓励创投机构、知识产权运营基金积极参与投资独角兽企业,针对企业上市的知识产权门槛政策、拟上市企业的知识产权风险防控、科创板上市的知识产权问询与审核要点等重点问题提供上市知识产权专题辅导,设立拟上市企业知识产权服务工作站,提供知识产权专项服务以助力企业上市。

6.1.2　构建引进企业资源库,精准招引创新型企业

通过专利导航分析可挖掘出当前全球范围内新能源汽车产业链条上的创新实力较强的领先者及拥有自主知识产权的科技创新企业,并可结合区域、企业所处产业链位置分类、企业年龄、注册资本、企业类型、知识产权数量等多个维度构建可筛选的引进企业资源库,如图 6-2 所示。各地在新能源汽车产业方面的招商引资活动中,可结合自身产业链发展需要,利用引进企业资源库,精准招引"链主型"企业及独角兽企业、专精特新企业等创新型企业,充分发挥引进企业对产业链强有力的带动作用,助力产业延链补链强链,为新能源汽车产业创造新增长极。

着力引进"链主型"龙头企业。链主企业具备对要素资源的精准调配功能,具有强大的产业链垂直整合能力,通过"链主型"龙头企业的强大带动作用,建设一批关键性、引领性重点项目,吸引上下游企业集聚,逐步壮大产业集群、补齐产业链短板、增强产业竞争力。例如,引进比亚迪、宁德时代等整车企业或电池产业链龙头企业,这些企业拥有庞大且复杂的供应链体系,在上游关键材料及电池、电控等核心部件领域均有强大的技术掌控力,可有效带动上游材料、零部件、生产设备和配套服务企业的落地,推动多个产业链条发展。

加大独角兽、瞪羚企业的引进力度。新质生产力的显著特点是创新,创新能力强、成长潜力大的独角兽、瞪羚等高成长性企业是强化创新驱动、培育新质生产力的重要载体。目前在新能源汽车整车及零部件领域已涌现出一批独角兽企业,根据胡润研究院发布的《2024 全球独角兽榜》,全球共有 9 家新能源汽车整车制造独角兽企业上榜,其中 8 家来自中国。建议各地在企业引进中,加大独角兽企业及后备力量瞪羚企业的引进力度,推动建立独角兽企业聚集区,发挥其对人才、知识、管理、数据等优质生产要素的吸附能力,为产业发展注入创新活力。

积极引进专精特新企业,打造细分领域优势。除少数龙头企业外,数量众多的中小企业是新能源汽车产业链的坚实基石。作为中小企业的"领头羊""排头雁",专精特新企业聚焦细分领域,坚持"精耕细作",尤其是单项冠军企业,代表着全球细分行业的最高水平,是加快发展新质生产力的重要力

整车	**"链主型"企业** • 丰田汽车公司 • 韩国现代集团 • 本田汽车 • 日产汽车 • 福特汽车 • 通用汽车 • 大众集团 • 宝马集团	• 比亚迪公司 • 一汽集团 • 一汽集团 • 浙江吉利集团 • 重庆长安 • 蔚来汽车 • 北汽新能源 • 奇瑞集团 • 广汽集团 • 长城汽车集团 • 小鹏汽车	**独角兽企业** • 广汽埃安 • 浙江极氪 • 岚图汽车 • 合众新能源 • 智己汽车 • 远程商用车 • 上海洛轲 • 开沃新能源

图中内容(零部件部分):

零部件

"链主型"企业
- LG集团
- 三星集团
- 松下株式会社
- 博世公司
- 日立公司
- 株式会社电装
- 爱信精机(AISIN)
- 住友(Sumitomo)
- 韩国SK innovation公司
- 东芝 (TOSHIBA)
- 德国采埃孚
- 德国舍弗勒(SCHAEFFLER)
- 比亚迪公司
- 宁德时代(CATL)
- 蜂巢能源科技股份有限公司
- 新能源科技有限公司(ATL)
- 国轩高科股份
- 中创新航科技集团股份有限公司
- 惠州亿纬锂能有限公司
- 欣旺达电子股份有限公司
- 远景AESC
- 湖南邦普循环科技有限公司
- 珠海冠宇电池股份有限公司

独角兽企业
- 蜂巢能源科技股份有限公司
- 欣旺达电动汽车电池有限公司
- 远景能源有限公司
- 未势能源科技有限公司

制造业单项冠军企业
- 宁德新能源科技有限公司
- 东莞新能源科技有限公司
- 欣旺达电动汽车电池有限公司
- 惠州亿纬锂能有限公司
- 重庆青山工业有限责任公司

瞪羚企业
- 中创新航科技集团股份有限公司
- 格罗夫氢能源科技集团有限公司
- 中国华能集团清洁能源技术研究院有限公司

专精特新"小巨人"企业
- 欣旺达电动汽车电池有限公司
- 北京亿华通科技股份有限公司
- 上海神力科技有限公司
- 新源动力股份有限公司

充换电及加氢设施

独角兽企业
- 奥动新能源汽车科技有限公司

专精特新"小巨人"企业
- 蓝谷智慧(北京)能源科技有限公司
- 上海氢枫能源技术有限公司
- 上海舜华新能源系统有限公司
- 上海电巴新能源科技有限公司

制造业单项冠军企业
- 青岛特锐德电气股份有限公司

创新型中小企业
- 张家港氢云新能源研究院有限公司

智能网联技术

独角兽企业
- Waymo (谷歌系)
- 深圳大疆
- 广州文远知行科技有限公司

专精特新"小巨人"企业
- 新石器慧通(北京)科技有限公司
- 未来(北京)黑科技有限公司
- 惠州市华阳多媒体电子有限公司

通信和互联网公司
- 华为公司
- 百度
- 腾讯科技

注:独角兽、专精特新、瞪羚、制造业单项冠军等企业类型信息来自企查查,包括国家级和省级。

图6-2 新能源汽车产业引进企业名单参考

量。建议各地在企业引进中,以完善产业链细分领域为重点,注重引进国家级和省级专精特新中小企业、专精特新"小巨人"企业、单项冠军企业,以多种形式开展精准对接、合资合作,以单项冠军企业为龙头构建产业链独特优势,加快"专精特新"企业集聚发展。

加强与通信和互联网公司的合作,加速构建产业融合生态。通信和互联网公司已大规模进军智能网联汽车行业,"跨界造车"已成大势,深圳大疆也切入了智能汽车赛道,各地可依托智能网联新能源汽车项目加大与百度、华为、腾讯等企业的合作力度,构建智能网联生态。

6.2 创新人才培养引进路径

人才是创新的核心要素、创新的第一资源,创新驱动本质上是人才驱动。[①] 新质生产力以科技创新为核心驱动力,以高技术、高效能、高质量为主要特征,其发展壮大离不开高水平科创人才的引领和支撑。科创人才是新能源汽车产业发展新质生产力的重要根基,一方面需制订产业人才中长期培养计划,加快培养大批拔尖创新人才,另一方面应加强对关键技术领域国内外顶尖人才的引进,促进人才要素创新性配置和人才要素集聚,为新能源汽车产业发展新质生产力提供坚实的人才支撑。

6.2.1 搭建区域性人才培养库,开展人才培育工程

从区域性创新型人才培育的角度来看,中国各地已具备一定的创新人才储备,也已开始逐步形成创新人才团队,创新人才资源主要分布在广东、江苏、浙江、北京、上海、山东、安徽等省市,从城市上来看,北京、深圳、上海、广州、杭州、南京、武汉等地的创新人才聚集度较高,各地可基于本地区的核心发明人资源,梳理本地区创新人才(团队),搭建本地区创新人才库,建立创新人才评价体系,开展本地区创新人才培育工程。创新人才培育的重点包括:

(1)聚焦重点领域的人才培养和集聚。加大在动力电池系统、电控系统、充电设备、充电技术、自动驾驶等重点领域的研发投入,促使创新人才向

---

① 《求是》杂志. 习近平:深入实施新时代人才强国战略 加快建设世界重要人才中心和创新高地[EB/OL]. (2021 - 12 - 15)[2024 - 12 - 18]. https://www.gov.cn/xinwen/2021-12/15/content_5660938.htm.

这些领域集聚,培育和聚集一批与新技术发展相配套的高层次创新人才。

（2）校企合作培养复合型创新人才。目前中国众多高校院所布局新能源汽车领域,其中清华大学、吉林大学、中南大学、北京理工大学、华南理工大学、江苏大学、浙江大学、中国科学院大连化学物理研究所、同济大学等高校院所的技术创新实力突出。在区域人才培养中可充分利用这些高校院所的科研和教育资源,优化新能源汽车学科设置,强化校企合作,带动多学科交叉融合,打造复合创新人才培养基地。

（3）加强国际化人才培养。随着中国新能源车企和零部件企业出海进程的深入,培养国际化人才成了当前发展的关键。区域人才培养可结合人才国际化发展战略,举荐本地领军人才赴境外考察、参加境外研修项目、到国际组织任职等,以加强国际交流和合作。

6.2.2 加强对关键技术领域国内外顶尖人才的引进

科技人才尤其是高端科技人才是否拥有自主知识产权,是人才引进时需要考虑的重要因素,在科技人才引进中开展知识产权的分析评价,可有效防范和降低高层次科技人才引进中的风险。[①] 各地在人才引进中,可充分发挥专利导航在人才遴选方向的支撑作用,挖掘国内高层次人才和海外人才,发现具有创新潜力的人才,如表6-1所示,通过精准对接、柔性引才等多种方式引才聚才,形成区域性顶尖人才聚集高地,不断把人才优势转化成创新优势和发展新质生产力的强大动能。

表6-1 国内关键技术领域技术创新人才（团队）引进参考

技术领域	所属单位	创新人才
动力电池系统	宁德时代	梁成都（新能源研究院院长）、金海族（电芯部部长）、吴凯（首席科学家）、李全坤、郑于炼
	比亚迪公司	朱燕、郑卫鑫、鲁志佩（弗迪电池深圳开发中心副总监）、彭青波、朱建华、周燕飞、郭姿珠

---

① 杨益,李凌.科技人才引进中的知识产权分析评议研究[J].科技与创新,2020(23):84-85+88.

（续表）

技术领域	所属单位	创新人才
动力电池系统	蜂巢能源科技股份有限公司	曲凡多、张海建(PACK 设计部总监)、李子郏(材料事业部总经理)、唐丽娟、陈许超
	新能源科技有限公司	唐超(研究院资深经理)、谢远森、王可飞、郑建明、付成华
	国轩高科股份	杨茂萍(材料研究院院长)、曹勇(工研总院副院长)、童邦、王辉、程辉、林少雄(工程研究总院负极材料技术负责人)、李道聪(工研总院材料研究院副院长)、王义飞、刘浩
	中创新航科技集团股份有限公司	赵冬、张璐璐、张勇杰(制造工程研究院副院长)、许久凌、颜廷露、王帅锋、齐彬伟、蒋昕玮、关俊山、郭其鑫
	惠州亿纬锂能股份有限公司	江吉兵(电池系统研究院院长)、何巍(动力电池研究院院长)、苑丁丁(铁锂电池首席技术官)、陈智伟、陈朝海(电池系统研究院高级经理)、冀亚娟、党奎、袁中直
电控系统	比亚迪公司	凌和平(汽车工程研究院副院长)、王春生(双模开发中心主任)、廉玉波(首席科学家、汽车总工程师、汽车工程研究院院长)、闫磊、潘华、王超
	一汽集团	于长虹(新能源开发院项目管理部部长兼系统集成开发部部长)、刘元治、刘建康、孙焕丽、伍庆龙、尹建坤
	浙江吉利集团	刘义强(动力研究院智能控制中心资深总监)、由毅(研究院副院长)、吴成明(吉利汽车研究院副院长)、黄伟山、井俊超
	长城汽车集团	胡康、李岩(纯电驱动研发部部长)、刘秀(技术总监)、孙明、王东风、罗聪聪、曹高阳
充电设备	国家电网	李香龙(北京电科院电源技术中心主任)、刘秀兰、贾俊国、张宝群、关宇、潘鸣宇、金渊
	比亚迪公司	王超、王兴辉、凌和平、刘伟冬
	华为公司	胡明贵、林全喜、严为人、程东
	南方电网	李勋(电动汽车服务有限公司产品技术部总经理)、葛静、黄智锋、邱熙
	北汽新能源	蒋荣勋(工程院动力系统部部长)、苏伟(高压部长)、肖胜然(充电开发部部长)、刘立志

（续表）

技术领域	所属单位	创新人才
充电设备	蔚来汽车	夏丽建、郝天磊、吴广涛、陈炯
充电技术	国家电网	贾俊国、李香龙、刘秀兰、潘鸣宇、张宝群
	比亚迪公司	王超、凌和平、王兴辉、闫磊、刘伟冬
	南方电网	肖静、韩帅、吴晓锐、吴宁、龚文兰
	蔚来汽车	邹积勇、吴广涛、陈炯、谭卓辉
自动驾驶	华为公司	李秉肇、徐海博、彭文杰、耿婷婷、官磊、常俊仁
	百度	朱帆（百度智能驾驶事业群组资深架构师）、万国伟（百度自动驾驶事业部研发工程师）、宋适宇、陈卓、胡江滔、张彦福
	重庆长安	任凡（智能化院副总经理）、梁锋华（智能化研究院副院长）、王宽、邱利宏、孔周维（智能化研究院工程师）、卢斌、黎平、万凯林
	腾讯科技	杜海宁、汪铖杰（优图实验室研究总监）、丁守鸿（优图人脸安全技术总负责人）、侯琛、苏景岚

（1）加强对动力电池、电控系统、充电设备、充电技术、智能驾驶等关键技术领域紧缺人才的引进。中国新能源汽车产业中技术创新能力突出、专利储备实力较强的领先企业的核心发明人资源可作为各地高层次创新人才引进的重要参考。如动力电池系统领域，比较突出的核心发明人包括宁德时代新能源研究院院长梁成都、比亚迪公司弗迪电池深圳开发中心副总监鲁志佩、蜂巢能源科技股份有限公司 PACK 设计部总监张海建、新能源科技有限公司研究院资深经理唐超、国轩高科股份工研总院副院长曹勇等；在电控系统领域，比亚迪公司汽车工程研究院副院长凌和平、一汽集团新能源开发院项目管理部部长兼系统集成开发部部长于长虹、浙江吉利集团动力研究院智能控制中心资深总监刘义强等均是拥有较多专利技术的高端人才；在充电设备领域，国家电网北京电科院电源技术中心主任李香龙、南方电网电动汽车服务有限公司产品技术部总经理李勋、北汽新能源工程院动力系统部部长蒋荣勋等均是核心发明人；在自动驾驶领域，华为公司、百度、重庆长安等领先企业已涌现出比较多的创新人才，如百度智能驾驶事业群组资深架构师朱帆（2015 年加入百度美国硅谷研发中心）、重庆长安智能化院副

总经理任凡、腾讯科技优图实验室研究总监汪铖杰等。

企业博士后工作站、国家级汽车工程技术中心、企业技术中心和汽车检测中心等均可作为高层次人才引进基地,以新型研发机构为平台载体,加速集聚新能源汽车产业高端创新人才。

(2)充分利用专利导航挖掘新能源汽车产业海外人才。人才的国际化是汽车企业国际化的核心标志,引进国际性人才是快速提升人才国际化的途径之一。[1] 海外高层次人才通常具备较宽广的国际视野,作为领军人物引进或比较迅速地成长为领军人物,能够快速推动重要技术或行业的整体提升,对承担大项目、建设大平台、产出大成果都有重要的战略意义。关键技术领域海外领军人才(团队)引进参考如表6-2所示。

表6-2 关键技术领域海外领军人才(团队)引进参考

技术领域	所属单位	创新人才
动力电池系统	LG集团	李哲行(LEE, CHUL HAENG)、郑王谟(JUNG, WANG MO)、金济勇(KIM, JE YOUNG)、梁斗景(YANG, DOO KYUNG)、姜达模(KANG, DAL MO)
	三星集团	金圣洙(KIM, SUNG SOO)、金泰容(KIM, TAE YONG)
	松下株式会社	酒井章裕(SAKAI AKIHIRO)、浅野哲也(ASANO TETSUYA)、宫崎晃畅(MIYAZAKI AKINOBU)、名仓健祐(NAKURA KENSUKE)
	韩国SK innovation公司	全海龙(JEON HAE RYONG)、黄昌默(HWANG CHANG MOOK)、李承薰(LEE SEUNG HUN)
电控系统	丰田汽车公司	田端淳(TABATA ATSUSHI)、松原亨(MATSUBARA TORU)、今村达也(IMAMURA TATSUYA)、熊崎健太(KUMAZAKI KENTA)、岩濑雄二(IWASE YUJI)
	现代起亚集团	金尚准(KIM, SANG JOON)、朴俊泳(PARK, JOON YOUNG)、鱼祯秀(EO JEONG SOO)、孙熙云(SON HUI UN)
	福特汽车	邝明朗(KUANG MING LANG)、王小勇、马克·斯蒂芬·耶马扎基(YAMAZAKI, MARK STEVEN)、梁伟、拉吉特·约里(JOHRI, RAJIT)、詹森·迈耶

（续表）

技术领域	所属单位	创新人才
电控系统	福特汽车	（MEYER，JASON）、杰弗里·艾伦·多林（DOERING，JEFFREY ALLEN）
	LG集团	裴允玎(BAE，YOON-JUNG)、李相勋(LEE，SANG HOON)、金大洙(KIM DAE-SOO)
	本田汽车	阿部典行（ABE NORIYUKI）、加藤大智、圷重光（AKUTSU SHIGEMITSU）、大垣彻(OGAKI TORU)
	博世公司	J-W.法尔肯斯泰恩（FALKENSTEIN JENS-WER-NER）、C.沃尔（WOLL，CHRISTOPH）、A.西尔（SEEL,ANDREAS）、H.尼曼（NIEMANN，HOLGER）
	株式会社电装	久米拓弥（KUME TAKUYA）、和泉一辉（IZUMI KAZUKI）、神尾茂（KAMIO SHIGERU）、刘海博（LIU HAIB）、河合惠介（KAWAI KEISUKE）
充电设备	丰田汽车公司	市川真士（ICHIKAWA，SHINJI）、仓石守（MAMORU KURAISHI）、泉纯太（IZUMI JUNTA）
	松下株式会社	古川公彦（FURUKAWA KIMIHIKO）、仓贯正明（KURANUKI MASAAKI）、国光智德（KUNI-MITSU，TOMONORI）
充电技术	丰田汽车公司	市川真士（ICHIKAWA，SHINJI）、桥本俊哉（HASHIMOTO TOSHIYA）、横山大树（YOKO-YAMA DAIKI）
	韩国现代集团	成宰容(SEONG，JAE YONG)、李宇宁(LEE WOO YOUNG)、申珉昊(SHIN MIN-HO)
	松下株式会社	竹村将志（TAKEMURA MASASHI）、大桥修（OHASHI OSAMU）、杨长辉
自动驾驶	丰田汽车公司	田端淳（TABATA ATSUSHI）、松原亨（MATSUBARA TORU）、熊崎健太（KUMAZAKI KENTA）、远藤雅人（MASATO ENDO）
	韩国现代集团	金恩植（KIM EUN SIK）、韩镇百（HAHN GENE BACK）、黄圣旭（SEO，KANG SOO）、鞠再昌（KOOK，JAE CHANG）
	博世公司	斯特凡·诺德布鲁奇（NORDBRUCH，STEFAN）、V.尼姆茨（NIEMZ，VOLKER）、H.米伦茨（MIEL-ENZ，HOLGER）
	通用汽车	曾树青、F.白（FAN BAI）、W.张（ZHANG WENDE）、D.K.格林姆(DONALD K GRIMM)、佟维

技术领域	所属单位	创新人才
自动驾驶	宝马集团	李千山、H. 多利纳杰（DOLINAJ，HELENA）、W. 卡格雷尔（KAGERER，WALTER）、J. 舒尔茨（SCHULZ， JULIUS）、B. 阿迪普拉斯托（ADIPRASITO，BARTONO）
	美国 Waymo 公司	纳撒尼尔·费尔菲尔德（NATHANIEL FAIRFIELD,软件工程师）、朱家俊（ZHU JIAJUN，离职创办自动驾驶公司 Nuro）、J. S. 赫巴赫（HERBACH JOSHUA SETH）、D. I. 弗格森（FERGUSON DAVID I.）、P. 内梅克（NEMEC PHILIP）、丁恺(DING KAI)

各地在海外人才引进中,可充分利用专利导航挖掘新能源汽车产业海外人才,建立全球新能源汽车产业高端人才数据库,绘制全球顶尖技术团队分布图,为本地区企业精准对接、靶向引进海外人才提供建议。同时应动态建设与海外高层次人才相匹配的发展平台载体,进一步加强离岸创新创业基地建设,利用孵化器为海外人才参与新能源汽车产业创新创业项目、创办初创型科技企业创造良好的环境和条件。对海外人才的引进也可考虑利用智力引进、项目合作、企业或机构间合作、临时聘用等多种形式来柔性引才借智。

对于动力电池系统领域的海外专家,可考虑领先企业的核心人才和团队,如 LG 集团、三星集团、松下株式会社的核心发明人,其中金济勇(Kim Je-young)为 LG 新能源首席技术官;在电控系统领域,可考虑引入丰田汽车公司、现代起亚集团、福特汽车等企业的优秀人才;在充电设备、充电技术领域,可考虑引入丰田汽车公司、松下株式会社、韩国现代集团等的核心人才和团队;在自动驾驶领域,可考虑引入丰田汽车公司、韩国现代集团、博世公司、通用汽车、宝马集团、美国 Waymo 公司的技术专家,如韩国现代集团负责研发 ICT 智能网联变速系统的智能化驱动控制研究实验室高级研究员鞠再昌(KOOK,JAE CHANG)等。

此外应重点关注海外华人高端人才,他们具备来华工作优势,如被称为福特新能源技术之父的邝明朗先生,是福特汽车公司研发创新中心汽车控制部门的技术主管,负责全球汽车控制架构与高级混合动力汽车控制装置的研发;来自中国的谷歌前无人驾驶项目负责人朱家俊创立了自动驾驶初创企业——Nuro,专注于提供自动驾驶配送车辆服务。

6.3　技术创新提升路径

　　习近平总书记指出:"新质生产力是创新起主导作用,摆脱传统经济增长方式、生产力发展路径,具有高科技、高效能、高质量特征,符合新发展理念的先进生产力质态。"①技术创新能够催生新产业、新模式、新动能,是新质生产力形成和发展的核心要素。技术创新可以形成新产品,提高市场竞争力;可以开辟新赛道,塑造发展新优势。因此,培育新质生产力,要抓住科技创新这个"牛鼻子",以科技创新推动产业创新。生产力的每一次重大变革都与科技创新密切相关。技术创新越来越成为推动经济社会发展的主要力量,创新驱动是大势所趋。

　　新能源汽车的关键技术包括动力电池系统、驱动电机、整车控制器、充换电技术和设备及智能网联技术等。中国车企在电池、电机和电控技术领域的持续突破,使得国内新能源汽车在续航能力、充电速度和可靠性上跻身世界领先行列。例如,宁德时代和比亚迪等企业已开发出高能量密度和快速充电的电池技术,大幅提升了车辆的使用便捷性与经济性。② 在全球市场竞争日趋激烈的背景下,技术创新成为新能源汽车产业发展的关键。本小节结合前述专利分析结果,提出新能源汽车产业技术创新路径,如图 6-3 所示。

　　(1)重视新能源汽车关键材料的研发和应用,围绕提升性能和安全性,加大对于锂电池材料、驱动电机材料、燃料电池材料等的研发力度。目前,关键材料在新能源汽车中逐步实现成熟应用,使得新能源汽车具有更高的能量密度、更快的充电速度、更好的安全性。未来,新能源汽车将会更加智能、高效、环保,新材料仍然是推动新能源汽车发展的重要引擎。我国应继续重视新能源汽车关键材料的研发和应用,寻找更高效环保的材料替代传统材料,推动新能源汽车的可持续发展。

---

① 光明网.以新的生产力理论指导高质量发展[EB/OL].(2024-11-18)[2024-12-21].https://baijiahao.baidu.com/s? id=1816930577612382022&wfr=spider&for=pc.
② 央广网.中国汽车产业:引领全球新能源与智能化发展的新引擎[EB/OL].(2024-11-07)[2024-12-21].https://news.qq.com/rain/a/20241107A03R5K00.

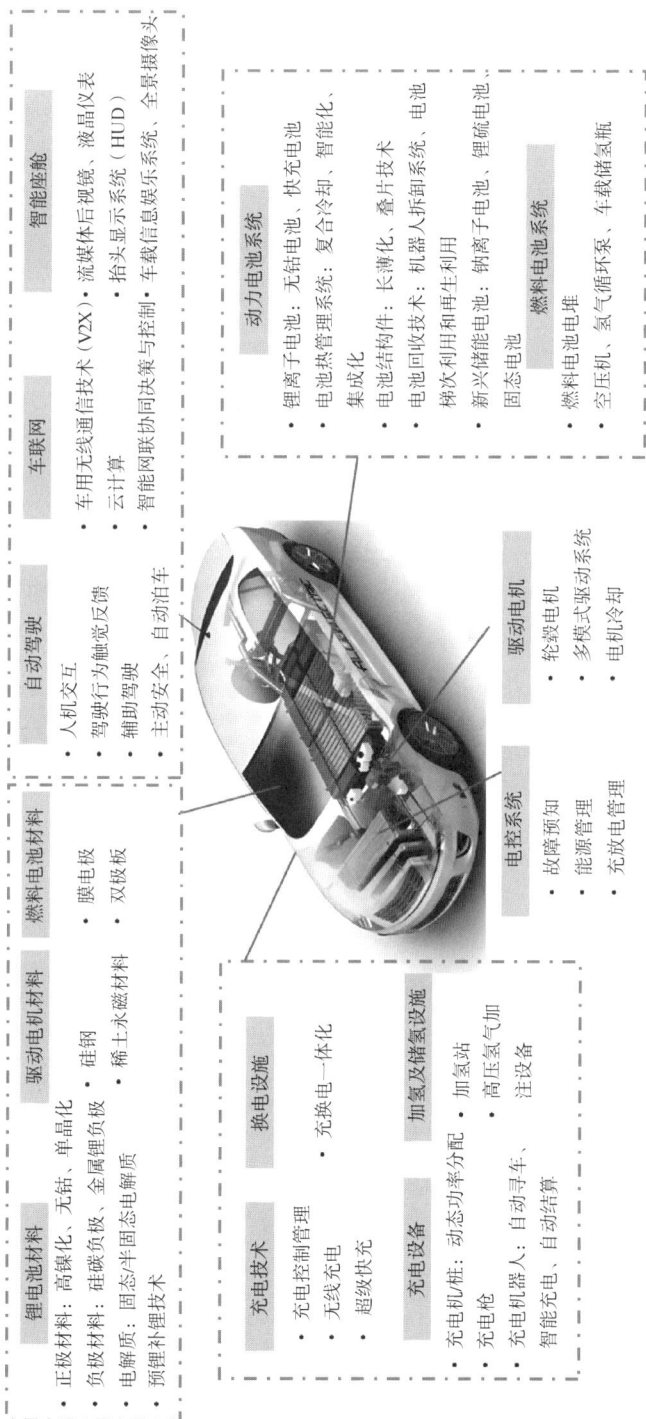

图 6 - 3　新能源汽车产业技术创新方向指引

智能座舱
- 流媒体后视镜 · 液晶仪表
- 抬头显示系统（HUD）
- 车载信息娱乐系统 · 全景摄像头

车联网
- 车用无线通信技术（V2X）
- 云计算
- 智能网联协同决策与控制

自动驾驶
- 人机交互
- 驾驶行为触觉反馈
- 辅助驾驶
- 主动安全、自动泊车

动力电池系统
- 锂离子电池、无钴电池、快充电池
- 电池热管理系统：复合冷却、智能化、集成化
- 电池结构件：长薄片、叠片技术
- 电池回收技术：机器人拆卸系统、电池梯次利用和再生利用
- 新兴储能电池：钠离子电池、锂硫电池、固态电池

燃料电池系统
- 燃料电池电堆
- 空压机、氢气循环泵、车载储氢瓶

驱动电机
- 轮毂电机
- 多模式驱动系统
- 电机冷却

电控系统
- 故障预知
- 能源管理
- 充放电管理

燃料电池材料
- 膜电极
- 双极板

驱动电机材料
- 硅钢
- 稀土永磁材料

锂电池材料
- 正极材料：高镍化、无钴、单晶化
- 负极材料：硅碳负极、金属锂负极
- 电解质：固态/半固态电解质
- 预锂补锂技术

换电设施
- 充换电一体化

加氢及储氢设施
- 加氢站
- 高压氢气加注设备

充电技术
- 充电控制管理
- 无线充电
- 超级快充

充电设备
- 充电机/桩：动态功率分配
- 充电枪
- 充电机器人：自动寻车、智能充电、自动结算

183

　　对于锂电池材料,建议围绕提升电池性能和安全可靠性,研发高镍正极材料、无钴正极材料、硅碳负极、金属锂负极、固态/半固态电解质、预锂补锂技术等先进、热点技术,并积极推动科技成果转化。在燃料电池领域,大力开展膜电极和双极板等关键材料的制备技术研究与转化运用,构建产学研协同创新机制,鼓励原创的突破性成果进入企业。稀土永磁材料对于新能源汽车的驱动电机是必不可少的,可以保证驱动电机具备高功率密度、高效率、稳定性和轻量化等特性,是驱动电机材料的技术研发重点。

　　（2）把握三电系统未来发展趋势,抢占新能源汽车产业竞争的制高点。零部件是新能源汽车产业的重点环节。根据4.3.1节可知,零部件环节的动力电池系统、电动附件、电控系统在近五年的专利申请量占比较高,也可视为专利布局的热点方向。建议将动力电池系统、电控系统、电动附件作为重点布局方向,将驱动电机系统作为次重点布局方向。可以采取自主创新、技术借鉴相结合的方式,跟踪行业领军企业、主要技术创新人员的专利申请动向,对国内外先进技术、关键技术进行深入挖掘、吸收、利用,力争取得技术突破,获得关键技术专利,达到国际领先水平。

　　电池系统是新能源汽车的"能量库"。对于动力电池系统,锂离子电池、电池热管理系统、电池结构件、电池回收技术近年来的技术研发和专利布局较为活跃。对于锂离子电池,无钴电池、快充电池成为引领行业发展的新方向。电池热管理系统的技术创新点聚焦在复合冷却、智能化、集成化技术上。电池结构件技术中最先进的是长薄化＋叠片工艺,这种工艺除了能提高电池能量密度外,还有更稳定内部结构、更长循环寿命、更安全等特点。电池回收技术关注电池梯次利用和再生利用技术。在新兴储能电池领域,建议引导高校院所和动力电池企业对钠离子电池、固态电池、锂硫电池等进行研发和技术跟踪,为未来储能电池市场做好前瞻性布局。国内外已有多家企业正在进行钠离子电池产业化的相关布局,并取得了重要进展,宁德时代正在全面推进钠离子、M3P、凝聚态等多种电池技术布局。根据4.3.1节可知,燃料电池系统中的空压机、车载储氢瓶是技术研发的热点方向。建议关注北京亿华通科技股份有限公司、武汉格罗夫氢能汽车、上海神力科技有限公司、新源动力股份有限公司等头部企业的技术发展,重点发展氢燃料电池关键零部件及集成系统,在增强燃料电池相关产业链技术实力的同时,也可广泛带动氢能产业发展。

电控系统是新能源汽车的"大脑"。在电控系统技术领域,应着重发展电池管理系统。电池管理系统对电池的安全与高效运行起着决定性作用。电池管理技术中尤其需要关注人工智能和机器学习在电池关键性能评估、异常检测、充电策略优化中的应用。

驱动电机是新能源汽车的"心脏"。驱动电机的性能直接决定了电动汽车的爬坡、加速等主要性能指标。对于驱动电机,应重点发展轮毂电机、多模式驱动系统、电机冷却等技术。

(3) 充电换电及加氢设施技术中应重点关注充电设备和充电技术。根据 4.3.1 节可知,加氢及储氢设施、换电设施、充换电站和充电设备为专利布局的热点方向。中国在充电换电及加氢设施技术上相对国外具有一定优势,但随着新能源汽车市场需求的不断释放,对于该技术的研发也应加速推进。对于充电换电及加氢设施技术,可重点关注智能动态功率分配技术、自动充电机器人、充换电一体化以及无线充电、超级快充等新充电技术,加速技术升级。快速充电技术的出现,让充电时间大幅缩短,成为主流选择。无线充电技术更是在便捷性上带来了革命性的变化,让充电过程更为轻松便捷。

建议新能源整车企业与国家电网公司等企业合作,探索新能源汽车与智能电网高效联动,在有序充电、电动汽车入网(V2G)等新能源汽车与电网对接的关键技术上取得突破,加强专利储备,同时关注风光储充换一体化充电站,放大风、光、储多能互补效应,为新能源汽车发展注入强劲动力。

(4) 智能网联技术是新能源汽车领域的前沿技术,应对自动驾驶、车联网等关键技术进行攻关,推动智能网联技术与新能源汽车产业的深度融合。随着 5G、人工智能、物联网技术的快速发展,智能网联技术成为未来新能源汽车发展的重要技术方向。特别是自动驾驶和智能座舱技术的普及将为用户提供更加便捷和安全的出行体验,引领出行方式的革新。

建议中国在智能网联技术上加大创新力度,尤其是对自动驾驶、车联网等关键核心技术进行攻关。自动驾驶技术重点关注高精度传感器技术、算法模型等,通过深度学习、机器学习等技术,提高车辆的环境感知和决策能力。

185

产业协同联动是推动智能网联汽车技术创新的关键。建议推动整车企业与华为、百度等智能终端跨界合作，打造智能网联汽车产品，搭建智能网联汽车创新中心、智能系统联合实验室等高能级创新平台，在产业布局上形成车载智能系统核心部件集聚区。随着传统车企和造车新势力不断推出装载智能座舱的新产品，智能座舱渗透率在未来将会大幅提升。建议围绕抬头显示系统（HUD）、智能仪表、车载信息娱乐系统等核心产品引进相关企业，助力完善研发体系。

6.4　产业协同创新路径

创新、战略性新兴产业、未来产业是新质生产力的三个重要方面，内涵丰富、相互关联，形成一个完整的统一体：以科技创新为重要手段，形成一批重大原创成果和颠覆性技术，培育形成全球领先的战略性新兴产业和未来产业集群。新质生产力不是由一般的科技创新推动，而是由具有颠覆性且对经济社会发展影响广泛而深远的科技创新所推动。① 新质生产力中科技创新往往具有领域新、技术含量高、创新难度大、创新不确定等特征。新质生产力的发展不能靠单打独斗、各成一家，而是需要创新要素和资源融通集聚，实现多主体、多区域、多层次的多维度协同创新。新能源汽车产业开放协同创新合作方如表6-3所示。

表6-3　新能源汽车产业开放协同创新合作方（参考）

技术方向		协同企业参考（国外）	协同高校院所参考（国外）	协同企业参考（国内）	协同高校院所参考（国内）
零部件	动力电池系统	LG集团 三星集团 松下株式会社 博世公司 日立公司 住友	半导体能源实验室 蔚山科学技术院 韩国科学技术研究院	宁德时代 比亚迪公司 蜂巢能源科技股份有限公司 新能源科技有限公司	中南大学 清华大学 华南理工大学 北京理工大学 广东工业大学 浙江大学

① 黄晓凤,张春香.以颠覆性技术创新撬动新质生产力发展［EB/OL］.（2024-4-15）［2024-12-24］.https://baijiahao.baidu.com/s?id=1796389161945025157&wfr=spider&for=pc.

（续表）

技术方向		协同企业参考（国外）	协同高校院所参考（国外）	协同企业参考（国内）	协同高校院所参考（国内）
零部件	动力电池系统	LG 集团 三星集团 松下株式会社 博世公司 日立公司 住友	韩国电子部品研究院 加利福尼亚大学	国轩高科股份 天津力神电池股份有限公司 湖北亿纬动力有限公司 深圳市沃特玛电池有限公司 中创新航科技股份有限公司 欣旺达 EVB	陕西科技大学
	燃料电池系统	松下株式会社 三星集团 博世公司 东芝 三菱 LG 集团 爱信精机 日本京瓷株式会社 大阪瓦斯集团 英国 Intelligent Energy 公司	韩国能源技术研究院 韩国全南大学 日本山梨大学 丹麦技术大学 日本九州大学	北京亿华通科技 武汉格罗夫氢能汽车 上海神力科技有限公司 未势能源科技有限公司 新源动力股份有限公司 华能清能院	大连化物所 清华大学 同济大学 武汉理工大学 西安交通大学 吉林大学 华中科技大学
	驱动电机系统	德国舍弗勒 日立公司 爱信精机 NTN 公司 德国采埃孚 博世公司	韩国汽车技术研究院 韩国科学技术院	比亚迪公司 中科深江 重庆青山工业有限责任公司	吉林大学 北京理工大学 山东理工大学 清华大学 江苏大学 同济大学
	电控系统	日立公司 LG 集团 博世公司 爱信精机 株式会社电装 三菱 德国采埃孚 德国舍弗勒	韩国汽车技术研究院 韩国科学技术院 韩国电子通信研究院	比亚迪公司 宁德时代 华为公司	吉林大学 北京理工大学 清华大学 江苏大学 同济大学 武汉理工大学 南京航空航天大学
智能网联技术	自动驾驶	株式会社电装 博世公司 三菱	韩国电子通信研究院	百度 华为公司 深圳大疆	吉林大学 清华大学 江苏大学

（续表）

技术方向		协同企业参考（国外）	协同高校院所参考（国外）	协同企业参考（国内）	协同高校院所参考（国内）
智能网联技术	自动驾驶	日立公司 Waymo 万都 爱信精机 捷太格特 Valeo Schalter und Sensoren	韩国科学技术院 韩国汉阳大学 釜山大学	新石器慧通 腾讯科技（深圳）有限公司 阿波罗智联 小米汽车科技有限公司 赛力斯集团股份有限公司	同济大学 北京理工大学 北京航空航天大学 长安大学 东南大学
	车联网	三星集团 LG集团 高通公司 株式会社电装 松下株式会社 德国大陆集团 博世公司	韩国电子通信研究院 韩国汉阳大学 成均馆大学	华为公司 阿波罗智联 腾讯科技（深圳）有限公司 百度 智道网联科技（北京）有限公司 赛力斯集团股份有限公司	重庆邮电大学 吉林大学 东南大学 长安大学 江苏大学 清华大学 同济大学
	智能座舱	株式会社电装 松下株式会社 日本精机 爱信精机 矢崎株式会社 阿尔派电子 三菱 德国大陆集团		华为公司 阿波罗智联 未来（北京）黑科技有限公司 惠州市华阳多媒体电子	吉林大学 北京理工大学 长安大学

（1）构建分工协同、梯度有序的区域协同创新共同体，形成区域创新合作新格局。各城市在培育新质生产力时不能各自为政，而是需要立足自身优势内外联动、协同创新。当前，在战略性新兴产业和未来产业发展过程中，我国各地区之间在产业结构上高度趋同，导致区域产业间创新资源整合不足、协同创新能力不强。区域协同创新共同体，是一个分工协同、梯度有序的有机体系。由于各城市能级不同，产业基础、人才结构和发展模式有差异，因此应合理规划城市间创新体系和产业集群体系。核心城市往往是创新策源地，创新要素的集聚能力较强，周边城市和县域是产业承载地，传统生产要素供给相对充足。在构建区域协同创新共同体的过程中，应明确城

市分工,以中心城市为龙头,周边城市主动接轨中心城市,构建区域分工与协作的关系,形成经济一体化的格局。①

以长三角地区新能源汽车产业协同创新为例,长三角地区产业互补优势明显:上海市的智能网联技术积累深厚;江苏省和安徽省的实体经济基础好,在零部件上具有技术优势;浙江省在新能源汽车领域的优势方向是材料、充电换电及加氢设备。上海市、江苏省、浙江省和安徽省在新能源汽车产业上各具特色优势,具备合作创新的良好基础。从城市群新能源汽车产业结构来看,上海市智能网联技术的产业结构占比较高,苏州市、合肥市在零部件上有技术优势,在充电换电及加氢设施上有明显技术优势的城市为苏州市、杭州市、南京市,宁波市在驱动电机材料领域有优势。长三角地区在新能源汽车产业上初步形成了层次相对分明的城市群结构,形成了以上海市为中心,南京市、杭州市、合肥市为次中心的城市群体。

发展新能源汽车产业,要树立"一盘棋"思想,进一步完善体制机制,整合科技创新资源,促进生产要素流动,构建良好的区域创新空间格局。一方面,要实现区域内各省市各项规划有效对接,形成分工合理与各具特色的区域空间格局;另一方面,要加强区域战略协同,形成区域共同发展战略,尤其是科技创新和产业发展战略的协同。

(2)发挥龙头企业的"头雁"带动作用,推动上下游企业融通创新发展。在技术突破和政策支持的双重推动下,新能源汽车产业呈现出产业链深度协同发展的态势。龙头企业在自主创新和产学研用融合领域具有优势,同时能够集合终端需求的电商或跨境电商平台企业,及时了解市场需求。因此,新能源汽车龙头企业应始终坚持开放共享、合作共赢的理念,根据自身技术研发和业务拓展需要,积极与上下游企业开展合作,不断扩大自己的"朋友圈",构建强大的新能源产业共同体。

一是与上游零部件供应商合作。在零部件关键技术上,联合产业链内具有研发优势的企业,共同开展基础研究,攻克技术难题。例如,可联合宁德时代等在零部件领域具有优势的企业开展协同创新,推动产业链上下游贯通,在

---

① 陈建华. 长三角协同创新应走向"共同体"[EB/OL]. (2018 - 5 - 21)[2024 - 12 - 24]. http://paper. people. cn/zgcsb/html/2018-05/21/content_1856022. html.

电池性能、能量回收、安全性等关键技术问题上开展技术合作和联合攻关。

二是打破壁垒，跨界合作。传统车企与科技公司的合作模式不断创新，从简单的技术购买发展到深度的战略合作。以百度 Apollo 为代表的开放平台吸引了大量整车企业、零部件供应商和科技公司加入，形成了完整的产业生态。可加强与百度公司、华为公司、科大讯飞、深圳大疆、新石器慧通、腾讯科技、阿波罗智联等智能联网方案供应商的跨界合作，打造具有领先竞争力的新能源汽车品牌。

三是与下游服务企业合作。国家电网公司在充电换电设施和技术上有雄厚的技术实力，整车企业可以与其建立合作关系，解决消费者充电难题。例如蔚来汽车公司与国家电网公司已经建立稳定的合作伙伴关系，合作主要集中在充换电网络的建设运营、电池储能等领域。

（3）推动产学研用深度融合，提高创新体系效能。推动产学研用深度融合，是发展新质生产力的内在要求。新能源汽车领域多点迸发、相互渗透、交叉融合的特征显著，特别是在动力电池、燃料电池、自动驾驶、车联网等关键领域，技术竞争加剧，创新难度较高。产学研用的深度融合，将有助于科研力量、资金资源等创新要素的整合，形成推进科技创新的协同合力。因此，打造横向覆盖多领域多学科、纵向贯穿产业链上下游的协同创新体系成为新能源汽车产业技术创新的关键。为此，需要构建市场导向、政府扶持、企业主导、高校和科研机构支撑的产学研用深度融合技术创新体系。在这一体系中，企业是技术创新的主体，在市场前沿能够准确把握行业发展的痛点和技术瓶颈，提出具有实际意义和挑战性的问题。要发挥科技领军企业"出题人""答题人"的作用，广泛联合产业上下游企业，开展关键核心技术研发和产业化应用，提升以科技领军企业为核心的产业集群竞争力。一流大学和科研院所是基础研究的主力军，应充分发挥学科和人才优势，围绕产业关键共性技术开展研发。因此，要明确企业、高校、科研院所和用户等主体在创新链不同环节的定位，打造科技领军企业牵头、高校院所支撑、各创新主体相互协同的创新联合体，推动新能源汽车产业高质量发展。①

---

① 学习时报. 如何强化企业科技创新主体地位？［EB/OL］.（2024 - 11 - 11）［2024 - 12 - 24］. https://www.cntheory.com/ldly/202411/t20241111_67734.html.

　　在新能源汽车产业中，表现较为优异的科研机构有清华大学、北京理工大学、浙江大学、中南大学、吉林大学、重庆邮电大学等国内重点院校。其中清华大学在动力电池、燃料电池、电机、电控等多个领域拥有强大的研发实力，中南大学在动力电池领域的研发实力突出，吉林大学、重庆邮电大学等在自动驾驶、车联网、智能座舱等领域的研发实力领先。

参考文献

［1］新华社.中国新能源汽车首破年度1 000万辆［EB/OL］.(2024－11－14)［2024－02－10］.https://www.gov.cn/yaowen/liebiao/202411/content_6986907.htm.

［2］姚立伟.我国充电基础设施规模居全球之首　充电桩5分钟一公里［EB/OL］.(2024－06－19)［2024－02－13］.https://www.sohu.com/a/786977853_114822.

［3］中国政府网.中共中央　国务院印发《知识产权强国建设纲要(2021—2035年)》［EB/OL］.(2021－09－22)［2025－02－16］.https://www.gov.cn/zhengce/2021-09/22/content_5638714.htm.

［4］中国政府网.国务院办公厅关于推广第三批支持创新相关改革举措的通知［EB/OL］.(2020－01－23)［2025－02－16］.https://www.gov.cn/gongbao/content/2020/content_5488910.htm.

［5］张占斌,陈晓红,黄群慧.新质生产力［M］.长沙:湖南人民出版社,2024.

［6］黄奇帆.新质生产力［M］.杭州:浙江人民出版社,2024.

［7］徐建伟.统筹推进科技创新和产业创新［EB/OL］.(2024－2－28)［2024－12－24］.https://baijiahao.baidu.com/s?id＝1792110122083865272&wfr＝spider&for＝pc.

［8］徐明玉.发展新质生产力,培养新时代新质人才［EB/OL］.(2024－12－11)［2024－12－24］.http://zqb.cyol.com/pad/content/202412/11/content_403965.htmll.

［9］王一鸣.发展新质生产力是推动高质量发展的内在要求和重要着力点［EB/OL］.(2024－05－09)［2024－12－24］.http://cpc.people.com.cn/n1/2024/0509/c64387-40231953.html.

［10］王宇.以新促质:战略性新兴产业与未来产业的有效培育［EB/OL］.(2024－1－30)［2024－12－24］.http://paper.people.com.cn/rmlt/html/2024-01/30/content_26040373.htm.

［11］中国政府网.国务院关于加快培育和发展战略性新兴产业的决定［EB/OL］.(2010－10－10)［2024－12－24］.https://www.gov.cn/gongbao/content/2010/

content_1730695. htm.

[12] 钟君. 超前布局建设未来产业[EB/OL]. (2024 - 5 - 28)[2024 - 12 - 24]. http://www. qstheory. cn/qshyjx/2024-05/28/c_1130152668. htm.

[13] 中国政府网. 国务院关于加快培育和发展战略性新兴产业的决定[EB/OL]. (2010 - 10 - 10)[2024 - 12 - 24]. https://www. gov. cn/gongbao/content/2010/content_1730695. htm.

[14] 倪浩. 创世界纪录！中国新能源汽车年产量首次突破1000万辆[EB/OL]. (2024 - 11 - 15)[2024 - 12 - 24]. https://baijiahao. baidu. com/s? id=1815742089044582749&wfr=spider&for=pc.

[15] 佚名. 2024年全球新能源汽车销量达1823.6万辆 中国占比超过70%[EB/OL]. (2025 - 01 - 15)[2025 - 01 - 18]. https://baijiahao. baidu. com/s? id=1821295724169209532&wfr=spider&for=pc.

[16] 佚名. 2024全球电动汽车发展盘点:巨头沉浮、政策博弈与市场新局[EB/OL]. (2025 - 01 - 08)[2025 - 01 - 17]. https://chejiahao. autohome. com. cn/info/18721141/.

[17] 懂车帝. 数读|乘联会:2024年前11个月中国占世界新能源车份额70%[EB/OL]. (2025 - 01 - 05)[2025 - 01 - 17]. https://www. dongchedi. com/article/7456263910388269605.

[18] 新潮商评论. 2023全球电动车型销量20强:特斯拉2席,理想3席,比亚迪成大赢家[EB/OL]. (2024 - 03 - 17)[2025 - 01 - 17]. https://baijiahao. baidu. com/s? id=1793767318028699333&wfr=spider&for=pc.

[19] 白旻,张旻昱,王晓超. 碳中和背景下全球新能源汽车产业发展政策与趋势[J]. 专家视点,2021(12):13 - 17.

[20] 华尔街见闻. 美国最激进新能源车政策,2030年零排放汽车将占"半壁江山"[EB/OL]. (2021 - 08 - 06)[2025 - 01 - 17]. https://baijiahao. baidu. com/s? id=1707303627043606175&wfr=spider&for=pc.

[21] 财通证券. 2024年欧洲汽车市场分析报告:欧洲市场空间广阔,有望成为全新增长点[EB/OL]. (2024 - 11 - 18)[2025 - 01 - 17]. https://www. vzkoo. com/read/202411180505911358e8f87e8755e489. html.

[22] 左世全,赵世佳,祝月艳. 国外新能源汽车产业政策动向及对我国的启示[J]. 经济纵横 2020:113 - 120.

[23] 佚名. 中规院:2024中国主要城市充电基础设施监测报告[EB/OL]. (2024 - 12 -

31)[2025 - 01 - 17]. https://www. sohu. com/a/843662114_468661.

[24] 中商产业研究院. 中国汽车产业集群六大地区新能源汽车布局情况汇总一览[EB/OL].（2019 - 01 - 26）[2025 - 01 - 17]. https://m. askci. com/news/chanye/20190126/1505411140907. shtml.

[25] 佚名. 2024 年车企新能源车销量总盘点[EB/OL].（2025 - 01 - 04）[2025 - 01 - 17]. https://mp. weixin. qq. com/s/7aqoiHfcUYBS1zHc1nzkpw.

[26] 中国电力网. 前三季度浙江新能源汽车产业链用电量同比增长 13.3%[EB/OL].（2024 - 11 - 08）[2025 - 01 - 17]. http://mm. chinapower. com. cn/dww/zhxw/20241108/266633. html.

[27] 浙江日报. 浙江新能源汽车产业集群营收超万亿元[EB/OL].（2025 - 02 - 08）[2025 - 02 - 13]. https://www. zj. gov. cn/art/2025/2/8/art_1229823372_60254849. html.

[28] 都市快报社. 新能源汽车销量还看浙江：杭州成"榜一大哥"，浙江稳居"第一军团"[EB/OL].（2024 - 08 - 02）[2025 - 02 - 13]. https://www. yoojia. com/article/9128904166716719532. html.

[29] 夏丹，郑亚丽. 浙江新能源汽车产业集群营收超万亿元[EB/OL].（2025 - 02 - 08）[2025 - 02 - 13]. https://finance. sina. com. cn/jjxw/2025-02-08/doc-ineitvcc9052438. shtml.

[30] 科技调查君. 掌握核心技术密码　比亚迪为中国新能源汽车贡献"创新方案"[EB/OL].（2022 - 09 - 12）[2025 - 01 - 20]. https://baijiahao. baidu. com/s? id＝1743757474546473846&wfr＝spider&for＝pc.

[31] 重庆日报. 长安汽车发布 7 大智能化技术启源 E07 上市[EB/OL].（2024 - 10 - 22）[2024 - 12 - 07]. https://www. cqrb. cn/guoji/2024-10-22/2059942_pc. html.

[32] 蔚来汽车官网. 2,600 座换电站，达成！[EB/OL].（2024 - 11 - 22）[2024 - 12 - 07]. https://www. nio. cn/videos/20241122001.

[33] 陈思思，何俊卿，郑祥，等. 基于评估工具的专利价值评估发展现状研究[J]. 科技管理研究，2022,42(21):176 - 184.

[34] 尚鸣，董理腾. 打造一批主导全球产业链的世界一流企业[J]. 经济导刊，2023,(05):76 - 81.

[35] 佚名. 走进南京博世：德国工业巨擘的常青之路[EB/OL].（2024 - 09 - 19）[2024 - 12 - 10]. https://www. sohu. com/a/810044353_121715068.

[36] 长三角科技创新共同体. 新能源汽车年产量破 1 000 万辆，每 10 辆里 4 辆来自长三角[EB/OL].（2024 - 11 - 15）[2024 - 12 - 05]. https://mp. weixin. qq. com/s/

I8sjBXFmqM6jYHnWarsoqg.

［37］ 汉湾共融.产业互联（六）：聚焦新能源汽车产业发展［EB/OL］.（2024－03－08）［2024－12－05］.https://mp.weixin.qq.com/s/84oNNR5Qh_9x0w3G8yZiKg.

［38］ 人民网.广东新能源汽车产量约占全国26％［EB/OL］.（2024－02－20）［2024－12－05］.https://baijiahao.baidu.com/s?id=1791378048308531431&wfr=spider&for=pc.

［39］ 新材料行业研报.我国10大重点城市新能源汽车产业全景分析［EB/OL］.（2024－05－23）［2024－11－17］.https://mp.weixin.qq.com/s/PP0MX06JXG7SK1YQqb4XhQ.

［40］ 广州日报.广州加速驶向"智车之城"［EB/OL］.（2024－08－21）［2024－11－17］.https://www.gz.gov.cn/zwfw/zxfw/jtfw/content/post_9822369.html.

［41］ 宁波市经济和信息化局.弯道超车：中国新能源汽车产业的"宁波担当"［EB/OL］.（2024－01－19）［2024－12－05］.http://jxj.ningbo.gov.cn/art/2024/1/19/art_1229561617_58938692.html.

［42］ 人民日报.如何推进关键核心技术协同攻关（政策问答·推进高水平科技自立自）［EB/OL］.（2024－04－22）［2024－11－29］.https://www.gov.cn/zhengce/202404/content_6946748.htm.

［43］ 《求是》杂志.习近平：深入实施新时代人才强国战略　加快建设世界重要人才中心和创新高地［EB/OL］.（2021－12－15）［2024－12－18］.https://www.gov.cn/xinwen/2021-12/15/content_5660938.htm.

［44］ 光明网.以新的生产力理论指导高质量发展［EB/OL］.（2024－11－18）［2024－12－21］.https://baijiahao.baidu.com/s?id=1816930577612382022&wfr=spider&for=pc.

［45］ 央广网.中国汽车产业：引领全球新能源与智能化发展的新引擎［EB/OL］.（2024－11－07）［2024－12－21］.https://news.qq.com/rain/a/20241107A03R5K00.

［46］ 黄晓凤,张春香.以颠覆性技术创新撬动新质生产力发展［EB/OL］.（2024－4－15）［2024－12－24］.https://baijiahao.baidu.com/s?id=1796389161945025157&wfr=spider&for=pc.

［47］ 陈建华.长三角协同创新应走向"共同体"［EB/OL］.（2018－5－21）［2024－12－24］.http://paper.people.com.cn/zgcsb/html/2018-05/21/content_1856022.html.

［48］ 学习时报.如何强化企业科技创新主体地位？［EB/OL］.（2024－11－11）［2024－12－24］.https://www.cntheory.com/ldly/202411/t20241111_67734.html.

索 引